云南省哲学社会科学创新团队成果文库

精准扶贫的理论与实践
——基于木老元乡和摆榔乡的调研

The Theory and Practice of
Targeted Poverty Alleviation
— Based on the Investigations of
Mulaoyuan Township and Bailang Township

戴波 著

社会科学文献出版社
SOCIAL SCIENCES ACADEMIC PRESS(CHINA)

《云南省哲学社会科学创新团队成果文库》
编委会

主 任 委 员： 张瑞才

副主任委员： 江　克　余炳武　戴世平　宋月华

委　　　员： 李　春　阮凤平　陈　勇　王志勇
　　　　　　　 蒋亚兵　吴绍斌　卜金荣

主　　　编： 张瑞才

编　　　辑： 卢　桦　金丽霞　袁卫华

《云南省哲学社会科学创新团队成果文库》编辑说明

《云南省哲学社会科学创新团队成果文库》是云南省哲学社会科学创新团队建设中的一个重要项目。编辑出版《云南省哲学社会科学创新团队成果文库》是落实中央、省委关于加强中国特色新型智库建设意见，充分发挥哲学社会科学优秀成果的示范引领作用，为推进哲学社会科学学科体系、学术观点和科研方法创新，为繁荣发展哲学社会科学服务。

云南省哲学社会科学创新团队2011年开始立项建设，在整合研究力量和出人才、出成果方面成效显著，产生了一批有学术分量的基础理论研究和应用研究成果，2016年云南省社会科学界联合会决定组织编辑出版《云南省哲学社会科学创新团队成果文库》。

《云南省哲学社会科学创新团队成果文库》从2016年开始编辑出版，拟用5年时间集中推出100本云南省哲学社会科学创新团队研究成果。云南省社科联高度重视此项工作，专门成立了评审委员会，遵循科学、公平、公正、公开的原则，对申报的项目进行了资格审查、初评、终评的遴选工作，按照"坚持正确导向，充分体现马克思主义的立场、观点、方法；具有原创性、开拓性、前沿性，对推动经济社会发展和学科建设意义重大；符合学术规范，学风严谨、文风朴实"的标准，遴选出一批创新团队的优秀成果，根据"统一标识、统一封面、统一版式、统一标准"的总体要求，组织出版，以达到整理、总结、展示、交流，推动学术研究，促进云南社会科学学术建设与繁荣发展的目的。

编委会

2017 年 6 月

序

自从习近平总书记提出精准扶贫的伟大战略，确立到2020年实现全面脱贫的宏伟目标后，全国上下，特别是贫困地区掀起了一场中华民族从未有过，乃至全人类从未有过的脱贫攻坚行动。这个攻坚行动之宏大，涉及人数之众多，投入经费之巨大，改善民生之迅速，取得的成就之显著，必将载入中华民族之史册、人类发展之史册。

本研究从入户调查入手，真实记录了布朗族、彝族贫困乡、贫困村、贫困户的贫困状况，用数据和案例记录了改变贫困状况的生动过程。在研究中发现的很多因地制宜的方法值得推荐。在易地搬迁中的"能平不坡、能城不乡、能乡不村、能大不小、能多层不独院"的做法，在就业扶贫中的"坚持能外部不内部，利用好外部资源；坚持能城市不农村，利用好外部空间；坚持能工业不农业，利用好外部产业；坚持能现有不求异，利用好现有产业；坚持能产业不公益，创造财富最大化；坚持能公益不兜底，消耗财富最小化"的做法，在产业扶贫中的"品种、品质、品牌一体化，收益、收效、收入一体化，物流、人流、网流一体化"的做法都给我留下了深刻印象。

本研究选择了云南省保山市施甸县的两个人口较少民族贫困乡——木老元和摆榔，乡里的人数虽少，但其扶贫和脱贫具有特别的意义。布朗族既是一个人口较少民族，又是一个"直过民族"。两乡里除了少数外出上大学的人之外，村民中的大部分人讲不好当地的汉语，更不会讲流利的普通话。即便是这样的落后状况，中国共产党领导下的各级政府能够带领整乡各民族人民脱贫，正是本书所要表达的全部内容和意义。

是为序。

目 录

前　言 ………………………………………………………………… 001

第一章　绪论 ………………………………………………………… 001
　一　贫困之殇 ………………………………………………………… 001
　二　边疆贫困的现实 ………………………………………………… 005
　三　贫困的木老元布朗族彝族乡和摆榔彝族布朗族乡 …………… 011

第二章　贫困理论与扶贫实践 ……………………………………… 022
　一　贫困理论的发展 ………………………………………………… 022
　二　中国扶贫模式 …………………………………………………… 027
　三　精准扶贫理论 …………………………………………………… 034
　四　典型扶贫实践 …………………………………………………… 038

第三章　产业扶贫实践 ……………………………………………… 045
　一　产业扶贫相关理论梳理 ………………………………………… 046
　二　产业扶贫模式及实践 …………………………………………… 048
　三　乡村"三百工程"产业化扶贫实践 …………………………… 053
　四　木老元乡和摆榔乡"三百工程"的 SWOT 分析 ……………… 059
　五　"三百工程"产业扶贫的建设模式与政策效果评价 ………… 067
　六　"三百工程"政策实施存在的问题及对策建议 ……………… 076

第四章　易地扶贫搬迁实践 ……………………………… 085
一　反贫困视野下的人口迁移相关理论 ………………… 085
二　国外移民经验简述 …………………………………… 093
三　施甸县扶贫易地搬迁实证研究 ……………………… 096
四　木老元乡和摆榔乡扶贫易地搬迁的模式分析 ……… 100
五　易地搬迁扶贫的对策建议 …………………………… 107

第五章　教育扶贫实践 …………………………………… 111
一　教育扶贫理论和意义 ………………………………… 111
二　布朗族、彝族教育发展现状 ………………………… 123
三　木老元乡和摆榔乡教育扶贫实践 …………………… 127
四　教育扶贫的政策建议 ………………………………… 132

第六章　生态补偿及生态扶贫发展实践 ………………… 134
一　生态扶贫内涵、理论及实践 ………………………… 135
二　木老元乡和摆榔乡的生态扶贫模式 ………………… 137
三　相关建议 ……………………………………………… 148

第七章　社会保障扶贫实践 ……………………………… 151
一　社会保障相关理论视角 ……………………………… 151
二　社会保障模式回顾 …………………………………… 153
三　施甸县社会保障制度实施情况 ……………………… 157
四　施甸县社会保障实践问题探析 ……………………… 160
五　相关建议 ……………………………………………… 163

第八章　健康扶贫实践 …………………………………… 166
一　健康扶贫的理论依据 ………………………………… 167
二　健康扶贫的现实依据 ………………………………… 170
三　木老元乡和摆榔乡的健康扶贫情况 ………………… 176
四　木老元乡和摆榔乡健康扶贫的比较分析 …………… 186

第九章　信息化扶贫实践

一　信息化多元治理理论 ·· 191

二　施甸县信息化建设情况 ·· 193

三　摆榔乡和木老元乡电子商务扶贫实践 ··· 196

第十章　民族文化发展扶贫实践

一　布朗族人口发展状况 ··· 203

二　精准扶贫与布朗族民族文化的传承与创新 ··· 213

第十一章　贫困与扶贫典型案例

一　布朗族 ··· 238

二　彝族 ·· 249

三　汉族 ·· 257

四　双民族家庭 ··· 266

五　特殊家庭 ·· 279

六　脱贫户 ··· 290

参考文献 ··· 301

后　记 ·· 304

前 言

中国政府高度重视减贫问题。自1986年起确定了开发式扶贫方针，成立专门的扶贫机构，安排专项资金，制定专门的优惠政策，在全国范围内开展有计划、有组织和大规模的扶贫行动。中国特色的扶贫攻坚工作，在全世界范围内都是首屈一指、独具特色的，且收效非常明显。到2017年2月贫困人口已下降到4335万。中国把自己的事办好，保持合理的发展，本身就是对世界巨大的贡献。

深入开展脱贫攻坚，保证全体人民在共建共享发展中有更多获得感，不断促进人的全面发展、全体人民共同富裕，是社会主义的本质要求，是中国共产党的重要使命，是中华民族孜孜以求的梦想，也是全人类的共同愿景。

我国是一个统一的多民族国家，有56个民族，其中少数民族人口占全国总人口的8.5%，民族自治地方面积占全国陆地总面积的64%。"十三五"期间，把加快少数民族和民族地区发展摆到更加突出的战略位置，对于补齐少数民族和民族地区发展短板，保障少数民族合法权益，提升各族人民福祉，增进民族团结进步，促进各民族交流交往交融，维护社会和谐稳定，确保国家长治久安，实现全面建成小康社会和中华民族伟大复兴中国梦，具有重要意义。

作为我国的边疆省份之一，云南省有26个民族，少数民族人口众多，民族自治区域较多，贫困人口和贫困乡、县较多，自然条件偏差，39万平方公里总面积中山区和半山区就占94%，生态环境脆弱，地形坡度大，耕地面积少，经济活动空间小，难以合理布局和发展。农业发展尤其受环境限制，农业人口脱贫攻坚任务更是艰巨。如何在这种条件下完成扶贫工作，如何摘掉贫困的帽子，如何使边疆少数民族与全国人民一起同步进入小康社会，其过程和措施是什么，有何经验和问题，都非常值得我们深入调研和总结！

本书基于对云南省施甸县木老元布朗族彝族乡和摆榔彝族布朗族乡的扶贫工作的全面深入调研，探讨我国精准扶贫理论在边疆民族贫困地区的实践和成效，用实证展示边疆民族所经历的历史跨越。其意义在于拓展精准扶贫理论的应用，其经验和历程对于其他地区和民族有一定的现实借鉴意义。

第一章

绪 论

一 贫困之殇

贫困问题在全世界范围内普遍存在。贫困线是国家为救济社会成员维持其基本生活而制定的社会救济标准。贫困线设定有国际规范,首先,确定一种营养标准,然后测定出满足这一营养标准所需的食物量,再按照食物的价格计算出相应的货币价值。贫困在不同历史时期和不同国家,划定的标准不同。

世界银行的绝对贫困线标准是:每人每天摄取2150千卡热量。目前,按此标准,世界银行每年公布的贫困人口表述为"饥饿人口"(Hunger Population)或者是"营养不良人口"(Under-nourished Population),联合国报告指出,全球食不果腹、营养不良的人口2016年有8.15亿,占全球人口的11%。其中,亚洲有5.2亿人,非洲有2.43亿人。从人口比例来看,非洲问题最为严重,有20%的饥饿人口,东非甚至高达33.9%。①

另外一种贫困线标准,是世界银行按照购买力平价(Purchasing Power Parity,简称PPP)计算的。1990年,世界银行将国际贫困标准定为每天1美元(按照1985年购买力平价计算),国际通用赤贫标准为0.75美元/天(用于比较各国的极端贫困状况),2008年提高到1.25美元/天(按照2005年购买力平价计算)。2015年10月又将国际贫困标准提高到1.9美元/天(按照

---

① 《联合国报告称全球饥饿人口增加8亿人仍挨饿》,中国新闻网,2017年9月16日,http://news.sina.com.cn/o/2017-09-16/doc-ifykyfwq7720966.shtml。

2011年购买力平价计算）（现值相当于人民币约4646元/年）。1996年世界粮食首脑会议和2000年的联合国千年峰会确立了在2015年之前将世界饥饿人口减半的目标，2013年世界银行提出了世界2030年终结贫困的历史性目标。

联合国粮农组织（FAO）发布的有关数据显示[①]，1970年，全球饥饿和营养不良人口达9.6亿；1990年为10.11亿，占全球总人口的19%；2000年为8亿，占全球总人口的13%；21世纪以来，全球饥饿人口仍有增无减，2005年为9.05亿，2007年为9.23亿，2009年为10.23亿（比2008年增加了11%），占全球总人口的14.9%，贫困人口14亿，占全球总人口的20.4%。

由于人口的非均衡增长造成了粮食分配与消费的结构性失衡，世界饥饿人口的98%分布在发展中国家，特别是亚洲、太平洋和南部非洲地区。据联合国粮农组织发布的《2010年世界粮食不安全状况》报告，2010年全球饥饿人口为9.26亿，在所有发展中地区均有所下降，但亚太地区依然是饥饿人口最多的地区，饥饿人口约为5.78亿；非洲撒哈拉以南地区的饥饿人口约为2.39亿；拉丁美洲和加勒比地区的饥饿人口约为5300万；近东和北非地区饥饿人口约为3700万；发达国家饥饿人口约为1900万。此外，非洲撒哈拉以南地区饥饿人口的比例最高，约为30%。全球饥饿人口占世界人口的16%。

2014年全球有8.52亿人处于饥饿状态，每年有500多万个儿童因饥饿和营养不良而夭折。2015年全球有营养不良人口7.77亿，2016年有8.15亿人，占全球人口的11%，比2015年多3800万人。

饥饿与贫困问题长期、大范围存在，无论是在极度贫困的非洲撒哈拉以南地区、发展中国家如印度，还是在发达国家如美国，都有需要帮助的贫困人群，因此，反贫困是人类共同的目标。

中国目前的贫困线是2011年确定的，农村（人均纯收入）贫困标准为2300元，这比2010年1274元的贫困标准提高了80%。按2011年提高后的贫困标准（农村居民家庭人均纯收入2300元人民币/年），中国还有贫困人口8200万，占农村总人口的12.2%，占全国总人口约6%。经过此

---

① FAOSTAT：http://www.fao.org/faostat/en/#home.

次大幅上调，中国国家扶贫标准线与世界银行的名义国际贫困标准线的距离为史上最近。

按 2008 年标准（1196 元），2010 年全国农村贫困人口为 2688 万，贫困发生率为 2.8%。按 2011 年标准（2300 元），2011 年全国农村贫困人口为 12238 万，贫困发生率为 12.7%；2012 年全国农村贫困人口为 9899 万，贫困发生率为 10.2%；2013 年全国农村贫困人口为 8249 万，贫困发生率为 8.5%；2014 年全国农村贫困人口为 7017 万，贫困发生率为 7.2%；2015 年全国农村贫困人口为 5575 万，贫困发生率为 5.7%。[①] 截至 2017 年年底，我国深度贫困地区贫困发生率超过 18% 的县有 110 个，贫困发生率超过 20% 的村有 16000 多个。

中国的贫困标准也是随着时间的变化和社会经济改善不断变化的。1978 年的贫困标准是人均年收入 100 元，1984 年是人均年收入 206 元，2010 年提高到人均纯收入 1274 元/年，现行标准是 2011 年定的人均纯收入 2300 元/年（按 2011 年不变价，2017 年为 2952 元/年）。

国家统计局发布的全国农村贫困监测调查显示，2018 年末，全国农村贫困人口 1660 万人，比上年减少 1386 万人，贫困发生率 1.7%，比上年下降 1.4 个百分点。

贫困是相对于富足的一种社会经济现象，即贫困是缺乏个人和家庭的生存和福利的必需的物品和服务，是缺乏获得这些物品和服务的经济资源或经济能力的人和家庭的生活状况。反贫困也是全球所有国家都在积极进行的工作，无论政府、社会组织还是企业或公司都在尝试帮助贫困地区和贫困人口脱贫。各国根据自己国家的实际情况，反贫困和扶贫的方法和手段各不相同。

1992 年联合国通过决议将 10 月 17 日设为"国际消除贫困日"（International Day for the Eradication of Poverty），旨在加强全世界尤其是发展中国家的减贫意识。我国于 2014 年将每年的 10 月 17 日设立为"扶贫日"，是响应联合国决议的具体行动，主要目的是引导社会各界关注贫困问题，关

---

① 《中国统计年鉴 2016》，中国统计出版社，2016。

爱贫困人口，关心扶贫工作，核心内容是学习身边榜样、宣传凡人善举、动员广泛参与、培育良好风尚。

消除贫困、改善民生、逐步实现共同富裕，是社会主义的本质要求，是党和政府新时期的重要历史使命。改革开放以来，我国逐步实施和推进了大规模的扶贫开发工作，取得了举世瞩目的伟大成就，谱写了人类反贫困历史上的辉煌篇章。但是，受历史、自然、社会等方面因素的影响，贫困状况依然十分严峻。中国的贫困人口大多数分布在生态环境恶劣、自然资源贫乏、地理位置偏远的地区，脱贫的难度大，已经成为制约中国全面发展的瓶颈。

党的十八大以来，我国把扶贫开发工作纳入"四个全面"战略布局，作为实现第一个百年奋斗目标的重点工作，摆在更加突出的位置，大力实施精准扶贫，不断丰富和拓展中国特色扶贫开发道路，不断开创扶贫开发事业新局面。党的十八大明确提出，要深入开展脱贫攻坚，保证全体人民在共建共享发展中有更多获得感，不断促进人的全面发展、全体人民共同富裕。党的十九大做出了庄严承诺：让贫困人口和贫困地区同全国一道进入全面小康社会，要动员全党全社会力量，确保到2020年在我国现行标准下，农村贫困人口实现脱贫，贫困县全部摘帽，解决经济区域性整体贫困，做到脱真贫、真脱贫。

截至2017年，在过去的5年，中国累计减少贫困人口6853万，平均每年减贫超过1300万人，脱贫攻坚取得决定性进展。[①]

扶贫开发事关全面建成小康社会，事关人民福祉，事关巩固党的执政基础，事关国家长治久安，事关我国国际形象。打赢脱贫攻坚战，是促进全国人民共享改革发展成果、实现共同富裕的重大举措，是体现中国特色社会主义制度优越性的重要标志，也是经济发展新常态下扩大国内需求、促进经济增长的重要途径。各级党委和政府必须把扶贫开发工作作为重大政治任务来抓，切实增强责任感、使命感和紧迫感，切实解决好思想认识不到位、体制机制不健全、工作措施不落实等突出问题，不

[①] 刘永富：《用一年时间解决扶贫领域突出问题》，http://www.xinhuanet.com/politics/20181h/2018－03／15/c－129830231.htm。

辱使命、勇于担当，只争朝夕、真抓实干，加快补齐全面建成小康社会中这块突出的短板，绝不让一个地区、一个民族掉队，实现中央确定的脱贫攻坚目标。

二 边疆贫困的现实

云南地处中国西南边疆，与越南、老挝、缅甸相邻，是我国连接南亚、东南亚的大通道。云南有25个世居少数民族、15个独有民族，也就是说在我国56个民族当中，其中有15个民族为云南所独有，有8个民族自治州、29个民族自治县、140个民族乡。全省人口4771万（2016年），少数民族人口占总人口的33.67%。云南山高谷深、沟壑纵横，山区面积占94%。长期以来，云南是一个经济社会欠发达省份，贫困人口多、贫困面广、贫困程度深，扶贫开发难度大。

2000年云南省农村贫困人口数达1022.1万，贫困发生率为24.1%。2010年有贫困人口525万，贫困发生率为7.3%。截至2012年年底，云南省还有452万贫困人口，2015年年底尚有471万人，到2016年年底有363万人，2017年6月有350万人，贫困发生率为7.3%。（数据是动态的，标准也不同，2012年后较统一。）

作为全国脱贫攻坚主战场之一的云南，在全国14个集中连片特困地区中，涉及云南的就有滇西边境片区、乌蒙山片区、迪庆藏区和滇桂黔石漠化片区，全省"直过民族"[①]和人口较少民族基本处于深度贫困状态。云南是全国农村贫困面最大、贫困人口最多、贫困程度最深的省份。

在云南省129个县级单位中，有88个国家级的贫困县（即集中连片特困区县85个+国家扶贫开发工作重点县73个，重合的除外）。云南省的4个集中连片特困区中，滇西边境片区是最大的一个，包括10个州市、56个县市区。其中西部边境州市的人口较少民族、直过民族，更是云南脱贫攻坚的"硬骨头"。

---

① 直过民族，是指从原始社会和奴隶社会直接过渡到社会主义社会的少数民族，属综合型整体性贫困，脱贫难度大。

国家级贫困县，又称国家扶贫工作重点县，是国家为帮助贫困地区设立的一种标准。国家扶贫工作重点县，是由中华人民共和国国务院扶贫开发领导小组办公室认定，分别在 1986 年、1994 年、2006 年、2015 年进行过审批和调整。根据国务院《中国农村扶贫开发概要》(2006 年版)，国家级贫困县共有 592 个，云南省有 73 个，是全国贫困县最多的一个省份。国家为扶持贫困地区，设立国家级贫困县标准，资格经国务院扶贫开发领导小组办公室认定。截至 2017 年 9 月，全国共有 832 个国家扶贫开发工作重点县和集中连片特困地区县（包括县级行政单位区、旗、县级市），云南省有 88 个。这充分说明云南省确实是经济欠发达省份，扶贫攻坚任务艰巨。

截至 2015 年年底，我国还有 5630 万农村建档立卡贫困人口，主要分布在 832 个国家扶贫开发工作重点县、集中连片特困地区县和 12.8 万个建档立卡贫困村。国家级贫困县在各级地方政府中会得到重视，优先发展产业化建设，享受中央财政扶贫资金，同时中央会通过多种方式进行扶贫。一些大型企业、学校和公益组织也会相应地对贫困县优先进行各种扶持，这称为"社会扶贫"。与此同时，国家级贫困县还与许多发展中国家政府进行国际交流，互相借鉴脱贫致富的经验。贫困地区的学生也会享受国家的优惠政策，以鼓励知识脱贫。

《中国农村扶贫开发纲要（2011—2020 年）》第十条明确指出：国家将六盘山区、秦巴山区、武陵山区、乌蒙山区、滇桂黔石漠化区、滇西边境山区、大兴安岭南麓山区、燕山—太行山区、吕梁山区、大别山区、罗霄山区等区域的连片特困地区和已明确实施特殊政策的西藏、四川藏区、新疆南疆三地州等 14 个集中连片特困地区作为扶贫攻坚主战场。其中，滇西边境山区是最大的一个连片贫困区。

我国是一个传统的农业大国，农业人口比重大，农村贫困现象严重，农村贫困人口脱贫是全面建成小康社会最艰巨的任务。正视贫困并采取积极有效的举措精准扶贫，是实现"到 2020 年确保我国现行标准下的农村贫困人口实现脱贫"目标以及"全面建成小康社会"宏伟目标的国家方略。不论是从外在表现还是内在原因来看，贫困都具有多维度特征，涉及政治、经济、文化、教育等多个层面。贫困状态不仅外在表现为收入与消费水平的低下，更是一种内在的能力缺位现象。因此，从贫困根源入手，坚持分类实施、因人因地实施、因贫困原因实施、因贫困类型实施，实施精准扶贫，增加扶贫收入，出台优惠政策措施，对云南省的连片特困地区实施扶贫攻坚，是最具现实意义和推广意义的方略。

云南边境山区特别是偏远少数民族地区是我国确定的几个连片特困地区，这些通常是自然条件差、交通不便、环境闭塞、经济基础薄弱、产业结构单一、人口受教育水平低的地区，不仅落后于沿海经济发达地区，与云南其他地州相比也存在较大差距，因此就扶贫开发工作而言，工作实施难度也异常大。

2016年年底，云南省贫困人口已从2012年的804万下降到363万，年均减少贫困人口110万。[1] 可见云南省扶贫工作的投入、力度和成效。我国扶贫开发已进入啃硬骨头、攻坚拔寨的冲刺期。到2018年初，云南省还有331.9万贫困人口[2]，贫困人口数量居全国第二，有88个国家级贫困县，贫困县数量居全国第一。贫困面积广，贫困人口规模较大，贫困程度较深，减贫成本高，脱贫难度大，扶贫任务艰巨。云南省委、省政府决定用5年的时间，采取超常规举措，坚决打赢脱贫攻坚战，绝不让一个兄弟民族掉队，绝不让一个民族地区落伍，确保民族聚居区与全国同步全面建成小康社会。坚决打赢脱贫攻坚战，是云南省委、省政府向党中央、国务院立下的"军令状"。实现到2020年让我国现行标准下农村贫困人口全部脱贫的既定目标，时间十分紧迫、任务相当繁重。必须在现有基础上不断地创新扶贫开发的思路和办法，才能打赢这场攻坚战。

> 截至2016年年末，云南省总人口有4771万。2000年，云南省农村贫困人口有1022.1万，占总人口的24.1%；2010年，贫困人口有525万，占总人口的11.5%；2012年，贫困人口有452万，占总人口

---

[1] 陈豪：《云南省贫困人口已下降到363万 年均减少110万》，人民网—中国共产党新闻网，http://cpc.people.com.cn/n1/2017/0427/c164113-29240409.html。

[2] 《到2020年全省农村贫困人口如期脱贫》，中国新闻网，http://chinanews.com/gn/2018/04-08/8485194.shtml。

的 10%；2015 年，贫困人口有 471 万，占总人口的 9.93%；2016 年，贫困人口有 363 万，占总人口的 7.6%；2017 年 6 月，贫困人口有 350 万，占总人口的 7.3%。

2016 年年底，云南省民政厅、省扶贫办等 6 部门联合下发《关于做好农村最低生活保障制度与扶贫开发政策有效衔接的实施意见》，明确提出：到 2018 年，实现全省农村低保保障标准和国家扶贫标准"两线合一"。对符合低保标准的农村贫困人口实行政策性保障兜底，确保到 2019 年现行扶贫标准下的农村贫困人口全部脱贫。

保山市是云南省 8 个边境州市之一，辖区内有 4 个国家扶贫开发工作重点县区、23 个贫困乡、207 个贫困村。施甸县是国家扶贫开发工作重点县，它位于云南省西部边陲，怒江东岸，保山市南部，地处东经 98°54′～99°21′、北纬 24°16′～25°00′。东隔枯柯河与昌宁县接壤，南以勐波罗为界与临沧市为邻，西隔怒江与龙陵县相望，北连隆阳区。县城距保山市政府所在地 60 公里，距省会昆明市 654 公里。[①] 其辖区内的木老元布朗族彝族乡、摆榔彝族布朗族乡属于深度贫困多民族散杂居地区，由于其贫困程度较深，是省委扶贫挂钩联系点，体现了省委省政府对其重视。施甸县这两个乡是人口较少民族布朗族较为集中的聚居地，其整乡脱贫将成为保山市脱贫攻坚的典型示范，将成为云南省少数民族整乡脱贫的典型示范，将成为人口较少民族脱贫的典型示范。因此，我们选择这两个乡为调研点。

保山市和施甸县贫困人口情况介绍：

表 1-1 保山市和施甸县贫困人口情况

单位：万人，%

年份	项目	保山市	施甸县
1990	总人口	212.24	29.54
2000	总人口	234.46	32.34
	贫困人口	82.00	16.60
	贫困发生率	34.97	51.33

---

① 云南省施甸县志编纂委员会：《施甸县志》，新华出版社，1997。

续表

年份	项目	保山市	施甸县
2010	总人口	252.71	33.70
	贫困人口	18.36	4.08
	贫困发生率	7.27	12.11
2014	总人口	258.82	34.41
	贫困人口	27.11	6.06
	贫困发生率	10.47	17.61
2015	总人口	259.10	34.44
	贫困人口	21.39	4.86
	贫困发生率	8.26	14.11
2016	总人口	260.72	34.63
	贫困人口	15.14	3.11
	贫困发生率	5.81	8.98

资料来源：保山市扶贫办。

保山市位于14个集中连片特困区中的滇西边境片区，辖区有5个行政区，其中4个属于国家级贫困：隆阳区、施甸县、龙陵县、昌宁县。截至2017年年末，保山市贫困发生率为6.13%，施甸县贫困发生率为11.46%。在保山市，施甸县的贫困程度最深。而同时期，全国的贫困发生率仅为4%，云南省为9.8%。

施甸县情况简介：

施甸县地处滇西南边陲，位于云南西部，保山市南部，属云南省四大集中连片特困区的滇西边境片区。作为国家扶贫开发工作重点县，施甸县辖13个乡镇、137个村（居）委会，面积2009平方公里，全县山区半山区占95.5%，74.5%的耕地、70%的人口均分布于山区，是典型的山区农业县。

①人口构成。2016年年末，全县总人口34.6万，其中农业人口28.2万；彝、傣、回、布朗等21个少数民族2.89万人，少数民族人口占总人口的8.35%，其中彝族12779人，布朗族8353人。

②自然条件。施甸县境内地势北高南低，县内最高海拔2895米，最低海拔560米，年均降水量945毫米，森林覆盖率44.8%，县内气候兼具大陆性和海洋性气候特点，立体气候突出，气候条件优越，年均气温

17.6℃，冬无严寒，夏无酷暑，四季如春，舒适宜人，适种作物类型多，农产品质量较好，是优质水稻、烤烟、甘蔗、茶叶、蚕桑和蔬菜（食用菌）等的生产基地。

③区位交通。施甸县距昆明 571 公里，距南伞口岸 225 公里，距瑞丽姐告口岸 293 公里；距离保山、芒市、腾冲 3 个机场均在 1 小时车程内；保龙高速公路、大瑞铁路穿境而过，连接内外的交通条件逐步改善。

④施甸县是国家扶贫开发工作重点县，2017 年有建档立卡贫困人口 3.97 万。

施甸县识别贫困户，是对每一个农户开展七评法，即一评住房、二评生活、三评生产、四评劳力、五评健康、六评教育、七评负债的工作方法，以评分确定贫困程度，综合评分 60 分以下为建档立卡户，60~79 分为发展户，80 分以上为巩固提升户，并进行公示、审议，最终确定建档立卡户数和人数。"一看房、二看粮、三看有没有读书郎。"以户为单位整户识别，以农民收入为基本依据，综合考虑住房、收入、教育等情况，通过农民申请、民主评议、公示公告和逐级审核的方式进行整户识别。并充分利用上一轮建档立卡成果和数据信息库对贫困户实行"脱贫既出、返贫纳入"的更新管理机制。

扶贫是为帮助贫困地区和贫困人口开发经济、发展生产、摆脱贫困的一种社会工作，旨在扶助贫困户或贫困地区发展生产，改变穷困面貌。本研究对云南省保山市施甸县（省委挂钩联系点，杨善洲的故乡）木老元布朗族彝族乡、摆榔彝族布朗族乡进行深入调研，对深度贫困的人口较少民族杂居地区贫困的多重因素、扶贫方式的精准靶向识别、精准扶贫的措施与路径以及其政策意义进行研究、梳理和归纳。施甸县这两个乡的扶贫和脱贫工作是保山市脱贫攻坚的典型示范，也是云南中烟公司扶贫攻坚的典型示范，更是云南省委、省政府确定的脱贫攻坚的典型示范，其投入的人力、物力、财力之多前所未有，政策配套之多前所未有，要求之高前所未有。本研究对于云南省全面脱贫致富，确保各民族贫困地区与全省同步建成小康社会，具有很强的现实意义和借鉴推广意义。这样具有典型意义的深度贫困多民族散杂居地区贫困与反贫困问题的研究，将丰富和完善扶贫理论，具有中国扶贫模式对世界反贫困进程做贡献的重要意义。本研究旨在深入调研云南特少民族整乡脱贫的过程，研究和深度分析贫困的人口较少民族和"直过民族"杂居地区精准扶贫的历程、经验、成效和模式，成果具有唯一性和典型性，是精准扶贫思想的实践例证。

三 贫困的木老元布朗族彝族乡和摆榔彝族布朗族乡

(一) 木老元乡和摆榔乡简介

木老元乡与摆榔乡是施甸县仅有的两个民族乡，是保山市35个扶贫攻坚乡的重中之重，是布朗族与彝族聚居的自治乡。布朗族和彝族都是"直过民族"，由于其所在地区生态环境差，区域经济发展落后，人口受教育程度低，生产效率低下，基础设施建设落后，发展和脱贫遇到重重障碍。

木老元乡地处施甸县城的东部，东至枯柯河与昌宁县相望，南与摆榔乡大中村接壤，西与甸阳镇大寨村相连，西北与仁和镇丛杆村为界，北与昌宁卡斯镇为邻。总面积为76.6平方公里，境内多为崇山峻岭，地形大致为三山两凹，地势西高东低，最高峰为大水河头山，海拔2895.5米，最低点为龙潭村与摆榔乡交界的枯柯河处，海拔860米，平均海拔1750米，是典型的喀斯特地貌特征；气候是立体型气候，亚热带、温带、寒温带3种气候并存，年平均气温18℃，年降水量1292.15毫米。森林覆盖率为53%。乡政府驻地距县城37公里。"山高石头多，出门就爬坡，地无三尺平，悬崖更比土地多"是当地的真实写照。

2015年布朗族、彝族聚居的木老元乡与摆榔乡分别有贫困人口1155人、1690人，贫困发生率分别是19.14%、22.92%。

全乡下辖龙潭、哈寨、木老元、大地4个村民委员会，73个自然村，44个村民小组。2015年年末，全乡人口总户数1595户、6036人，其中：农业户1369户、5671人，占总人口的93.9%；非农业户226户、365人，占总人口的6.1%。有布朗族、彝族、傣族、白族、回族、傈僳族、景颇族、壮族、布依族、蒙古族、满族等11个少数民族2923人，占总人口的

48.4%；其中，布朗族2625人，占少数民族人口的89.8%，占总人口的43.5%；彝族234人，占少数民族人口的8%，占总人口的3.9%，是一个典型的山区民族乡。

布朗族和彝族世居的木老元乡4个村均为贫困村，环境恶劣、封闭，发展空间受限；资源匮乏，基础设施薄弱；产业结构单一，缺乏特色支撑和龙头产业；整体人口素质偏低，社会发育不足，农业科技人才缺乏。木老元乡是整乡连片贫困区、少数民族聚集区、生物多样性富集区和生态环境脆弱区"四位一体"，是典型的"贫困陷阱"区——处于贫困和环境相互依赖与相互强化的螺旋式下降中，一直饱受着贫困与生态环境退化恶性循环的困扰，是保山市和施甸县重点扶贫攻坚乡。2016年，该乡厘清发展思路，大胆规划发展，以"打造布朗风情旅游小镇，完善乡村基础设施打造美丽乡村，深入挖掘民族文化元素，发展山地特色种养业"为重点，展开整乡脱贫攻坚工作。

摆榔彝族布朗族乡位于施甸县城东南角，距县城26公里，北与木老元乡相邻。最低海拔750米，最高海拔2442米，有明显的立体型气候，素有"一山分四季，十里不同天"的特点。全乡面积80.7平方公里，辖4个村民委员会、36个自然村、40个村民小组。截至2015年年末，全乡共有1954户、7371人，其中少数民族5267人，占总人口的71%（彝族2815人，占总人口的38%；布朗族2378人，占总人口的32%）。全乡共有建档立卡贫困户749户、1690人，其中少数民族1216人（彝族514人，布朗族693人，其他民族9人）。

表1-2 木老元乡和摆榔乡贫困人口情况

单位：人，%

年份	项目	木老元乡	摆榔乡
1990	总人口	5645	6194
2000	总人口	5959	6723
2010	总人口	5969	7081
2014	总人口	6079	7368
	贫困人口	1128	464
	贫困发生率	18.56	6.30

续表

年份	项目	木老元乡	摆榔乡
2015	总人口	6036	7371
	贫困人口	1174	1162
	贫困发生率	19.45	15.76
2016	总人口	6013	7398
	建档立卡户	1428	1872
	贫困发生率	23.75	25.30
2017	总人口	6075	7383
	建档立卡户	870	1082
	贫困发生率	14.32	14.66

资料来源：施甸县扶贫办。

建档立卡户是动态数据，变化很快，每月都有更新。我们的调研工作有时间段，有收集数据的时间点，因此前后数据会有不完全吻合的情况。有的数据来自乡镇的报告，有的来自云南省的精准扶贫大数据平台。特此说明。

（二）人口较少民族——布朗族人口情况简介

全国共有28个总人口在30万以下人口较少民族，云南省就有8个。云南省的8个人口较少民族是独龙族、德昂族、基诺族、阿昌族、怒族、普米族、布朗族和景颇族。人口较少民族的特点是：人口数量较少，分布在边境一带，居住地域大分散小聚居，经济社会总体发展落后。[①] 2005年、2011年国家相继制定并实施专项规划，重点扶持人口较少民族经济社会全面发展；2016年年底，国务院制定了《"十三五"促进民族地区和人口较少民族发展规划》，可见党和政府一直重视人口较少民族发展问题，习近平总书记关于实现全面小康"一个民族都不能少"的指示精神，明确了实现各民族共同富裕的目标。

---

① 王铁志：《人口较少民族研究的意义》，《黑龙江民族丛刊》2005年第5期，第52页。

表 1-3　云南省 8 个人口较少民族人口数

单位：人

年份＼民族	独龙族	德昂族	基诺族	阿昌族	怒族	普米族	布朗族	景颇族
2000	7426	17935	20899	33936	28759	33600	91882	132143
2010	6930	20556	23143	39555	37523	42861	119639	147828

资料来源：《中国 2010 年人口普查分民族人口资料》（上），民族出版社，2013。

布朗族是中国人口特少民族之一，第一次全国人口普查时还没有布朗族数据，从 1964 年第二次全国人口普查的 3.94 万人到 2010 年第六次全国人口普查的 11.96 万人，虽然布朗族总人口数增加了 2 倍，但总人口数在全国来说仍然很少（见表 1-4）。布朗族在全国的 31 个省、自治区、直辖市中均有分布，绝大多数集中聚居在云南省，是云南省世居民族。

表 1-4　全国布朗族人口普查数

单位：人

年　份	总人口	男	女	性别比
1964	39411			
1982	58473	29442	29031	101.4
1990	82398	42015	40383	104.0
2000	91882	47534	44348	107.2
2010	119639	61230	58409	104.8

资料来源：《中国 2010 年人口普查分民族人口资料》（上、下），民族出版社，2013。

1990 年第四次全国人口普查时，居住在云南省的布朗族人口数占全国布朗族总人口数的 99.37%（见表 1-5）。在云南省内，布朗族集中在西双版纳、临沧、普洱和保山 4 个州市，这 4 个州市的布朗族人口占云南省布朗族总人口的 99.10%。在保山市内，布朗族主要居住在施甸县，占保山市布朗族总人口的 84.10%。可见，布朗族总体上是集中聚居模式。

表 1-5　云南省 1990 年布朗族人口普查数

单位：人

	总人口	男	女	性别比
全　　国	82398	42015	40383	104.0
云　　南	81876	41963	39913	105.1
西双版纳	32989	16525	16464	100.4
临　　沧	29704	15556	14148	109.9
普　　洱	11289	5881	5408	108.7
保　　山	7157	3632	3525	103.0
施 甸 县	6018	3016	3002	100.5
昌 宁 县	1121	606	615	98.5
隆 阳 区	16	10	6	166.7
龙 陵 县	2	0	2	

资料来源：《中国人口统计年鉴》（1990 年人口普查数据），中国统计出版社，1994。

2000 年全国第五次人口普查时，居住在云南省的布朗族人口数占全国布朗族总人口数的 98.37%（见表 1-6），但仅占云南省总人口的 0.21%。在云南省的西双版纳、临沧、普洱和保山 4 个州市中，布朗族人口占云南省布朗族总人口的 98.6%。保山市施甸县的布朗族占保山市布朗族总人口的 80.25%。相对 1990 年，布朗族在全国和云南省内有了些许流动。总体上，人口流动性还是不够。布朗族人口在其他地区均不足 300 人。

表 1-6　云南省 2000 年布朗族人口普查数

单位：人

	总人口	男	女	性别比
全　　国	91882	47534	44348	107.2
云　　南	90388	47279	43109	109.7
西双版纳	36453	18528	17925	103.4
临　　沧	33266	17839	15427	115.6
普　　洱	11947	6393	5554	115.1
保　　山	7455	3890	3565	109.1
施 甸 县	5983	3095	2888	107.2
昌 宁 县	1356	741	615	120.5
隆 阳 区	98	46	52	88.5
腾 冲 县	13	6	7	85.7
龙 陵 县	5	2	3	66.7

资料来源：《中国人口统计年鉴》（2000 年人口普查数据），中国统计出版社，2003。

2010年全国第六次人口普查时，居住在云南省的布朗族人口数占全国布朗族总人口数的97.44%（见表1-7）。在云南省的西双版纳、临沧、普洱和保山4个州市中，布朗族人口占云南省布朗族总人口的97.22%。保山市施甸县的布朗族人口占保山市布朗族总人口的77.30%。相对2000年，布朗族在全国层面和云南省内流动性仍然很小。总体上，布朗族人口流动性很保守。

表1-7 云南省2010年布朗族人口普查数

单位：人

	总人口	男	女	性别比
全 国	119639	61230	58409	104.8
云 南	116573	60117	56456	106.5
西双版纳	47529	24160	23369	103.4
临 沧	40434	21277	19157	111.1
普 洱	15543	8144	7399	110.1
保 山	9834	5042	4792	105.2
施甸县	7602	3915	3687	106.2
昌宁县	1929	999	930	107.4
隆阳区	239	138	101	136.6
腾冲县	39	23	16	143.8
龙陵县	25	14	11	127.3

资料来源：《中国2010年人口普查分民族人口资料》，民族出版社，2013。

从历次人口普查数据看，布朗族的人口性别比较为稳定。人口出生率、死亡率等人口学特征基本正常。

布朗族是从原始社会末期或奴隶社会直接过渡到社会主义社会的"直过民族"，他们大部分居住在高山峡谷中，是云南社会经济发展中最弱势的群体，居住在最贫困地区。由于历史、社会及地理条件等多重原因，人口较少民族与"直过民族"群众平均受教育程度普遍较低。1990年，布朗族的文盲和半文盲率占总人口的59.8%；2000年文盲人口比例为23.43%；到2010年，布朗族的平均受教育年限也才4.34年，净文盲率为16.01%。而云南省2010年的平均受教育年限为7.6年，净文盲率为6.03%。全国平均受教育年限为8.76年，汉族为

8.84 年。从文化教育角度，布朗族确实落后很多，也是造成其贫困的重要因素之一。

因此，选择人口较少民族也是研究的侧重点之一。人口较少民族整乡帮扶和脱贫模式的调研和解读，有助于全国不同地区、不同少数民族借鉴以及在全国扶贫攻坚的示范。人口较少民族的生存状况的改善是国家政治文明的一种展示，是政府执行力的展示。

云南省保山市施甸县的两个乡——木老元乡和摆榔乡，同我国其他少数民族地区一样，由于历史、自然和地理等原因，发展方面面临着一些突出问题和特殊困难。经济社会发展总体滞后，资源环境约束大，基础设施建设欠账多，基本公共服务供给不足，对内对外开放水平不高，人口整体素质偏低。2016 年年底，国务院发布的《国务院关于印发"十三五"促进民族地区和人口较少民族发展规划的通知》（以下简称《通知》）指出，在"十三五"时期，把加快少数民族和民族地区发展摆到更加突出的战略位置，对于补齐少数民族和民族地区发展短板，保障少数民族合法权益，提升各族人民福祉，增进民族团结进步，促进各民族交流交往交融，维护社会和谐稳定，确保国家长治久安，实现全面建成小康社会和中华民族伟大复兴中国梦，具有重要意义。[①]

（三）木老元乡和摆榔乡建档立卡户情况简介

根据云南省精准扶贫大数据平台查询的两乡贫困户网络数据，截至 2017 年 8 月，木老元乡总贫困户为 304 户，摆榔乡总贫困户数为 325 户。[②] 两乡农户年收入水平略有不同。就毛收入而言，在 22000 元以上户数中，木老元乡只有 12 户，而摆榔乡则有 38 户，分别占两乡农户比例的 12%、38%。两乡占比最高的集中在 10000～14000 元，其中木老

[①] 中华人民共和国中央人民政府：《国务院关于印发"十三五"促进民族地区和人口较少民族发展规划的通知》，http://www.gov.cn/zhengce/content/2017-01/24/content_5162950.htm，2017 年 1 月 24 日。

[②] 数据是动态的，经常更新。收入区间的划分是前开后闭的，即区间下限是不包含在内的，而区间上限则是包含在内的，如毛收入区间中的 6000～10000 元，应解读为大于 6000 元且小于等于 10000 元。另外，占比这一指标的计算方法是，该区间内的户数占总户数的比例。

元乡有 121 户、摆榔乡有 81 户，木老元乡占比为 40%，摆榔乡占比接近 25%。

表 1-8 2017 年两乡农户毛收入状况

毛收入（元）	木老元乡 户数（户）	占比（%）	摆榔乡 户数（户）	占比（%）
6000 及以下	9	2.98	23	7.08
6000~10000	62	20.53	74	22.77
10000~14000	121	40.07	81	24.92
14000~18000	63	20.86	76	23.38
18000~22000	35	11.90	33	10.15
22000 以上	12	3.86	38	11.69

两乡农户的年纯收入的情况，在 8000~11000 元区间内，两乡占比都是最高的，木老元乡有 110 户，摆榔乡有 106 户，占比分别为 36.42%、32.62%。而在 5000 元以下的区间内，摆榔乡农户占比远高于木老元乡。在 11000~14000 元及 14000~17000 元区间内，木老元乡农户占比高于摆榔乡。高于 17000 元的，两乡农户占比大体一致（见表 1-9）。

表 1-9 2017 年两乡农户年纯收入状况

年纯收入（元）	木老元乡 户数（户）	占比（%）	摆榔乡 户数（户）	占比（%）
5000 及以下	5	1.65	31	9.54
5000~8000	49	16.23	68	20.92
8000~11000	110	36.42	106	32.62
11000~14000	71	23.51	56	17.23
14000~17000	45	14.90	39	12.00
17000 以上	22	7.28	25	7.69

两乡农户人均纯收入占比最高的区间集中在 2500~3000 元，木老元乡占到了 70%，而摆榔乡只占到 46%。人均纯收入在 2000 元及以下，2000~2500 元与 3500 元以上的农户占比，摆榔乡远高于木老元乡，这反映出木老

元乡农户的人均收入比摆榔乡更平均一些。

表 1-10 2017 年两乡农户人均纯收入状况

人均纯收入（元）	木老元乡		摆榔乡	
	户数（户）	占比（%）	户数（户）	占比（%）
2000 及以下	2	0.66	40	12.31
2000~2500	10	3.31	51	15.69
2500~3000	214	70.86	149	45.85
3000~3500	71	23.51	42	12.92
3500 以上	5	1.66	43	13.23

两乡的工资性收入状况截然相反。木老元乡农户占比较高的收入区间是 7000 元以上，占比为 35.10%，而摆榔乡则在 1000 元以下，占比为 38.46%。两乡差别较大的占比在区间 5000~7000 元，木老元乡占比为 18.87%，而摆榔乡占比则为 9.54%。

表 1-11 2017 年两乡农户工资性收入状况

工资性收入（元）	木老元乡		摆榔乡	
	户数（户）	占比（%）	户数（户）	占比（%）
1000 及以下	41	13.58	125	38.46
1000~3000	43	14.24	55	16.92
3000~5000	55	18.21	43	13.23
5000~7000	57	18.87	31	9.54
7000 以上	106	35.10	71	21.85

生产经营性收入，木老元乡在 8000 元以上区间内的占比为最高，为 28.81%，摆榔乡农户的生产经营性收入在 2000 元及以下的区间内占比最高，为 35%。在 4000~6000 元的区间内，木老元乡农户占比在 27.81%，而摆榔乡仅为 15.38%。摆榔乡占比排在第二位的是 8000 元以上的，在 23.08%。

表1-12　2017年两乡农户生产经营性收入状况

生产经营性收入（元）	木老元乡 户数（户）	木老元乡 占比（%）	摆榔乡 户数（户）	摆榔乡 占比（%）
2000及以下	28	9.27	114	35.07
2000~4000	49	16.23	38	11.69
4000~6000	84	27.81	50	15.38
6000~8000	54	17.88	48	14.77
8000以上	87	28.81	75	23.08

从以上分析可以看出，木老元与摆榔两乡在收入的各种类型上有着不尽相同的特点，在某些收入类型上木老元乡要高于摆榔乡，而在某些类型上则相反，但总体上，两乡差异并不大。

下面对两乡贫困户近年的家庭收支情况做汇总。

表1-13　木老元乡贫困户家庭平均收支状况

单位：元，%

年份	年毛收入	年纯收入	人均纯收入	工资性收入	生产经营性收入	生产经营性支出	人均消费支出
2015	11593.32	9247.66	2317.42	3128.95	7083.14	1878.50	962.20
2017	13268.98	11035.69	2946.95	5868.37	6731.20	2278.90	945.03
年均增长率	7.00	9.00	13.00	37.00	-3.00	10.00	-1.00

表1-14　摆榔乡贫困户家庭平均收支状况

单位：元，%

年份	年毛收入	年纯收入	人均纯收入	工资性收入	生产经营性收入	生产经营性支出	人均消费支出
2015	8776.77	6312.68	1709.05	—	5951.63	2468.20	—
2017	14135.49	10261.69	2771.26	4286.57	5951.63	3911.44	—
年均增长率	26.91	27.50	27.34	—	0	25.89	—

表1-15　2017年两乡农户各项收入平均数

单位：元

	木老元乡	摆椰乡
年纯收入	10963.08	11152.84
年人均纯收入	2927.57	2910.79
毛收入	13818.68	14465.69
工资性收入	5829.76	4150.23
生产经营性收入	6686.89	7054.83

表1-15反映的是木老元乡和摆椰乡各项收入的平均数情况，从该表可以看出两乡的五类收入在平均数方面各有差异。在年纯收入、毛收入及生产经营性收入方面，摆椰乡均要高于木老元乡，分别高189.76元、647.01元、367.94元。而在年人均纯收入上，木老元乡的情况与摆椰乡相差无几，工资性收入上，木老元乡比摆椰乡高1679.53元。

相比较而言，木老元乡的贫困家庭平均经济情况稍好，但是增长缓慢，摆椰乡的贫困家庭平均经济情况稍差，但是增长速度较快。

第二章

贫困理论与扶贫实践

贫困问题是一个涉及经济、政治、文化和社会等多方面的综合性问题。多年来，各国为缓解贫困做出了各种努力。随着人们对贫困问题的认识不断深入，在实践中形成了多种多样的扶贫模式。本章梳理和总结国内外的贫困相关理论的发展过程、农村扶贫模式与实践，以期对我国各地的精准扶贫提供参考与启发。

一 贫困理论的发展

英国经济学家马尔萨斯是世界上第一个研究贫困问题的人。[①] 他从人口规律出发，论证了贫困产生的原因，认为贫困之所以产生是因为人口增殖力无限大于土地为人类提供生产生活资料的能力。[②] 在马尔萨斯看来，这种人口规律是自然规律，因而贫困是不可避免的，任何社会改革都是徒劳的。可见，马尔萨斯在解决贫困问题上是一个悲观主义者。

1943年，发展经济学先驱之一罗森斯坦·罗丹在考察了东欧和东南欧国家的工业化进程之后，写了《东欧和东南欧国家工业化的若干问题》一文，提出了大推动理论。该理论的核心是在发展中国家或地区利用国内外资本，

[①] 黄荣华、冯彦敏、路遥：《国内外扶贫理论研究综述》，《黑河学刊》2014年第10期，第135~137页。

[②] 张静：《马尔萨斯的贫困观——评马尔萨斯的〈人口原理〉》，《赤峰学院学报》（汉文哲学社会科学版）2010年第7期，第50~52页。

对国民经济中相互补充的部门同时进行大规模投资，以促进这些部门的平均增长，从而推动整个国民经济的高速增长和全面发展。同时，他还指出投资应集中于基础工业和公共设施上，并强调了政府在大推动过程中的作用。[1]

第二次世界大战后，世界殖民体系开始土崩瓦解，亚非拉地区的殖民地和附属国陆续成为独立国家，寻求自身的发展，在各自的工业化进程中，经历了日益严重的贫困现象。发达国家的一些经济学家也开始关注和探讨发展中国家的经济问题，各种发展理论相继问世，到20世纪50年代，形成了一个新的独立学科——发展经济学。真正对贫困问题的大规模研究也开始于此。1950年，法国经济学家郎索瓦·佩鲁基于经济规律和不发达地区资源稀缺状况首次提出了增长极理论。该理论认为经济增长并非同时出现在所有地方，而是以不同的强度出现一些增长点或增长极，然后通过不同渠道向外扩散，并对整个经济产生不同的最终影响。[2]

美国经济学家纳克斯在他于1953年发表的著作《不发达国家资本的形成》中探讨了贫困的根源。他指出不发达国家人均收入低，储蓄水平低，从而形成资本不足，生产规模难以扩大，劳动生产率难以提高而形成低产出，进而造成低收入，即"低收入—低资本形成—低收入"的恶性循环。[3] 他的这一理论被称为贫困恶性循环理论。随后，纳尔逊提出了低水平均衡陷阱理论，从人口增长率与人均国民收入的角度探讨不发达国家的收入提高问题[4]，认为发展中国家人口的过快增长是阻碍人均收入迅速提高的"陷阱"，必须进行大规模投资，使投资和产出超过人口增长，实现人均收入的大幅度提高和经济增长。在他们的基础上，莱宾斯坦提出了临界最小努力理论。这一理论认为发展中国家要打破低收入与贫困之间的恶性循环，必须首先保证足够高的投资率，以使国民收入的增长超过人口的

---

[1] P. N. Rosenstein – Rodan, "The Problems of Industrialization of Eastern and South – Eastern Europe," *Economic Journal*, 53（1943）：202 – 211.

[2] 白义霞：《区域经济非均衡发展理论的演变与创新研究——从增长极理论到产业集群》，《经济问题探索》2008年第4期，第22~24页。

[3] 丛旭文、黄晶梅：《城市化失地农民的社会保障问题研究》，《求索》2012年第3期，第74~76页。

[4] 王海民、李小云：《贫困研究的历史脉络与最新进展述评》，《中国农业大学学报》（社会科学版）2009年第3期，第40~51页。

增长，从而使人均收入水平得到明显提高，这个投资率水平即"临界最小努力"，没有这个最小努力就难以使发展中国家的国民经济摆脱贫困落后的困境。① 上述三人都强调资本在贫困产生过程中的作用，他们的反贫困对策都强调资本形成。循环积累因果关系理论由瑞典经济学家缪尔达尔提出，他认为发展中国家的贫困问题是经济、政治、文化、社会和制度等多种因素综合作用的结果，而资本只是其中重要原因之一。因此他主张通过权力关系、土地关系、教育等多方面的改革，使收入平等，由此增加穷人的消费，提高人均收入，这样就从低收入的循环积累中解脱，进入良性循环积累过程。他基于十余年对南亚贫困国家的具体考察得出结论：单一的反贫困战略不可能消除贫困，只有从经济、政治和文化等多重层次构建一套综合的反贫困战略才能消除贫困；发展中国家如果不能从根本上解决事实上普遍存在的"三农"问题，贫困也不可能消除。②

20世纪60年代以来，人力资本理论在西方得到迅速发展，对贫困的研究也越来越多地集中于人力资本视角。1960年，美国经济学家、人力资本理论创始人舒尔茨在其《论人力资本投资》一书中指出传统的西方经济学中资本仅指物质资本的概念过于狭窄，不符合实际，认为资本还应该包括人力资本。人力资本包括质和量两个方面，质是指劳动者的受教育程度、技能、健康、劳动熟练程度等，量是指劳动力的数量。他认为在影响经济发展的诸因素中，人的因素最关键。经济发展主要取决于人的质量的提高而不是自然资源的丰瘠或资本存量的多寡。③

20世纪90年代以来，以印度学者阿玛蒂亚·森为代表的经济学家们构建了能力贫困理论。在森看来，贫困意味着贫困人口缺少获取和享有正常生活的能力，贫困的真正含义是贫困人口创造收入能力和机会的贫困。低收入是导致贫困人口收入能力丧失的一个重要因素，但并不是全部因素，疾病、人力资本不足、社会保障系统的软弱无力、社会歧视等都是造成人们收入能力丧失的不可忽视的因素。④ 森的能力贫困理论给出的反贫

---

① 叶普万：《贫困经济学研究》，中国社会科学出版社，2004。
② 叶普万：《贫困经济学研究：一个文献综述》，《世界经济》2005年第9期，第70~79页。
③ 舒尔茨：《论人力资本投资》，吴珠华等译，北京经济学院出版社，1990。
④ 蔡荣鑫：《国外贫困理论发展述评》，《经济学家》2000年第2期，第85~90页。

困对策在于重构和提高个人能力,他认为更好的基础教育和卫生保健能够直接提高生活的质量,而且还可以提高一个人获得收入的能力,使其免于收入贫困。[1] 在此后的研究中,森逐渐地将社会排斥概念引入贫困分析中,这极大地扩展了贫困分析的视野。

普雷维什和萨米尔提出的依附论与以上理论截然不同。第二次世界大战后,虽然广大亚非拉国家摆脱了西方发达国家的殖民统治,先后拥有独立主权,但是它们在经济上依然依附于西方发达国家。依附论为了解释这种现象,将不发达国家的社会和经济发展看成是由外部力量制约的,是其他较强大的国家在统治着不发达国家。

事实上,贫困的成因是多方面的,因此消除贫困的对策也应该是多样的,各国的扶贫实践也证实了这一点。

国外学者从经济因素和非经济因素多角度研究贫困问题,主要集中在贫困形成机理与识别及反贫困战略方面。具代表性的有:缪尔达尔的"积累因果关系理论",认为发展中国家的贫困问题是经济、政治、文化等因素综合作用、循环积累的结果。他主张应进行结构性或制度性的改革,通过权力关系、土地关系、教育等方面的改革,使收入平等。赫希曼的"不平衡增长"理论认为,发展中国家的经济中存在若干个互相联系、互相作用的"恶性循环系列",其中主要是"贫困恶性循环"起重要作用。资本形成是打破贫困恶性循环的关键,应从供给和需求两方面同时作用,进入良性循环;促进资本形成必须大规模增加储蓄,扩大投资,各行业产生相互需求,扩大市场容量。罗丹的"大推动理论"提出,在发展中国家或地区对国民经济的各个部门同时进行大规模投资,以促进这些部门的平均增长,从而推动整个国民经济的高速增长和全面发展。佩鲁的"增长极理论"是通过对增长极的重点投资和"极化效应"产生外部经济,带动整个地区所有产业的发展,使贫困地区受益,从而走出贫困。舒尔茨的促进人力资本形成的反贫困战略模型,使人们对贫困的认识从外部环境转移到人的自身上去找原因,认为必须从建立适当的制度、供求两个方面为引进现

---

[1] 孙中艮、余芳梅:《贫困理论视角下水库移民反贫困路径的转变》,《贵州社会科学》2009年第2期,第77~81页。

代生产要素创造条件和对农民进行人力资本投资。阿玛蒂亚·森则认为贫困是对基本能力的剥夺，是缺少各种经济机会以及交换权利的结果。速水佑次郎则将文化、制度、技术因素引入了贫困的范畴，提出诱致变革模式发展经济学——从贫困到富裕。还有刘易斯的二元结构理论、多马的经济增长模型、纳尔逊的低水平均衡陷阱理论、赫希曼的依附理论等。

　　关于扶贫途径方面的研究很多，Mendola认为要重视农业技术在扶贫政策中的作用。关键不仅仅是技术本身，还要将贫困问题纳入农业研究的优先事项。Gounder等研究发现不同收入的家庭都能通过正规教育习得的额外技能获益，初等教育是使人们脱贫的首要阶段，教育还有助于人们获得健康保障和好的住宅环境。Herman等认为提高持续职业培训的参与度有助于劳动力质的转变，使劳动力能适应新的需求。政府应完善职业培训和规划的相关信息的传播机制。Boukhatem的研究表明，金融发展对于消减贫困有直接的作用。金融的发展为穷人获得各种资金来源拓宽途径，使交易更便利，为积累资产和平缓消费提供可能。

　　国内学者的相关研究重点是农村贫困问题。从20世纪80年代中后期，中国政府开始实施全面的大规模扶贫计划，研究着重对贫困形成的原因、机理、贫困地区的类型、贫困与经济增长、贫困与收入分配、扶贫政策、贫困标准的识别和划分、扶贫的治理结构等进行了探讨。理论上，代表性的观点有"区域性贫困陷阱理论"与"阶层性贫困陷阱理论"、"富饶的贫困理论"、"贫困与经济增长理论"、"知识贫困理论"；方法上，有"市场化路径选择""制度创新""制度固化与技术停滞"等。扶贫模式方面，有救济式扶贫、体制改革推动扶贫、开发式扶贫、参与式扶贫、国际合作扶贫等。近期的创新性扶贫模式有整村推进模式、产业化扶贫模式、劳动力转移模式、科技扶贫模式、文化扶贫模式、乡村旅游扶贫模式等相关研究。还有对扶贫成效的研究，扶贫模式的绩效评估以及评估原则、标准和体系的研究。最新的"六个精准，五个一批，五个坚持"精准扶贫理论，内涵更丰富，操作性更强，具有划时代的意义，是我国贫困人口全部脱贫，落实科学发展观，实现共同富裕，促进全面建成小康社会的指导思想。

　　关于少数民族贫困与反贫困研究，与总体相关研究差别不大，也大多在贫困致因、扶贫成效以及减贫对策等方面,有的从收入和消费来判断,有的从贫困地区的区域环境制约、生产力落后、资源开发不合理、市场发育不全、人口素质低下等方面来分析。关于反贫困模式,有的倾向于采取救济式扶贫模式,认为常年救济能使贫困人口享有一种起码的、有尊严的生活水平。有的学者倾向于以项目为主的开发式扶贫,重点探讨项目的选择、项目资金的分配、资源的开发利用、贫困人口对于项目的参与性以及区域性贫困与贫困人口的关系等。而在经济领域以外对于贫困与反贫困的研究则比较少,有学者关注到了制度因素、人口素质等。深度贫困和民族散杂居地区的精准脱贫实证研究还未见。习近平总书记指出:"扶贫要实事求是,因地制宜。要精准扶贫……把现实问题一件件解决,探索可复制的经验。"总书记为中国的扶贫攻坚指出了非常具体的方向和路径。

二 中国扶贫模式

从模式角度梳理,从新中国成立到改革开放前,采取的一直是救济式扶贫,由政府发放专款,救济灾民,补助特困户。这时期农村是集体经济,总的生产水平很低,救济和补助在一定程度上有效地防止了更大规模的绝对贫困人口的出现,但是也在一定程度上造成了"等、靠、要"的依赖性贫困。

紧接着的制度改革式扶贫是从农村实行土地承包制开始的,乡镇企业迅速发展,农村经济结构逐步转变。农民通过自己的劳动和智慧改善了生活,增加了收入,大多数减轻了贫困程度,解决了温饱问题,少数已致富。这一时期,人力资本和社会资本较好的家庭发展较好,区位或资源有优势的地区发展较快,发展不平衡问题凸显。

开发式扶贫是政府资助贫困地区开展生产性基础设施建设,包括农电建设、乡村公路、农田建设、水利工程建设等,促进与贫困人口关联度较高的产业发展。将区域开发放在优先位置,依托资源优势,按照市场需求,开发有竞争力的名特稀优产品。通过贫困地区的经济发展,增强自我发展能力,从总体上解决贫困问题,解决了贫困地区的实际问题和发展方向，农村贫困状况得以极大缓解，贫困问题从普遍性、连片性、绝对贫困向点状贫困和相对贫困转变。贫困问题不再是区域经济发展不足的问题，而是群体性贫困的问题。此后，贫困的主要人群已无法直接受益于区域发展的实惠，扶贫攻坚战略转向以人为本，直接针对贫困户。

精准扶贫模式是2014年中央详细规制的顶层设计，精准扶贫思想精髓是优化整合扶贫资源，社会合力，确保扶贫到村到户。从扶持对象、项目安排、资金使用方面出实招，因户施策。

汪三贵比较早地开始了扶贫模式的研究。他根据因地制宜发挥比较优势的原则和贫困山区自然资源及社会经济条件，将经济开发模式概括为以资源为主体的资源依托型、以资金积累为主的资产积累型和以技术带动的技术驱动型。[①] 随着人们对发展问题复杂性的认识不断深化，缓解贫困的战略也不断得到调整和完善。刘俊文认为可以将其概括为三类：以收入分配为主导的社会福利战略、以全面经济增长为主导的涓滴受益战略和以能力建设为主导的目标瞄准战略。[②] 西部地区是我国农村贫困人口集中分布的地区，徐孝勇等通过对我国西部地区农村贫困现状和扶贫历程的研究，将扶贫模式总结为大规模区域性扶贫开发模式、参与式整村推进扶贫开发模式、山区综合开发扶贫模式、生态建设扶贫模式、特色产业开发扶贫模式、乡村旅游开发扶贫模式、对口扶贫模式以及以工代赈、小额信贷、劳动力转移培训和国际项目扶贫等模式。[③] 张咏梅和周巧玲认为扶贫模式可以从纵向和横向两个角度来理解，分别形成广义和狭义的概念。广义的扶贫模式是指在既定扶贫战略下的扶贫行为集合，包括扶贫行为的整个活动，这是纵向意义上的扶贫模式；狭义的扶贫模式则是横向意义上的理解，是将整个扶贫行为过程中不同环节的不同具体做法概括为模式；她们采用前者，将扶贫模式分为整村推进模式、产业化扶贫模式、劳动力培训

---

① 汪三贵：《反贫困与政府干预》，《农业经济问题》1994年第3期，第40~46页。
② 刘俊文：《超越贫困陷阱——国际反贫困问题研究的回顾与展望》，《农业经济问题》2004年第10期，第23~28页。
③ 徐孝勇、赖景生、寸家菊：《我国西部地区农村扶贫模式与扶贫绩效及政策建议》，《农业现代化研究》2010年第2期，第161~165页。

转移模式、外资扶贫模式和对口帮扶模式。[1] 王曙光总结出五种贫困类型，从而将扶贫模式分为五类，并认为它们有时可以互相交叉，实施主体和实施对象都有所区别，五类扶贫模式是：制度变革型扶贫，基础性扶贫（或大推进型扶贫）和生态恢复型扶贫，能力增进型扶贫（或结构型扶贫、造血型扶贫），救济型扶贫（或输血型扶贫）以及族群系统型扶贫。[2] 张丽娜等认为国际上对于农村扶贫模式基本分为三种类型："发展极"模式，由法国经济学家佩鲁提出的"锁定重点扶贫目标并给予政府扶持，鼓励扶贫目标积极发展"；"基本满足需求"模式，由美国经济学家斯特雷坦提出的"直接向贫困人口提供生活教育设施，提高贫困人口的收入和生产率"；"社会保障方案"模式，即直接对贫困人口进行发放社会补助的形式。[3]

赵昌文和郭晓鸣认为扶贫模式指的是扶贫主体运用一定的生产要素和资源，利用一定的方法和手段作用于扶贫客体，促进扶贫客体脱贫致富的方式、方法和措施的总称。[4] 他们将扶贫模式按照不同的标准进行划分，分类方式较为全面，笔者以他们的分类方法为基础进行论述。

（一）按扶贫主体不同划分

按扶贫主体不同，扶贫模式可以分为政府主导型扶贫、企业主导型扶贫、民间扶贫和对口扶贫四种，前三种分别由政府、企业和民间组织作为扶贫活动的主导，帮助贫困地区和人民实现脱贫致富。而对口扶贫则是指发达地区及其有关单位与贫困地区及其有关单位结成相对固定的帮扶关系，通过优势互补，在发达地区的支持和带动下，使贫困地区最终实现脱贫致富。总的来说，我国的扶贫模式经历了从仅由政府主导到多个主体参与的过程。

---

[1] 张咏梅、周巧玲：《我国农村扶贫模式及发展趋势分析》，《濮阳职业技术学院学报》2010年第1期，第107~112页。
[2] 王曙光：《中国的贫困与反贫困》，《农村经济》2011年第3期，第3~8页。
[3] 张丽娜、郝晓蔚、张广科等：《国外农村扶贫模式与中国"精准扶贫"创新模式探讨》，《黑龙江畜牧兽医》2016年第10期。
[4] 赵昌文、郭晓鸣：《贫困地区扶贫模式：比较与选择》，《中国农村观察》2000年第6期，第65~71页。

需要指出的是，政府主导型扶贫模式是在我国计划经济体制中形成的，此后政府在我国扶贫活动中一直处于主导地位。企业扶贫和对口扶贫模式也是根据政府制定的相关政策和措施来实施的，因此政府在各种扶贫模式中的作用都不可忽视。政府主导型的扶贫模式不仅符合经济学中"守夜人"的公权救济理念，而且与当时我国反贫困的特点相适应。[1]但不容忽视的是，在以政府为主导的扶贫行为过程中也伴生了一些问题，包括政府的扶贫目标发生偏离与转换；贫困人口瞄准困难；贫困人口的诉求得不到反映，需求得不到有效满足；扶贫效率不高；等等。[2]郑功成认为政府主导型扶贫模式还存在政府的财力与对扶贫资金的需求有很大的差距，挪用、贪污腐败现象严重等明显的局限性。而NGO扶贫则在一定程度上弥补了政府扶贫财力的不足；直接推动着小政府、大社会格局的形成；为提高政府扶贫效率提供了参照系；有利于形成互助博爱的理念和热心公益的社会氛围，推动政府缓和乃至消灭贫困目标的实现。[3]

NGO是非政府组织（Non-Governmental Organizations）的英文缩写，是民间扶贫的主体。满足下列三个条件的可称为NGO：①自治且独立于政府；②不以营利为目的；③由成员秉持志愿精神自愿组成。[4] NGO的主要优势是：能够深入基层，倾听最贫困的老百姓声音，了解他们的需求；目标明确，机制灵活；创新性强，能将扶贫效力达到政府部门达不到或无法达到的广度和深度。[5] 因此，NGO加入扶贫工作是有意义的。武继兵、邓国胜认为在新的环境下，政府与NGO的战略性合作有其必要性。在扶贫领域，政府与NGO建立战略合作伙伴关系有助于整合稀缺的扶贫资源；有助

---

[1] 陕立勤、Kang Shou Lu：《对我国政府主导型扶贫模式效率的思考》，《开发研究》2009年第1期，第152~155页。

[2] 姚迈新：《对以政府为主导的扶贫行为的思考——扶贫目标偏离与转换及其制度、行动调整》，《行政论坛》2011年第1期，第29~33页。

[3] 郑功成：《中国的贫困问题与NGO扶贫的发展》，《中国软科学》2002年第7期，第9~13页。

[4] F. M. Mburu *Non-government Organizations in the Health Field: Collaboration, Integration and Contrasting Aims in Africa* (Longman: German reunification, 1992), p. 591.

[5] 曲天军：《非政府组织对中国扶贫成果的贡献分析及其发展建议》，《农业经济问题》2002年第9期，第27~30页。

于利用双方的优势,加速扶贫经验与知识的扩散;可以提高扶贫效率。[1]

(二) 按扶贫主体作用于扶贫客体的方式不同划分

按此种划分方法,扶贫模式可以分为救济式扶贫、开发式扶贫和参与式扶贫三种模式。救济式扶贫模式是指扶贫主体直接向扶贫客体提供生产和生活所需的粮食、衣物等物资或现金,以帮助贫困人口渡过难关,也称"输血"式扶贫模式。

开发式扶贫模式指的是扶贫主体通过投入一定的扶贫要素(资源)扶持贫困地区和农户改善生产和生活条件、发展生产、提高教育和文化科技水平,以促使贫困地区和农户生产自救,逐步走上脱贫致富道路的扶贫行为方式,也称"造血"式扶贫模式。[2] 王金艳认为开发式扶贫模式在实践中的具体运行方式包括以工代赈、整村推进、劳务输出、移民搬迁、科技扶贫等。[3] 这种扶贫方式与我国的扶贫工作历程联系紧密。20 世纪 80 年代中期以来,中国的反贫困行动进入了一个新的历史阶段。反贫困措施从以往主要依靠单纯的生活救济变为以增强贫困地区和贫困人口自身生产能力为主要目的的开发援助。[4] 虽然开发式扶贫取得了明显的成效,但在具体运作过程中往往仅强调扶贫主体的作用,而忽视了贫困农民的意愿,将其作为被动接受的客体,带有明显的计划经济色彩,从而使贫困农民难以获得恰当的援助。

近年来,参与式扶贫受到国内外广泛关注并逐渐发展起来,其核心是在扶贫开发实践中外来的施援方与当地贫困人口之间的相互关系和作用。参与式扶贫具体是指政府通过投入一定数量的资金,以贫困村为平台,为贫困农户创造表达意愿的机会,赋予贫困农户知情权和监督权,并激发他们的参与意愿,发动群众参与扶贫项目的决策、实施和监督过程,从而提

---

[1] 武继兵、邓国胜:《政府与 NGO 在扶贫领域的战略性合作》,《理论导刊》2006 年第 11 期,第 57~58 页。

[2] 赵昌文、郭晓鸣:《贫困地区扶贫模式:比较与选择》,《中国农村观察》2000 年第 6 期,第 65~71 页。

[3] 王金艳:《当代中国农村扶贫开发模式论析》,《内蒙古民族大学学报》(社会科学版) 2008 年第 4 期,第 102~106 页。

[4] 汪三贵:《反贫困与政府干预》,《农业经济问题》1994 年第 3 期,第 40~46 页。

高贫困农户自主脱贫、自我发展能力,从根本上解决贫困问题。[①] 参与式扶贫使扶贫过程成为施援方与受援方共同努力、知识共享、共同受益的过程,且多把受益人群确定为农村妇女。不但强调妇女经济收入和社会地位的提高,更着眼于妇女的性别意识的觉醒和作为人的能力和素质的提高。[②]

(三) 按扶贫主体投入的扶贫要素不同划分

赵昌文、郭晓鸣认为,按扶贫主体投入的扶贫要素不同,扶贫模式可以划分为物质扶贫、文化教育扶贫以及信贷扶贫。所谓物质扶贫模式就是扶贫主体向贫困地区和人口提供一定的物质来援助其生活和生产,使其摆脱贫困。文化教育扶贫是通过对贫困地区的贫困人口进行教育投入来实现扶贫目标。虽然文化教育扶贫不能直接为贫困地区和人口带来经济利益,但是可以提高贫困人口的科学文化素质,使其掌握一定的知识和技能,从而具备自力更生的能力,最终摆脱贫困。信贷扶贫则是直接为贫困人口及其兴办的微型企业提供小额贷款,帮助其拓宽收入来源,从而提高抵御风险的能力。这一概念是伴随着在亚洲、非洲和拉丁美洲的发展中国家,以贫困群体和低收入阶层为服务对象的几种微型金融方法逐步取得成效和不断扩展而提出的,包括个人信贷、小组信贷、微型企业信贷和农村银行信贷等多种不同模式。[③]

(四) 按扶贫客体的脱贫地域划分

依据扶贫客体的脱贫地域,扶贫模式有就地扶贫和异地迁移扶贫两种。显然,二者的区别在于扶贫客体是否脱离其所居住的地区。而后者常发生在自然环境恶劣不适宜人类生存和发展的地区,居民或自发或由政府整体规划,迁移至适宜人类生活和发展的地区,利用当地资源,从而摆脱

---

① 李兴江、陈怀叶:《参与式扶贫模式的运行机制及绩效评价》,《开发研究》2008 年第 2 期,第 94~99 页。
② 来仪:《"参与式"农村扶贫模式在四川民族地区的实施及非经济性因素分析》,《西南民族大学学报》(人文社科版) 2004 年第 10 期,第 1~5 页。
③ 杜晓山、孙若梅:《中国小额信贷的实践和政策思考》,《财贸经济》2000 年第 7 期,第 32~37 页。

原有贫困状况。

（五）按扶贫资源分配的对象不同划分

扶贫模式可分为区域（社区）扶贫和直接扶贫到户两种模式。我国自 1986 年严格意义上的反贫困政策出台以来，经历了从县级瞄准到村级瞄准再到现在的精准扶贫、瞄准到户的过程。

区域瞄准是中国农村扶贫计划的主要特征之一。与实施全覆盖的生活救助扶贫相比较，区域性扶贫开发瞄准的是贫困地区而不是贫困家庭和个人，从而使贫困群体的识别难度大大降低，这与广大农村地方政府在如何识别扶贫受益对象的技术管理与制度设计的能力是相适应的；而且以区域为对象进行扶贫开发可以充分利用行政管理系统，有利于降低管理成本。[①] 1986~2000 年，几乎所有扶贫投资都是以贫困县为基本瞄准单位的。[②] "八七扶贫攻坚计划"完成之后，农村贫困人口的温饱问题基本得以解决，剩余的贫困人口分布零散，尤其是分布在生态环境恶劣的地区。2001 年 6 月，国务院出台了《中国农村扶贫开发纲要（2001—2010 年）》，虽然国务院扶贫领导小组仍然确定了 592 个国家扶贫工作重点县，但这一时期农村扶贫已经从县级瞄准变为村级瞄准。从县级贫困瞄准变为村级贫困瞄准的原因是，村级瞄准有可能比县级瞄准更有效。由于大量的贫困人口生活在非贫困县，如果继续采用县级瞄准，非贫困县中的贫困人口将不能享受国家的扶贫政策和投资。即使是在贫困县内，贫困人口也主要居住在一些偏远村落，这也很容易使县级瞄准失效。另外，在文化、自然资源、基础设施和社会服务方面，居住在同一社区的居民有更多共同点，便于进行综合性的扶贫开发。[③]

随着宏观经济环境发生变化，瞄准区域的农村扶贫模式已经出现了偏离目标的问题，扶贫效果大不如前，推进更加有针对性的扶贫模式显得越

[①] 王朝明：《中国农村 30 年开发式扶贫：政策实践与理论反思》，《全国高等财经院校〈资本论〉研究会 2008 年第 25 届学术年会》，第 78~84 页。
[②] 汪三贵等：《中国新时期农村扶贫与村级贫困瞄准》，《管理世界》2007 年第 1 期，第 56~64 页。
[③] 高鸿宾：《扶贫开发规划研究》，中国财政经济出版社，2001。

来越重要。精准扶贫就是为了应对扶贫效果下降而提出的政策。中国人民大学反贫困问题研究中心认为，精准扶贫最基本的定义是扶贫政策和措施要针对真正的贫困家庭和人口，通过对贫困人口有针对性的帮扶，从根本上消除导致贫困的各种因素和障碍，达到可持续脱贫的目标。[①]

虽然赵昌文和郭晓鸣从多个角度，按照不同标准对扶贫模式进行了分类，但他们认为不能简单地将这些模式排列起来。实际上，在我国各级政府出台的文件以及不同学者的研究成果中，对扶贫模式的称谓经常根据现实情况而变化。在具体的扶贫实践中，依据不同标准划分的扶贫模式常常会相互交叉。

三 精准扶贫理论

贫困问题是当今世界各国在发展进程中不可忽视的问题，也是各国政府致力解决的问题。我国作为人口大国，国土面积大，受自然灾害、发展不平衡等因素影响，贫困问题一直存在。我国长期处于社会主义初级阶段，社会总体经济发展水平不高，区域发展不均衡问题突出，部分落后地区贫困问题长期存在，扶贫开发是我国党和政府一项长期且艰巨的历史任务。

我国政府一直以来坚持扶贫工作，致力于全民小康的中国梦。改革开放初期，国家推行家庭联产承包责任制，激发了农民的劳动热情和农村的活力，提高了土地产出率，农产品价格逐渐放开，乡镇企业发展快速，农民温饱问题得到改善。国家"七五"到"八五"期间，中央和地方政府每年拨出专项资金，扶持国家级和省区级的贫困县，通过发展经济来缓解和消除贫困。"九五"期间是促进贫困地区经济增长和扶贫同步开展，依托项目、采用区域瞄准方式进行开发式扶贫。21世纪初制定了全面建设小康社会的目标，对贫困地区改善其基本生产生活条件、生态环境，加强其基础设施建设，促使收入增加，逐步提高贫困人口生活质量和综合素质。经

---

① 汪三贵、郭子豪：《论中国的精准扶贫》，《贵州社会科学》2015年第5期，第147~150页。

历了制度性扶贫—开发性扶贫—精准扶贫的转变过程,政策越来越好,措施越来越得当,目标越来越接近。

改革开放以来,实施了《国家八七扶贫攻坚计划(1994—2000年)》《中国农村扶贫开发纲要(2001—2010年)》,我国扶贫事业取得了巨大成就,绝大部分贫困地区人民基本温饱问题得以解决。虽然,我国政府在扶贫方面取得了举世瞩目的成就,但由于历史和现实原因,我国的扶贫工作仍然存在着问题,影响着我国经济与社会的可持续发展。实现全社会的共同富裕是中国特色社会主义的重要内容和根本目的,是社会主义最本质的规定,是建设富强民主文明和谐社会主义现代化国家的条件和要求。随着中国经济发展进入"中等收入国家"行列,绝大部分贫困人口仍集中在农村地区,而贫困状况也呈现出许多新特征。[1] 2015年11月29日,中共中央、国务院发布《关于打赢脱贫攻坚战的决定》,正式实施精准扶贫战略,明确提出到2020年将实现现有标准下7000多万贫困人口全部脱贫。[2]

精准扶贫是针对不同贫困区域环境、不同贫困农户状况,运用科学有效程序对扶贫对象实施精确识别、精确帮扶、精确管理的治贫方式。精准扶贫的重要思想最早是在2013年11月,习近平总书记到湖南湘西考察时首次做出了"实事求是,因地制宜,分类指导,精准扶贫"的重要指示。2014年1月,中共中央办公厅详细规制了精准扶贫工作模式的顶层设计,推动了"精准扶贫"思想落地,其核心理念强调,要实施精准扶贫,瞄准扶贫对象,进行重点施策。2015年,习近平提出扶贫开发"贵在精准,重在精准,成败之举在于精准"。

精准扶贫理论有很深刻的政治内涵,包括执政党执政能力,政府职能与公信力,政治稳定与民主发展,国家治理与民族繁荣等内涵。中央制定了明确的目标,到2020年实现全部脱贫、全面小康,体现了执政党的能力、责任与职能特征,充分挖掘了体制内的资源,充分发挥社会主义国家的政治优势和体制优势,充分展示国家的治理能力。

---

[1] 邹薇、方迎风:《关于中国贫困的动态多维度研究》,《中国人口科学》2011年第6期,第49~59页。
[2] 《中共中央国务院关于打赢脱贫攻坚战的决定》,http://news.xinhuanet.com/politics/2015-12/07/c_1117383987.htm。

精准扶贫涉及公平问题，帮助贫困人群脱贫致富，解决社会资源分配不公问题，实现共同富裕，体现社会主义核心价值追求，实现人民生存权与发展权的基本要求。国家富强，民族振兴，全国人民共同享受时代发展的成就，共同实现中国梦。

精准扶贫，首先要精确识别，通过有效、合规的程序，识别贫困居民，脱真贫。总的原则是"县为单位、规模控制、分级负责、精准识别、动态管理"；开展到村到户的贫困状况调查和建档立卡工作，包括群众评议、入户调查、公示公告、抽查检验、信息录入等内容。具体做法是：根据国家公布的扶贫标准，村民先填申请表，首先由村民小组召开户主会进行比选，再由村"两委"召开村、组干部和村民代表会议进行比选，并张榜公示；根据公示意见，再次召开村、组两级干部和村民代表会议进行比选，并再次公示；如无异议，根据村内贫困农户指标数量，把收入低但有劳动能力的确定为贫困农户。总之，不论采取何种方式识别，都要充分发扬基层民主，发动群众参与；程序透明，把识别权交给基层群众，让同村老百姓按他们自己的"标准"识别谁是穷人，以保证贫困户认定的透明公开、相对公平。

精准扶贫的关键是精确帮扶。针对建档立卡贫困户，确定责任人和帮扶措施，确保帮扶效果。以"实事求是，因地制宜，分类指导，精准扶贫"的工作方针，确保帮扶措施和效果落实到户、到人。因户施策，一户一策或多策，逐户落实帮扶责任人、帮扶项目和帮扶资金。从国家扶贫政策和村情、户情出发，帮助贫困户厘清发展思路，制定符合发展实际的扶贫规划，明确工作重点和具体措施，并落实严格的责任制，做到不脱贫不脱钩。实施水、电、路、气、房和环境改善"六到农家"工程，切实改善群众生产生活条件；帮助发展生产，增加收入。

建档立卡户信息管理精确，建立起贫困户的信息网络系统，将扶贫对象的基本资料、动态情况录入系统中，实施动态管理。对贫困农户实行一户一本台账、一个脱贫计划、一套帮扶措施，确保帮扶最需要扶持的群众、帮扶群众最需要扶持的地方。年终根据扶贫对象发展实际，对扶贫对象进行调整，使稳定脱贫的村与户及时退出，使该被扶持的扶贫对象及时纳入，从而实现扶贫对象有进有出，扶贫信息真实、可靠、管用。

精准扶贫工作必须是阳光操作管理。按照国家《财政专项扶贫资金管理办法》，对扶贫资金建立完善严格的管理制度，建立扶贫资金信息披露制度以及扶贫对象、扶贫项目公告公示公开制度，将筛选确立扶贫对象的全过程公开，避免暗箱操作导致的应扶未扶，保证财政专项扶贫资金在阳光下进行；筑牢扶贫资金管理使用的带电"高压线"，治理资金"跑冒滴漏"问题。同时，还应引入第三方监督，严格扶贫资金管理，确保扶贫资金用准用足，不致"张冠李戴"。

精准扶贫工作的具体操作方法是扶贫事权管理有序。对扶贫工作，目前省、市、县三级分工明确，省、市两级政府主要负责扶贫资金和项目监管，扶贫项目审批管理权限原则上下放到县，实行目标、任务、资金和权责"四到县"制度，各级政府都按照自身事权推进工作。各部门以扶贫攻坚规划和重大扶贫项目为平台，整合资金，确保精准扶贫，集中解决突出问题。

通过扶贫信息系统的动态管理、数据分析，制定切实可行的帮扶措施，建立扶贫项目库、扶贫专家库，通过实时监控和对讲技术，让贫困户与专家视频通话，随时接受专家指导，使帮扶措施和帮扶项目真正有效地执行下去，达到预期的目标和结果。

精准扶贫思想是中国政府当前和今后一段时期关于贫困治理的指导性思想，其生成的理论基础是"共同富裕"根本原则，现实基础是"全面建成小康社会"的宏伟目标。目前，在精准扶贫思想的内容中，精准化理念是核心要义，分批分类理念是基础工具，精神脱贫理念是战略重点。推动精准扶贫的实施路径，一是要设计精准扶贫工作流程的科学机制，大致包括贫困户的精准识别、精准帮扶、动态管理和精准考核四个环节。二是要出台一系列完整的保障精准扶贫工作实施的政策，涉及金融支持、社会救助、产业发展等多个领域的公共政策。精准扶贫政策体系应当兼顾统一性和灵活性。

总之，要做到扶贫对象精准、项目安排精准、资金使用精准、措施到户精准、因村派人精准和脱贫成效精准。精准扶贫思想是中国特色社会主义道路的又一重大实践，也是我党兑现带领全中国人民走社会主义共同富裕道路的庄严承诺。

四 典型扶贫实践

(一) 小额信贷扶贫实践

根据世界银行给出的定义,小额信贷是指为那些由于贫穷而无法提供抵押品,从而不能享受常规金融服务的人提供的金融服务,如信贷、储蓄、存款、保险和还款服务。其根本的逻辑是,通过扩展金融服务,使低收入人群进入市场参与经济活动,并通过扩展当前业务或引进新业务来获得创业机会。[1] 小额信贷扶贫模式常与 NGO 扶贫、参与式扶贫模式联系在一起。

小额信贷在消除贫困上有显著的效果,其中最著名的是孟加拉国 GB 模式。GB 是 Grameen Bank 的缩写,Grameen 在孟加拉语中是乡村的意思,因此又称孟加拉国乡村银行模式或格莱珉银行模式。1974 年,穆罕默德·尤努斯在孟加拉国创立小额贷款,1983 年政府允许其注册为银行。银行的 75% 股份由银行的借款人股东持有,剩下的 25% 由政府持有。若农户中有任何一个成员拥有少于 0.5 英亩耕地或不超过 1.0 英亩土地,则有资格从银行获得贷款。贷款没有任何抵押品发行,每年的利率为 16%。[2] 乡村银行通过构建特定的组织结构来保证成员的参与,这种结构最基本和最重要的要素是小组。除了上述对小组成员拥有土地面积的要求以外,还要求一个小组必须由来自同一村庄的 5 人组成,成员应具有相似的想法、相似的经济状况,彼此互相信任且自信。在成员的构成上,每个小组由成员选举产生一位组长和一位秘书,负责沟通银行与小组成员。小组全体成员都需出席每周的小组会议,且应相互监督,维持小组内部的纪律,遵守银行的规则和规章。[3] 需要补充的是,乡村银行贷款的主要对象是贫困的农村妇女,并为借款人的

---

[1] S. Samer et al., "The Impact of Microfinance on Poverty Reduction: Empirical Evidence from Malaysian Perspective," *Procedia – Social and Behavioral Sciences*, 195 (2015): 721 – 728.

[2] M. Hossain, "Credit For Alleviation of Rural Poverty: The Grameen Bank in Bangladesh," *Research Report of the International Food Policy Research Institute*, 1988, 65 (3).

[3] 《孟加拉国乡村银行章程》, http://wenku.baidu.com/link?url=2THcqwhGtIAv8cTizyW7MO3BPNY9urrA2QxdP8Sy-1-gPcAeM9s3TDyBeqXYEWneuJHBa8uSUjGLj4-rM9T9eCLICUZ6EaQmuKq6YFlCFDa。

子女设立奖学金以鼓励优秀的贫困少年儿童，开设学生贷款业务，使他们能接受高等教育。并特别强调，女童对奖学金和助学贷款都享有优先权。这些措施为提高农村地区的人口素质，实现根本性的脱贫创造可能。

孟加拉国 GB 模式的成功，吸引了许多国家关注和效仿，使其成为国际上小额信贷扶贫的主要模式之一。1994 年，GB 模式被引入我国农村。起初，只是国际援助机构和国内 NGO 针对我国政府 1986 年开始的农村扶贫贴息贷款计划中存在的问题而进行的一种尝试。因其成效显著，1996 年受到政府重视，进入以政府扶贫为导向的发展阶段。[1] 联合国开发计划署的四川项目是其中时间较早、规模较大、规范较好的项目之一。

四川省阿坝藏族羌族自治州茂县是我国唯一的，也是全国最大的羌族集聚地方。1989 年茂县被确定为四川少数民族地区重点扶持的贫困县，1997 年 10 月开始实施联合国开发计划署（UNDP）的《扶贫和可持续发展项目》，2000 年年底结束了执行周期。该项目旨在利用"参与"的理念和方式，帮助这些地区消除贫困和促进当地的可持续发展，茂县受援项目办公室和县乡村发展协会以及四川省 UNDP 援助办公室都在工作总结中肯定了项目的成功。

通过小额信贷，很多农户开展了合适的创收项目，提高了收入，总还款率达到了 100%。茂县小额信贷扶贫模式充分体现了参与性。首先成立并且注册了"茂县乡村发展协会"，农户在自愿基础上加入。各个部门都配备了专门人员，各司其职。各乡分别招聘了社区工作人员。同时，为了提高贫困户的综合素质，全县举办了各种与项目有关的培训班，内容包括项目资金的运作管理、财务管理、农村实用技术、妇幼保健卫生知识等。各个中心定期开会，会员们彼此交流，讨论互助和促进小组活动方面涉及的储蓄、贷款、小组发展计划、获得贷款的信誉、需要解决的问题等事宜。最后，农民主动地接受来自国际顾问和国内专家的各种技术支持，并且通过自己的实践获得经济效益。[2]

---

[1] 熊德平：《农村小额信贷：模式、经验与启示》，《财经理论与实践》2005 年第 2 期，第 39～43 页。

[2] 来仪：《"参与式"农村扶贫模式在四川民族地区的实施及非经济性因素分析》，《西南民族大学学报》（人文社科版）2004 年第 10 期，第 1～5 页。

（二）生态扶贫实践

人类的生存与发展离不开生态系统所提供的各种服务。联合国《千年生态系统评估》指出，生态系统服务功能的下降是减少贫困、饥饿与疾病的重要障碍。[①] 我国的贫困人口主要分布在生态环境恶劣、自然资源匮乏、地理位置偏远的地区，这就使得我国的扶贫开发与生态建设间存在高度重叠，需要兼顾减贫和改善生态环境。[②]"生态扶贫"就是要坚持生态建设与扶贫开发同步进行，生态恢复与脱贫致富相互协调的原则。结合生态综合治理和保育项目，挖掘生态建设和生态保护性就业岗位，为当地贫困农牧民劳动力提供生态就业机会，提高农牧民收入水平。同时，通过生态移民与劳务输出等扶贫开发方式，减轻人口对当地生态环境的压力，转变过度依赖自然资源的粗放型生产方式，从而有效解决贫困地区人口、生存与生态环境的矛盾，减压增效，实现贫困人口稳定脱贫致富。[③]

由于我国贫困人口所处的地区气候高寒，灾害频繁，交通不便，生态恶化，生存条件恶劣。解决这些问题，不仅需要巨额资金投入，而且还要以牺牲生态环境为代价，得不偿失[④]，所以生态扶贫经常与异地迁移扶贫相结合。例如广西壮族自治区、内蒙古阿鲁科尔沁旗和云南省楚雄彝族自治州永仁县等都进行过生态移民。

四川省于2004年被纳入全国生态移民试点工程重点省份，成为以生态环境保护和反贫困为目标的生态移民工程试点。其横断山脉地区是自然生态环境保护和建设的关键性区域，也是自然灾害十分频繁和集中的地区，根据区域内生态环境特征，有针对性地实施了四种不同生态移民安置方式。李锦分别对这四种方式进行了详细的阐述。对于高山农业居民，由于其所处地区农业生产条件极差，采取了人林异位的方式，迁移到海拔稍低

[①] Assessment M. E. Ecosystems and Human Well-being: Synthesis. Future Survey, 2005.
[②] 章力建、吕开宇、朱立志：《实施生态扶贫战略提高生态建设和扶贫工作的整体效果》，《中国农业科技导报》2008年第1期，第1~5页。
[③] 刘慧、叶尔肯·吾扎提：《中国西部地区生态扶贫策略研究》，《中国人口·资源与环境》2013年第10期，第52~58页。
[④] 杨甫旺：《异地扶贫搬迁与文化适应——以云南省永仁县异地扶贫搬迁移民为例》，《贵州民族研究》2008年第6期，第127~132页。

的平地，全面进行退耕还林和人工造林，以恢复高山植被并减少水土流失，同时增加居民收入；对于高寒草原地区，实行退牧还草，以改变长期超载放牧带来的生态影响；在干旱河谷区，实行易地致富工程，将农户从分散的土地迁移到集中连片的土地上，进行农业产业化经营；而在横断山脉边缘区，由于自然和社会条件较好，出现了自愿移民，政府顺势而为，在市场化引导下为居民的迁移创造条件。①

（三）科技扶贫实践

农业发展对于农户脱贫的意义不言而喻，而农业的发展离不开增加产量的技术，因为除了少数地方以外，只是扩大种植面积以满足不断增长的人口所带来的日益扩大的粮食需求显然不够。②

国外多名学者研究了科技对于减贫的作用，认为作用可分为直接和间接两个方面。③

直接效应是提高农业生产率，降低单位生产成本，从而提高农户收入。间接效应则包括降低粮食价格，提高对农业劳动力的需求，促进无地或少地的农村剩余劳动力向非农产业转移，从而提高收入。

宁夏南部山区干旱缺水、生态环境恶化，不适宜农业生产。根据这种情况，开展了科技扶贫。国家和宁夏回族自治区从"六五"到"九五"，在宁南山区组织和进行了"黄土高原综合治理""北方旱农增产技术""人工汇集雨水利用技术研究"等科技攻关与示范推广项目，取得了显著成效，形成以八类科技扶贫为特点的试验示范基地。并在诸多单项技术

---

① 李锦：《四川横断山区生态移民安置模式》，《贵州民族研究》2007年第1期，第64～71页。
② M. Kassie, B. Shiferaw, and G. Muricho, "Agricultural Technology, Crop Income, and Poverty Alleviation in Uganda," *World Development*, 2011, 39 (10): 1784 - 1795.
③ C. C. David, K. Otsuka, "Modern Rice Technology and Income Distribution in Asia," *Pacific Affairs*, 1998, 70 (3); A. D. Janvry, E. Sadoulet, "Rural Poverty in Latin America: Determinants and Exit Paths," *Food Policy*, 2000, 25 (4): 389 - 409; A. de Janvry, E. Sadoulet, "World Poverty and the Role of Agricultural Technology: Direct and Indirect Effects," *Journal of Development Studies*, 2002, 38 (4): 1 - 26; B. Minten, C. B. Barrett, "Agricultural Technology, Productivity, and Poverty in Madagascar," *World Development*, 2008, 36 (5): 797 - 822; J. Becerril, A. Abdulai, "The Impact of Improved Maize Varieties on Poverty in Mexico: A Propensity Score - Matching Approach," *World Development*, 2010, 38 (7): 1024 - 1035.

研究与示范方面取得进展,特别是以小流域经济为主的综合治理与农业开发,通过水土保持、荒漠化治理、农田基本建设、特色农作物种植与产品加工等,形成许多具有区域特色的技术体系。一些单项技术,如抗旱丰产作物品种选育技术、培肥地力和合理施肥技术、地膜为主"覆盖"技术、微集水耕作技术、"集雨补灌"技术等,取得了较好的社会和经济效益。[1]

(四) 精准扶贫实践

2014年,中共中央办公厅、国务院办公厅印发《关于创新机制扎实推进农村扶贫开发工作的意见》,开启实施精准扶贫工作。2015年,习近平总书记明确提出:"中国在扶贫攻坚工作中采取的重要举措,就是实施精准扶贫方略,找到'贫根',对症下药,靶向治疗。""扶贫工作注重抓六个精准,即扶持对象精准、项目安排精准、资金使用精准、措施到户精准、因村派人精准、脱贫成效精准,确保各项政策好处落到扶贫对象身上。……我们广泛动员全社会力量,支持和鼓励全社会采取灵活多样的形式参与扶贫。"[2] 关于"精准扶贫"的研究成果很快丰富起来,在涉及"精准扶贫"的一些基本问题上也取得了一些较有突破的看法。以下选取国内学界关于"精准扶贫"问题较有代表性的文章进行梳理。

杨朝中认为要完善扶贫对象识别机制,通过贫困群体建档立卡,建立健全精准扶贫信息体系,实现扶贫对象的动态统筹;主张按照不同村不同户的特点制定具体的帮扶规划以及措施;建立健全精准扶贫与新农合等社会保障机制的相互衔接措施。[3]

贺东航认为,中西部的集中连片贫困区域经济基础普遍较差,经济助推脱贫的力度较小,扶贫开发主要依靠政府的财政投入。本地社会资本和

---

[1] 李壁成、安韶山、黄占斌等:《宁夏南部山区生态环境建设与科技扶贫战略研究》,《干旱地区农业研究》2002年第1期,第107~110页。
[2] 习近平:《携手消除贫困 促进共同发展》,人民网,http://cpc.people.com.cn/n/2015/1017/c64094-27709112.html,2015年10月17日。
[3] 杨朝中:《构建精准扶贫体制机制》,《政策》2014年第5期。

民办企业发展薄弱,社会参与扶贫的力度不足,社会扶贫的参与度相对较低,本地的扶贫开发创新机制不足等。[1] 应加大发达地区对贫困地区的对口扶贫支援力度,实施精准支援。

赵武认为,由于我国国土幅员辽阔,国情复杂多样,区域差异明显,全国的精准扶贫成效在不同地区会呈现不同结果。[2]

王国勇的《我国精准扶贫工作机制问题探析》主张通过扶贫机制创新向贫困对象提供公平享受经济社会发展新成果的机会。"经济新常态下,要深入探索精准识别、精准帮扶、精准管理的包容性创新机制,形成可持续扶贫长效机制。"[3]

关于存在的问题,有学者认为:精准扶贫面临政府部门责任不清、资金匮乏、制度保障缺乏的困境,解决新时期扶贫的最有效的途径是依法扶贫。[4]

国内学者对于精准扶贫政策的认识是深入的,对于精准扶贫工作机制的探讨是颇有借鉴意义的,但是对于如何有效开展经济新常态背景下我国精准扶贫工作机制的构建,探讨行之有效经得住实践检验的扶贫路径,目前尚存在一些缺失,这些为本章的论述和思路的拓展提供了借鉴。

2016年10月17日,国务院新闻办公室发表的《中国的减贫行动与人权进步》白皮书,书中指出:"中国的减贫行动是中国人权事业进步的最显著标志。改革开放30多年来,7亿多贫困人口摆脱贫困,农村贫困人口减少到2015年的5575万人,贫困发生率下降到5.7%,基础设施明显改善,基本公共服务保障水平持续提高,扶贫机制创新迈出重大步伐,有力促进了贫困人口基本权利的实现,为全面建成小康社会打下了坚实基础。"还指出:"联合国《2015年千年发展目标报告》显示,中国极端贫困人口比例从1990年的61%,下降到2002年的30%以下,率先实现比例减半,

---

[1] 贺东航、牛宗岭:《精准扶贫成效的区域比较研究》,《中共福建省委党校学报》2015年第11期。

[2] 赵武、王姣玥:《新常态下"精准扶贫"的包容性创新机制研究》,《中国人口·资源与环境》2015年第11期。

[3] 王国勇、邢溦:《我国精准扶贫工作机制问题探析》,《农村经济》2015年第9期。

[4] 杨秀丽:《精准扶贫的困境及法制化研究》,《学习与探索》2016年第1期,第108~110页。

2014年又下降到4.2%,中国对全球减贫的贡献率超过70%。中国成为世界上减贫人口最多的国家,也是世界上率先完成联合国千年发展目标的国家,为全球减贫事业作出了重大贡献,得到了国际社会的广泛赞誉。这个成就,足以载入人类社会发展史册,也足以向世界证明中国共产党的领导和中国特色社会主义制度的优越性。"

2017年10月召开的党的十九大报告,把解决好"三农"问题作为全党工作的重中之重,同时也强调贫困人口脱贫和实现全面小康是党的第一个一百年奋斗目标的主要任务。以人民为中心的发展思想体现了我们党确实是伟大的和负责任的政党。现在,我国党和政府正在举全国之力、全社会之力进行着扶贫攻坚的工作,确保2020年我国农村贫困人口实现脱贫,贫困县全部摘帽。

整乡脱贫是中国特色精准扶贫工作的重要具体实施内容,其核心是制定贫困户参与式的乡和村发展规划,瞄准扶贫对象,注重贫困农户自身的选择,自下而上的参与式扶贫。本研究就是人口较少民族整乡脱贫典型案例的调研和分析。

以下章节是实证研究部分。围绕云南省施甸县木老元布朗族彝族乡、摆榔彝族布朗族乡的扶贫工作,深入乡、村、户调研,分类进行梳理、总结和分析。

第三章

产业扶贫实践

产业扶贫作为贫困地区扶贫工作的重头戏在整个精准扶贫工作中占据基础性、关键性地位。当前我国相当一部分贫困人口需要通过发展生产实现脱贫，易地搬迁扶贫、教育扶贫、生态治理扶贫、民族文化开发扶贫等也都需要以产业扶贫作为支撑。就全部产业类型而言，农业是贫困地区的基础产业和民生产业，是贫困人口生活和收入的重要来源，大力发展农业是保证贫困人口脱贫致富的重中之重。

《宪法》规定集体所有制是我国经济制度的重要基础。农村中的生产、供销、信用、消费等各种形式的合作经济，是社会主义劳动群众集体所有制经济。国家保护城乡集体经济组织的合法的权利和利益，鼓励、指导和帮助集体经济的发展。农业产业化经营是国家鼓励发展的方向，是通过市场带基地的方式，实行区域化布局，在不改变农户作为生产经营主体的前提下实现专业化和适度规模经营，通过公司带农户等有效组织形式，把分散的千家万户同国内外大市场连接起来，带动和组织农民进入市场。农业产业化（Agriculture Industrialization）是以市场为导向，以经济效益为中心，以主导产业、产品为重点，优化组合各种生产要素，实行区域化布局、专业化生产、规模化建设、系列化加工、社会化服务、企业化管理，形成种养加工、产供销、贸工农、农工商、农科教一体化经营体系，使农业走上自我发展、自我积累、自我约束、自我调节的良性发展轨道的现代化经营方式和产业组织形式。它的实质是指对传统农业进行技术改造，推动农业科技进步的过程。这种经营模式从整体上推进传统农业向现代农业的转变，是加速农业现代化的有效途径。

一 产业扶贫相关理论梳理

(一) 扶贫相关理论

扶贫有广义及狭义之分，狭义的扶贫通常指政府和社会通过某些措施，增加具有正常劳动能力的穷人的就业机会，提高其劳动生产率，来增加其可支配收入，以达到缓解贫困的目的。广义的扶贫是指使用包括生产性和分配性的措施，直接或间接增加所有穷人的收入。广义的扶贫包括狭义的扶贫和通过各种福利政策或制度增加穷人的可支配收入两个方面。[①]

产业通常是指一个经济体中，有效运用资金和劳动力从事生产（不论是生产物品还是提供服务）的各种行业。简言之，产业就是某种具有同一属性而组合到一起的经济生产单位集合，更加强调集合的概念。而产业扶贫则是一种建立在产业发展和扶植基础上的扶贫开发政策方法，是通过一定的政策指导，给予一定的资金支持，结合贫困地区实际情况，发展一个完整的产业链，从根本上帮助贫困地区，使其能够自给自足。产业扶贫是一种长期的、动态的、可持续的扶贫过程与手段，是我国扶贫工作的一项基本方法。

经济学关于贫困与扶贫的理论主要有以下几种。

1. 刘易斯模型

刘易斯认为，反贫困的关键是资本。他指出：资本的应用只能达到劳动边际生产力等于现行工资的程度，资本越多，就可以将更多的劳动者从自给农业部门吸收到城市工业中去，一个国家或地区的经济就得以发展。

2. 哈罗德-多玛增长模型

哈罗德-多玛认为：储蓄率就是投资率或资本积累率。对于资金严重

---

① 孙建北：《贫困与扶贫》，中共中央党校出版社，2004，第145页。

缺乏、投资十分短缺的贫困国家或地区来说，要想尽快脱贫，必须重视积累与投资；积累系数综合反映一个国家或地区的技术水平、生产组织和经营管理水平、运行机制等多方面的质的总和。

3. **贫困恶性循环理论**

纳克斯从供给和需求两方面考虑两种恶性循环，一是在供给方面，会形成"低收入—低储蓄能力—低资本形成—低生产率—低产出—低收入"的恶性循环；二是在需求方面，发展中国家会形成"低收入—低购买力—低投资引诱—低资本形成—低生产率—低产出—低收入"的贫困恶性循环。[①] 供给和需求方面的这两种循环相互影响、相互作用，使发展中国家经济停滞，长期陷入贫困的境地。要打破"贫困恶性循环"，摆脱贫困，就必须促进资本形成。由于本国资本不足，因此必须造就需求以吸引外来资本的进入。

4. **平衡增长与不平衡增长的模式**

纳克斯认为，必须从市场问题入手，寻找打破"收入低—需求不足—投资低—资本形成少—收入低"的恶性循环的途径。他认为单个投资决策不能解决问题，应在各个部门同时投资，实现均衡发展，才能打破恶性循环，消除市场瓶颈，创造需求和扩大市场。

5. **舒尔茨的扶贫模式**

舒尔茨提出要改造传统农业：建立完善的价格体系；政府须承担起农业科学技术研究推广的责任；发展教育，增加人力资本投资，以提高农民的科学文化水平；取消大农场，推广家庭农场。舒尔茨的人力资本理论认为：有足够的人力投资，才有足够的人才，有足够的人才就能提高物质资本的边际生产率；没有一定的物质资本，人力资本也不能发挥最大效能。

6. **农业产业化理论**

戴维斯和戈德伯格提出：农业再生产中的产供销三方面有机结合的经营形式，确立了农工商一体化的地位，并且明确其包含农业产前、产中、产后三个领域的全部环节。布莱米亚认为通过改变农业生产运销结构及农业生产运销组织和管理制度是实现农业一体化的必要条件。德国经济学家

---

① 孙建北：《贫困与扶贫》，第 147 页。

克拉德提出，农业一体化的实质是一种以垂直一体化为交易安排的农业生产与运销的交易制度。

结合我国对农业产业化的探索与实践，可以将农业一体化的基本内涵概括为：以市场为导向，以农户为基础，以龙头企业为依托，以经济效益为中心，以系列化服务为手段，通过实行种养加供产销、农工商一体化经营，将农业再生产过程的产前、产中、产后诸环节联结为一个完整的产业系统，引导分散的农户小生产转变为社会化大生产的组织形式，系统内"非市场安排"与系统外市场机制相结合的资源配置方式，市场农业自我积累、自我调节、自立发展的基本营运机制，是多元参与者主体自愿结合的经济利益共同体。

二 产业扶贫模式及实践

（一）国内产业扶贫实践

扶贫工作在我国开展了 40 年，在理论层面及实践层面均取得了较为丰硕的成果。目前我国扶贫开发工作的指导原则是 2013 年 11 月习近平总书记在湘西考察时所提出的"精准扶贫"思想，是指通过对贫困户和贫困村精准识别、精准帮扶、精准管理和精准考核，引导各类扶贫资源优化配置，实现扶贫到村到户，逐步构建精准扶贫工作长效机制，为科学扶贫奠定坚实基础。在产业扶贫方面，我国的扶贫开发强调市场导向，注重培育主导产业，发展特色产业，培育产业环境，积极为贫困户提供就业岗位，提升人力资本，以此促进贫困地区发展，增加贫困户收入。国内具有代表性的产业扶贫实践简要梳理如下。

"多元参与主体良性互动模式"：纪丽娟、裴蓓针对当前产业扶贫所面临的现实困境，提出构建多元参与主体间的良性互动关系是克服当前产业扶贫困境，创新扶贫治理模式的关键。在陕西 LT 县的产业扶贫参与主体的互动网络中，扶贫参与主体包括贫困农户、扶贫项目监管小组、扶贫互助协会、扶贫村"两委"、产业协会、合作企业、扶贫技术工作队。在整个互动网络中，贫困农户的需求是整个网络互动的中心，包括资金需求、技术需求、信息需求等。基层政府成为重要但非唯一的行动主体,专业合作社主体间的关系形成"多对多"的双边互动关系。这样一种多元主体的互动模式激发了内生的参与动力,提高了资本的参与能力,突破了主体的参与障碍。但这种模式的顺利运行与可持续性却在很大程度上依赖跨部门合作平台的搭建。[①]

"产业联动扶贫模式":孙秀云、浦华对畜牧产业联动扶贫模式的特点进行了总结,认为产业扶贫互动模式有两大系统,分别是内部生产系统(企业 D、项目农户、农业服务中心)及外部资金投入系统(县政府、企业 C)。在具体运作上,生物资产(奶牛)在内部生产系统中传递;县政府提供的养殖补贴、农民小组获得的奶牛托管费以及自筹资金用于发展生态养牛,并通过肉牛销售获得收入,实现脱贫,服务中心为农民小组和企业 D 提供技术支撑。这样一种畜牧产业联动模式促进了生物资产、资金和信息服务的有序流动。该模式的优势包括:项目各方职责分工明确,有利于资金的整合,降低了项目风险,保障了农民增收,各方利益得以有效制衡。该模式的实施要依靠有效的监督管理,还需要建立良好的培训、推广体系。[②]

"资产收益扶贫模式":宿盟、李志红以光伏产业扶贫为例探讨了资产收益扶贫这一创新方式,并分析了光伏扶贫的成效和主要问题。资产收益扶贫以产业为平台,将自然资源、农户自有资源以及各类扶贫资金资产化,由经济实体以市场化的方式经营,并将收益落实到每个贫困农户,为其带来可持续的财产性收入,从而达到稳定脱贫的目标。在安徽金寨县的光伏扶贫中,以建设分户式光伏电站的方式,针对贫困人口特别是丧失劳动能力的贫困人口,帮助其实现资产收益。资产类型为财政资金+企业资金+农户自筹资金,组织模式为政府+企业+村集体+一般户+贫困户,贫困户享受分布式光伏电站的发电收益。光伏扶贫项目存在的问题包括:农户参与度低,不能获得劳务收益;缺乏对经营主体的监管机制和对贫困

[①] 纪丽娟、裴蓓:《参与式治理视角下的产业扶贫模式创新——基于陕西 LT 县的扶贫调研》,《陕西行政学院学报》2015 年第 3 期,第 118~121 页。

[②] 孙秀云、浦华:《畜牧产业联动扶贫模式分析》,《中国畜牧杂志》2014 年第 22 期,第 16~20 页。

农户的动态管理机制；对政府投资的依赖性强；收益分配未能向失能贫困户倾斜。[1]

"集约化经营与市场化销售模式"：段淇斌、赵冬青分析了啤特果产业的产业扶贫模式，认为其产业具有巨大的开发价值与优势，但产业价值被忽视，出现了零星种植与粗放经营的现状，不利于农户致富增收，并且对其功能性潜在价值的挖掘不够。在 SWOT 理论的分析基础上提出了产业升级战略，内容包括：集成产业技术，推行标准化生产，规范生产工艺，加强新产品开发；延伸产业链，建立健全产业化运作机制，推行订单农业；培育产业品牌，注重塑造企业品牌与区域品牌。[2]

"资源产业扶贫模式"：吕国范将资源扶贫的内涵界定为积极利用当地具有比较优势的交通、矿产、文化、自然、农业等资源要素，通过产业发展、产业集聚区的打造和产业链的融合，将资源优势转化为生产力优势，改变贫困地区封闭落后的产业发展模式。他详细分析了中原经济区资源产业扶贫的基本模式：以整村推进、以工代赈为抓手，推进基础设施改造；以社会事业发展为重点，加快完善公共服务体系；以县域经济发展为突破口，加快发展支柱产业；以扶贫搬迁、易地开发为重要方式，推动部分特困群众搬出深山；加大技能培训力度，稳步提高贫困地区劳动力素质、科技意识及自我发展能力；以林业工程为重点，开展生态建设。提出三种模式：市场供需帮扶、技术智力帮扶、融资信贷帮扶。这对扶贫开发主导产业的选择原则具有重要的现实指导价值，他认为产业选择要坚持确定性的选择基准：地区生产总值较高，具有一定比较优势的增长潜力明显较大的产业。[3]

（二）国外产业扶贫实践

目前，国际上对于农村扶贫的模式基本上分为三种。

---

[1] 宿盟、李志红：《农村资产收益扶贫实践探讨——以光伏产业扶贫为例》，《中国高新技术企业》2016 年第 23 期，第 195~196 页。
[2] 段淇斌、赵冬青：《西部贫困地区产业扶贫模式创新研究——以临夏州和政县啤特果产业为例》，《开发研究》2015 年第 6 期，第 55~58 页。
[3] 吕国范：《中原经济区资源产业扶贫模式研究》，博士学位论文，中国地质大学（北京），2014，第 162 页。

一是"发展极"模式。该模式由法国经济学家佩鲁提出，该模式重点在于"锁定重点扶贫目标并给予政府扶持，鼓励扶贫目标积极发展"，其基本思路是由主导部门和有创新能力的企业在某些地区或大城市聚集发展形成经济活动中心，对周围产生聚集和辐射作用，推动其他部门和地区的经济增长，以经济增长方式促使贫困人口自下而上分享经济增长的成果，缓解区域性贫困状况。采用该模式的最有代表性的国家是巴西，此外还有墨西哥、智利、巴基斯坦、委内瑞拉等国。巴西的反贫困计划制定了一系列政策，包括建立专门的开发机构指导、组织、实施落后地区开发计划，形成自上而下的国家干预体系；制定推行各种落后地区开发计划；实行各项鼓励政策。同时进行农村土地改革，拟定北部农业发展计划、全国一体化计划、最低保障计划等一系列政策。

二是"满足基本需求"模式。该模式由美国经济学家斯特雷坦提出，目标在于"直接向贫困人口提供生活教育设施，提高贫困人口的收入和生产率"；对农村贫困人口提供基本商品和服务、食物、水和卫生设施、健康服务、初级教育和非正规教育以及住房等。采用该模式的代表国家为印度。印度的扶贫计划主要有：投资重点由工业转向农业，推行"绿色革命"，通过引进、培育和推广高产农作物提高粮食产量，以解决农村贫困问题；同时实施多项计划帮助贫困地区发展初等教育、成人教育、农村医疗、农村道路、农村供水、农村电力等社会经济基础设施，以缓解印度贫困状况。

三是"社会保障方案"模式。即直接对贫困人口进行发放社会补助的形式。这种模式主要是通过财政手段实行国民收入再分配方案，政府对贫困人口直接提供营养、基本的卫生和教育保障及其他生活补助，以满足贫困人口的家庭生活需要。使用该方案的代表国家主要为美国。美国政策的具体内容包含改变收入差异和种族经济差异，为妇女提供平等的就业和收入机会，提高其经济地位，保持老年人的收入水平和社会福利。反贫困具体做法为"政府主导、社会参与、民众评判"，弱势群体表达利益诉求渠道通畅，扶贫减困有稳定的资金来源，贫困救助体系较健全，各类扶贫减困项目可以得到较好的实施。

（三）产业扶贫的意义

首先，对偏远少数民族地区的扶贫有利于缩小贫富差距，促进社会公平。偏远少数民族边疆地区，多处于山区，地形地貌差，交通条件落后，经济基础薄弱，发展异常困难，群众生活普遍困难，缺乏资本积累。产业扶贫政策的有效推行为贫困地区的贫困户提供了物质保障、资金扶持、技术支持等，能满足贫困人口的生活需求和发展需求，有利于缩小不断拉大的贫富差距。

其次，产业扶贫是增加农民收入，改善农民生活，将"绿水青山"变为"金山银山"的最有效途径。偏远少数民族聚居区虽然存在诸多难以改变的不利客观因素，但丰富的自然资源储备也是一个不争的客观事实。贫苦地区自然资源种类繁多，具有较强的开发优势，比如我国的森林资源大部分分布在贫困地区，同时还有大量的宜林荒山、荒坡，有着发展林业的广阔前景，丰富的植物资源和繁多的树种，也是重要的资源优势。若能因地制宜、合理引导、加大开发，必将化环境劣势为资源优势，促进贫困地区的发展。

再次，针对边疆少数民族地区的产业扶贫加快了少数民族群众的脱贫致富步伐，有效维护了少数民族地区的稳定与团结，促进了和谐社会的构建。边疆贫困地区多是少数民族聚居区，他们世代在此从事生产、生活，对于镇守边疆起了巨大作用，有效维护了国家统一。改革开放40年来取得的丰硕成果理应和他们共同分享，确保少数民族群众充分享有国家发展的各项权益是党和政府工作坚持的一项基本原则，而针对少数民族地区的产业扶贫工作则是推动民族地区发展，让改革发展成果惠及更多群众的有效措施，这样做是充分照顾少数民族利益的体现，同时也确保了民族地区的繁荣与稳定，加强了各族人民的凝聚力。

最后，产业扶贫是实现经济效益与生态效益最优化的最佳手段。山区的产业扶贫主要依托当地优势特色资源，发展种养殖业、乡村旅游业，在特色上下功夫增强了产品的市场竞争力，提高了产品的销售量，从而增加了贫困户的收入。另外，这些产业多是无烟产业，具有低污染、低排放的特点，将环境破坏降到最低限度，从而提高了产业的生态效益。

农业产业化扶贫是政府利用扶贫开发资源推动贫困地区农业的产业化经营,目的是实现贫困地区的农民脱贫致富,并使其获得可持续发展的能力。[①] 具体是对具有资源优势和市场需求的农产品生产,按照产业化发展方向,连片规划建设,形成有特色的区域性主导产业;引导和鼓励具有市场开拓能力的大中型农产品加工企业,到贫困地区建立原料生产基地,为贫困农户提供产前、产中、产后系列化服务,形成贸工农一体化、产供销一条龙的产业化经营。[②]"农业产业化扶贫"模式的出现,旨在弥补以往扶贫模式中政府和市场的双重失灵,集合政府、龙头企业、农民专业合作社、农户等多方力量,充分发挥政府的资源优势和市场的优越性;政府通过一系列的组织保障和制度安排,促使企业、合作社与农户之间形成利益共享、风险共担的经济共同体,提升贫困农户的生产经营能力和贫困地区的自我发展能力。

施甸县"三百工程"的发展正是改变当地传统农业发展的模式,在龙头企业、合作社的有效帮助下,能够将单个的农户和庞大的市场联系起来。通过实行种养加供产销、农工商一体化经营,将农业再生产过程的产前、产中、产后诸环节联结为一个完整的产业系统。

三 乡村"三百工程"产业化扶贫实践

(一) 施甸县产业发展现状概述

1. 产业扶贫对象

施甸县以云南中烟投资支持布朗族整乡推进整族帮扶为契机,坚持规划编制与项目实施、布朗族整乡推进整族帮扶与整县脱贫同步推进;省、市、县、乡、村五级联动,通过"七评法"标准来确定贫困户,并通过"八步骤"来规范贫困户的退出。这一机制以较为综合与全面的方法确保

---

① 韩震:《农业产业化扶贫的政策效果及影响因素研究——以广西"十百千"工程为例》,硕士学位论文,广西大学,2015,第8页。
② 《中国农村扶贫开发纲要 (2001—2010 年)》,http://news.sina.com.cn/2004-08-25/17564137039.shtml。

了贫困户的纳入与退出，做到了"扶真贫"与"真扶贫"。施甸县是一个典型的山区农业县，有137个村镇，是国家扶贫开发工作重点县，集山区、民族、贫困于一体，贫困程度深、贫困面大。2015年年底，有建档立卡贫困人口60666人。

产业扶贫的对象无疑是贫困人口，据调研，贫困人口的致贫原因多为因病致贫、缺乏劳动力。贫困人口多集中在海拔较高、交通条件差的高山区，这些不利的客观因素阻碍了其产业发展，贫困户只能靠小规模的种养殖业获得微薄的收入，当贫困家庭遭遇重大变故如家庭成员患病时，整个家庭的发展将背负沉重的负担。另外，贫困人口生活区基础设施落后，贫困户平均受教育年限短，知识文化水平普遍较低使得贫困户见识窄，拘泥于传统，安全求稳意识浓，创业主动性不强，计划性弱，这给其学习新技术、接受新事物带来困难，这是贫困地区落后的主观因素。

2. 产业扶贫主体

扶贫主体是相对于扶贫对象而言的，在整个扶贫工作中起引领或带动作用的组织、团体或个人。在当前我国的扶贫开发实践中，政府与企业充当了扶贫主体的角色。政府作为领导者起到主导作用，政府的作用主要体现在两个方面：一是直接参与生产活动，不过此种方式政府参与较少；二是出台相应的产业扶贫政策，引导企业、组织、农户安排生产、经营、管理、销售，最终实现扶贫目标，在当前的扶贫实践中政府较多地发挥这一作用。企业特别是龙头企业作为产业扶贫的有效依托在扶贫开发工作中占据着关键一环，对扶贫开发工作起到了有力的助推作用。施甸县政府及相关部门围绕实施怒江、枯柯河流域、高寒山区和坝区农业产业带建设，先后引进万家欢集团、大本事公司、蓝心农业科技等龙头企业，着力打造了万家欢集团8万亩热带水果观光农业基地、蓝心农业科技2万亩特色蔬菜基地、大本事公司1万亩食用菌基地。目前，万家欢已种植蓝莓3000亩、软籽石榴5000亩；蓝心农业科技现代农业示范基地已流转土地2000亩、建成示范基地800亩；大本事公司种植食用菌2000亩。在引进新企业的同时，对一批本地农业产品精加工和深加工企业进行了大力扶持，如对康宏农业科技发展有限公司、酿美生物科技有限公司的培植。目前，有

11家企业入驻施甸的华兴工业片区（包括建成投产3家，在建4家，协议签订待建4家），其中蓝心农业科技、万家欢等4家企业已完成投资1.02亿元。

3. 产业扶贫融资

资金在产业扶贫政策各个环节的运行中是最为关键的一环，是产业扶贫政策发挥预期效果的催化剂，缺少了资金注入，产业扶贫项目的所有环节都将成为空谈。一般而言，产业扶贫资金的来源有三个主要渠道，一是政府投入的财政资金，包括中央政府及地方各级政府的财政税收资金，这部分资金在扶贫资金中占的比例最大；二是社会力量包括各类社会组织、团体及个人的扶持资金（这部分资金也包括各类银行针对扶贫工作提供的无息或低息贷款）；三是贫困地区群众自筹资金，这部分资金在资金整体中所占比例较小。施甸县发挥财政资金杠杆和撬动作用，通过国有独资公司与扶贫龙头企业组建国有控股公司，双方分别持股51%和49%；国有控股公司向银行贷款或申报基金，采取股权投资方式注入项目，切实解决扶贫龙头企业融资难问题。国有控股公司由扶贫龙头企业负责经营，国有独资公司负责监督管理，切实保障贫困户的既得利益和贷款还本付息。大本事公司食用菌产业园建设项目，实行"政府补助+公司帮扶+农户投劳"的投入机制，县委政府给每个农户投入扶贫资金2万元，大本事公司以信用担保为每个农户协调信用社贴息贷款5万元，贷款利率6%，政府贴息5%、公司承担1%。

消除贫困是一个备受关注的世界性难题。西部人口较少民族和直过民族聚居地区，受自然条件恶劣、产业基础薄弱、交通落后、地形闭塞、文化教育水平落后等因素的影响，这些地区的贫困发生率较高，已经脱贫的人口返贫风险高，扶贫开发工作任务重、难度大。施甸县在党中央精准扶贫政策的助力下，将"三个一百"工程作为推进整乡脱贫的重点项目工程，作为推动农业产业化扶贫最主要的政策措施来抓。

施甸县是典型农业县，尽管近期扶贫得到大量的资金扶持，但还是难以改变其产业结构的发展状态，目前最好的方法便是改变传统农业粗放型的发展方式，引进更多的技术和人才，促使其农业发展的规模化、技术化和规范化，进一步提升其农业发展的竞争力，用农业产业发展带动贫困户脱贫致富。

(二) 施甸县"三百工程"工程介绍

1. 施甸县"三百工程"规划提出的背景

施甸县贫困面广,县内的行政村多分布在地势险峻的高山深处,一般的扶贫产业比较分散,由于贫困村产业基础薄弱,发展产业面临着极大问题。在规模上,由于地势的原因,土地流转的问题,尽管气候环境条件适合某类农作物的生长,但是田地难以集中连片,因此许多项目无法形成连片开发和整村参与,难以形成规模和市场。在政策上,由于在有些行政村内部分群众不是贫困户,无法享受到一些针对贫困户的政策性资金扶持,导致对于产业的参与热情度不高,发展产业人心不齐,难以形成一村一品的特色农业经济作物,帮助贫困户脱贫。在组织上,龙头企业、合作社、种养殖大户、能人的带动作用没有很好地发挥,很多行政村的某些养殖都没有成立合作社,种养殖大户难以扩大自己的规模,贫困户也难以规模生产和学习经验,农民组织化的程度还不高,许多项目的推进都缺乏对农户的有力组织和引导。由于有诸多的困难,没有成规模的、具有示范性作用的产业的带动,通过发展产业以增收达到减贫的目的是比较困难的。

在全国精准扶贫指导思想的推动下,施甸县充分认识到上述困难,也充分认识到农业产业扶贫必须作为扶贫开发的重中之重来发展,对于特色优势产业在资金支持上给予更加集中的投入。为更好地发挥本地的区位和环境优势,大力发挥国家扶持政策的作用,更好地利用本地区的人力、物力资源,施甸县做出了"三个一百"农业产业化发展工程的决策。

2. 施甸县扶贫规划与精准扶贫的工作要求

为认真落实精准扶贫"五个一批"政策措施,首要的就是发展生产脱贫一批,引导和支持所有有劳动能力的人依靠自己的双手开创美好明天,立足当地资源,实现就地脱贫。结合施甸县是山区农业县的特点和贫困户区域分布及生产生活现状,按照现代农业发展的大生产理念和途径,创新生产方式,对传统特色种养殖业结构进行调整,推动全县农业产业向规模化、标准化、工业化、生态化和品牌化方向发展,加快全县贫困户脱贫步伐,如期实现脱贫摘帽目标,提出了实施"三百工程"的规划,即建设

100个以上种养殖园区、100个以上种养殖小区，组建100个以上专业合作社。

3. 施甸县"三百工程"的具体内容

实施"三百"产业脱贫工程，种植园区、小区主要围绕万家欢、蓝心科技、大本事、康宏等龙头企业进行规划布局；养殖园区、小区主要围绕全县畜牧产业规划进行布局。专业合作社按照种养殖园区、小区布局对应组建，把区域内现有的种植或养殖同一畜产品的大户、散户组织动员到合作社里。以行政村为单位布局种养殖园区，以自然村或村民小组为单位布局种养殖小区，园区规划突出大连片，小区规划突出小连片，一个种养殖园区、小区只能选择一个优势农畜品种发展。种养殖园区、小区根据区域内的建档立卡贫困户人口规模，合理确定建设的规模，做到所建种养殖园区、小区完全覆盖区域内的建档立卡贫困户，也能辐射带动其他农户共同发展。

各种植园区、小区建设，乡镇必须依靠龙头企业统一组织实施，对各种植园区、小区所涉及农户应获得的产业发展扶持贷款和产业发展项目补助资金由龙头企业统一进行承贷和以股金形式统筹优化整合使用（产业发展扶持贷款由政府担保平台进行担保）。龙头企业根据各种植园区、小区规划规模，集中统一流转土地，进行建设；种植园区、小区建成后由专业合作社与龙头企业进行分包，专业合作社社员又与专业合作社进行分包。实现龙头企业生产经营管理统一，利于农产品生产适应市场需求、参与竞争、打造品牌，形成地理标识产品。

各养殖园区、小区建设主要依托县农畜产品市场信息综合服务平台进行整合。对各养殖园区、小区所涉及的农户应获得的产业发展扶持贷款和产业发展项目补助资金由专业合作社进行协调承贷和集中分配监督使用（产业发展扶持贷款由社员进行联保承贷）。各养殖园区、小区对应的专业合作社应在县农畜科技服务队伍的指导下组织社员生产。同时，各养殖园区、小区专业合作社应对各社员各时期养殖的畜（禽）产品可出栏上市的数量、价格掌握清楚，并及时上报给县农畜产品市场信息综合服务平台。由县农畜产品市场信息综合服务平台对市场发布信息或定期组织畜（禽）产品展销会有组织、有计划帮助养殖园区、小区进行推介销售，保障畜

（禽）产品在最佳的生产养殖销售周期得以销售，从而保障畜牧产业效益最大化。

4. 发展目标

施甸县计划用3年（2016~2018年）时间，在全县建成100个以上种养殖园区、100个以上种养殖小区，组建100个以上专业合作社，辐射带动全县所有建档立卡贫困户，做到户户有产业、人人能就业、年年有创收，确保2018年脱贫摘帽（详见表3-1）。使得建成的种养殖园区、小区基本成为区域内建档立卡贫困户脱贫增收的主要支撑，现代农业产业化发展模式成为全县农业发展的主导模式，推动以"一乡一业""一村一品"为特点的高原特色农业产业基地布局基本形成，在农业龙头企业的带动下，各种特色优势农产品销售的电子商务平台基本建成，初步实现农产品品牌化。

表3-1 施甸县"三百"产业脱贫工程任务分解

单位：个，户

乡 镇	种养殖小区 2016年	2017年	2018年	种养殖园区 2016年	2017年	2018年	专业合作社 2016年	2017年	2018年	带动建档立卡户不低于 2016年	2017年	2018年	小计
太平镇	3	3	2	3	3	2	3	3	2	180	180	120	480
水长乡	2	1	1	2	1	1	2	1	1	120	60	60	240
由旺镇	4	4	3	4	4	3	4	4	3	240	240	180	660
老麦乡	2	2	2	2	2	2	2	2	2	120	120	120	360
仁和镇	5	4	3	5	4	3	5	4	3	300	240	180	720
甸阳镇	3	3	3	3	3	3	3	3	3	180	180	180	540
何元乡	3	2	1	3	2	1	3	2	1	180	120	60	360
姚关镇	5	4	3	5	4	3	5	4	3	300	240	180	720
木老元乡	3	3	1	3	3	1	3	3	1	180	180	60	420
摆榔乡	3	3	1	3	3	1	3	3	1	180	180	60	420
万兴乡	2	1	1	2	1	1	2	1	1	120	60	60	240
旧城乡	3	3	2	3	3	2	3	3	2	180	180	120	480
酒房乡	2	2	2	2	2	2	2	2	2	120	120	120	360
合 计	40	35	25	40	35	25	40	35	25	2400	2100	1500	6000

注：任务分解表主要以贫困乡、贫困村及布朗族整族帮扶项目涉及乡镇为重点进行分配。

资料来源：根据施甸县政府提供材料整理得出。

(三)"三个一百"农业产业化扶贫工程的投资情况

施甸县"三个一百"农业产业化扶贫工程的主要投资在两个方面,分别是养殖小区和种植小区的建设,主要包括蔬菜、水果、中草药和食用菌的种植,以及猪、牛、羊的养殖,总投资预算866.7万元,其中补助金额487.75万元,详见表3-2。

表3-2 施甸县"三百工程"种养殖小区投资预算

单位:平方米,万元

类型	建设内容	建设规模	总投资预算金额	补助金额
养殖小区	生猪养殖小区	3664	75.5	30.00
	肉牛养殖小区	4341	103.2	40.20
	肉羊养殖小区	2841	69.6	27.60
	家禽养殖小区	5660	45.5	23.50
种植小区	坝区设施农业蔬菜小区	60	120.0	67.50
	坝区产业化蔬菜小区	120	39.6	34.80
	山区设施农业蔬菜小区	60	107.7	61.35
	山区补淡蔬菜小区	120	39.6	34.80
	水果规模种植小区	120	34.8	32.40
	设施农业水果种植小区	60	105.0	60.00
	标准化中草药种植小区	40	13.2	11.60
	设施农业食用菌种植小区	20	97.00	51.00
	设施农业木耳种植小区	40	16.00	13.00
总计			866.7	487.75

资料来源:根据施甸县政府提供材料整理得出。

四 木老元乡和摆榔乡"三百工程"的SWOT分析

SWOT分析就是用系统分析的思想,把各种因素相互匹配起来加以分析,根据研究结果制定相应的发展战略、计划以及对策等。SWOT可以分为两部分:内部条件和外部条件。这种方法可以找到有利的、值得发扬的因素，以及不利的、要避开的因素，发现存在的问题，找出解决办法，并明确以后的发展方向。结合摆榔乡和木老元乡的基本乡情，两乡"三百工程"的发展状况，模式的运作状况，对两乡发展"三百工程"的优势、劣势、机遇和挑战做一个系统的分析，以便对两乡"三百工程"的发展有更加清晰的了解，发现目前的薄弱环节，为以后"三百工程"的发展有一个明确的战略选择奠定基础。

（一）S 内部优势（strengths）

1. 自然条件优势

自然条件是动植物繁殖、生长的载体，也是农业生产依赖的根本条件。两乡都是海拔高差很大，山高沟深，立体型气候明显，亚热带、温带、寒温带 3 种气候并存，年平均气温 13~18℃，年降水量 1100~1200 毫米。独特的地形、地貌和气候条件，适合多种动植物的生长和繁殖，有利于农业生产多种经营，养殖牛、羊、猪、鸡、竹鼠等，种植玉米、烤烟、核桃、土豆、草药、食用菌（木耳、香菌）、果树等不同品种的多样化发展。

高山雄伟，河谷深幽，云雾缭绕，山上有杜鹃林、松林，有高山草甸、高山湖泊，是旅游和摄影的极佳之地。

2. 区位优势

摆榔乡距施甸县城 26 公里，木老元乡距县城 37 公里，两乡都处在施甸县半小时经济圈内，方便产品向周边地区销售，并能快速从施甸县发送至省内外城市。施甸县距保山市有 65 公里，其中高速公路 23 公里，国道 42 公里，一个半小时车程；到保山云瑞机场有 55 公里，一个小时车程。相对许多贫困地区来说，交通还算方便。这为衔接省内外大市场提供了便捷条件。

3. 独特的民族文化

摆榔乡和木老元乡都是布朗族和彝族乡，民族以自然村聚居，有本民族的语言，沿袭着独特的民族风俗习惯和民族文化艺术，有"火把节""祭五谷魂节""打弩箭节""赛马""荡秋千""打歌""唱山歌"等民族节日和习俗，有艳丽的民族服饰、多姿多彩的民族舞蹈和独具特色的大筒、大号、金唢呐、芦笙、三弦等民族乐器，有优美动听的"隔娘调"

"蜜蜂调"等特色民族乐曲、歌曲。独特、浓郁的民族文化,加上自然美景,有利于旅游业的开发。扶贫易地搬迁地统一规划了几个极具民族特色建筑聚集点,新农村的新气象也是旅游看点之一,还有规划的养老区域,是老年夕阳红游与住的好地方——空气清新、生态食物、民族风情、民族特色饮食、山地风景、高山牧场等都是吸引游客的亮点。

4. 劳动力资源充足

两乡经济的发展主要以农业发展为主,主要经济作物是烤烟和玉米的种植,还有传统的山羊养殖。由于山高地险,人均耕地较少,因此劳动力资源充足。

5. 农产品生态化和特色化

由于两乡独特的气候和自然条件,生产的种植、养殖产品多、质量较优,产品地方特色化、绿色生态化,有自己的竞争优势和特色。有不少农畜产品可以做到人无我有,人有我优,人优我特,使其在价格上和收益上有比较优势。

(二) W 内部劣势(weakness)

1. 地形条件差,交通不便

两乡境内多高山,海拔落差较大,地域闭塞,进出两乡的公路质量较差,多为土路,路况较差、路面较窄,农畜产品的运输会受到一定的限制。

2. 缺乏品牌及品牌效应

两乡农业种植和养殖的品种繁多,以传统种类、地方品种为主,在数量和规模上很难做大。在产品的实际销售过程中,一些产品注册了绿色无公害商标,一些产品不加分级就直接投入低端市场,没能达到优质优价。另外在产品的包装和品牌宣传方面力度不够,市场半径范围较窄,消费者对产品的认知度不高,产品的市场占有率低,导致市场竞争力不强,品牌效应不明显。

3. 人力资本质量较低

根据在两乡的入户调研情况,尽管两乡都有较多的农业劳动人口,但多是年龄较大的,年轻人多外出务工。老年人在劳动经验上有优势,但缺乏技术，思想保守，在体力、创造力上与年轻人相比是劣势。由于缺乏技术支撑，两乡农业生产发展缓慢、生产效率低下，基本上是传统的劳动生产方式，以自给自足的小农经济为主，农业产业化发展推进难度大。

总体上，施甸县人口受教育程度低，导致劳动力素质低，人力资本条件差。就所调研的布朗族、彝族乡来说，两个少数民族受教育水平各项指标同全国水平相比均存在不小差距。从表3-3看，未上过学的人口比例中，布朗族、彝族高于全国平均水平，而初、高中人口比例则远低于全国水平，大学专科及本科比例也要低于全国，研究生比例两个民族远远不足0.1%。受教育程度影响劳动力的素质，尤其是现代产业，需要有一定层次的知识和技能，知识和技能水平低很难适应或胜任新型产业，还会影响人的思想观念，思想观念陈旧保守，求稳不思变的心态较为普遍，致使产业发展长期处于落后水平，创新和进取能力不足。

表3-3 布朗族、彝族受教育各阶段人口占6岁及以上人口比重

单位：%

	未上过学	初中	高中	大学专科	大学本科	研究生
全　国	5.00	41.70	15.02	5.52	3.67	0.33
布朗族	14.27	18.86	4.70	2.12	1.41	0.04
彝　族	14.30	22.38	5.76	2.36	1.37	0.05

注：数据来源于国家统计局官方网站，并根据第六次全国人口普查统计资料计算得出。

4. 农业现代化和产业化水平低

两乡种养殖产业的发展，例如肉鸡、蛋鸡、山羊的养殖，长寿豆的种植等多处于由传统模式向集约化方式转变的过渡期，多为单个农户的小规模经营，小规模的种植、畜养造成种植养殖技术和现代化管理水平不同步的问题，不利于取得规模效益。在一些连片规划种植的区域，也是按户各家负责种植，多处于传统的种植方式，现代化的种植技术和灌溉技术并没有引进，种养殖产业的发展与现代化种养殖水平差距较大。

5. 农业产业链短

两乡种植业和畜牧业的发展缺乏现代化的生产设备和精细加工的生产工艺，农畜产品种养殖环节、加工环节和销售环节链接不密切，产业链较

短。主要以销售鲜蛋、活畜禽、粗加工和初等级种养殖鲜活产品为主，农畜产品加工业规模小且数量不多，带动能力较弱，只能在小规模、低层次上生产经营。目前两乡及施甸县都缺乏畜产品深加工龙头企业，在肉类加工方面连分割肉、冷冻肉、熟肉制品等初级加工都难以做到，这在极大程度上降低了畜产品的附加值，销售多为活物，也限制了其产品市场半径的扩大，利润低，种养殖户增收效益不明显。

人均收入水平不高，居民消费能力低，第三产业发展受到极大限制。

（三）O 外部机遇（opportunities）

1. 重要的历史机遇期

我国正处在"扶贫大时代"，国家重点扶贫工作县都有着以往任何时期都不可比拟的扶贫政策的扶持，从中央到地方都在大力进行"精准扶贫"，从党中央、国务院到地方各级党委和政府不断出台的政策，想尽办法为全面脱贫而奋斗。全社会在观念上不断转变，媒体上持续宣传，行动上抓紧落实。为实现小康社会的奋斗目标，国家在扶贫这件大事上动员了最广泛的主体，投入了最大的扶贫资源，凝聚了最强的扶贫力量，全力以赴、认真对待。贫困县的发展遇到了良机，利好政策不断推出。中央强调要开展产业合作，立足资源禀赋和产业基础，激发企业到贫困地区投资的积极性，支持建设一批贫困人口参与度高的特色产业基地，培育一批带动贫困户发展产业的合作组织和龙头企业等。

2. 国家"一带一路"倡议的推进

国家"一带一路"倡议打开筑梦空间，云南成为面向南亚、东南亚的辐射中心，滇西地区从边沿变成前沿，在道路连通、贸易畅通、货币流通、民心相通等方面与周边国家互联互通。还有云南"孟中印缅经济合作和孟中印缅经济走廊"的建设，开拓了新的通道。施甸县与沿边开放的猴桥口岸、南伞口岸和瑞丽姐告口岸的距离均不远，区位优势明显。随着我国西南沿边开放程度不断提高及对外贸易增加的步伐加快，抓住机遇，必将使农业产业发展改头换面。

3. "十三五"规划的发展

"十三五"时期是全面建成小康社会的关键时期，也是促进现代农业转型升级、全面深化农村改革的重要时期。为实现缩小发展差距、降低基尼系数的重要目标，国家将扶贫开发纳入"十三五"规划，各部门应加大支持力度，推进当地脱贫事业的顺利进行。其间，一些新技术、新产品、新的商业投资模式也不断涌现，互联网也开始加入农业的发展，为当地传统农业的改造，"三百工程"农业产业化的发展提供了新的空间。

4. 政策扶持和资金扶持力度空前

无论是中央政府还是地方政府，对扶贫工作都非常重视，对于木老元乡和摆榔乡这样的人口较少民族和直过民族贫困乡的扶贫工作，给予了前所未有的资金扶持，并得到省政府的高度重视，成为省委扶贫挂靠点，以及中烟公司资金的无偿支持，使两乡的工程项目得到快速发展。

5. 施甸县大数据平台助推

当今社会的发展，是一个数据时代的发展，市场的竞争更多的是信息的竞争。随着网络应用的普及，电商扶贫成为促进农业现代化、拓展农产品市场的重要手段。施甸县大数据平台的建设，可以对施甸县下辖乡镇的民生、民计等数据有一个较为清楚的了解，能够做到实时地更新数据。对三百工程的发展有监测数据，实时了解三百工程发展状态，可以为木老元乡和摆榔乡三百工程的发展做出总体规划，开拓市场，在一定程度上减少市场存在的风险，另外施甸县大数据平台的建设，拓宽了三百工程农畜产品的销售渠道，为基于电子商务平台产业的发展奠定了良好的基础。

6. 人力资源的支持机遇

由于从中央到省、市、县对精准扶贫工作的高度重视，各级政府都相继制定了目标和战略。两乡对每一个贫困户都采取"挂包帮"措施和指定的帮扶干部，一户一策地进行真扶贫。乡里有扶贫工作队，由省、市抽调技术和管理干部驻村帮扶，千方百计想办法解决困难，从智力和技术上支持扶贫工作。

（四）T 外部挑战（threats）

1. 政策风险

国家推行的扶贫政策是针对全国宏观的和普遍性的，对具体某县某乡的实际情况可能有不接地气的反应，地方政府在制定扶贫政策时可能会顺应国家政策而忽略各地方实际差异，在产业扶贫项目选择上缺乏充分的市场调查与预期分析，导致有投资没效益，会使政策效果打折扣，还会出现政策不明确，导致实施被动等局面。如易地搬迁扶贫，面积问题就出现不明确规定，导致地方被动局面。

另外，国家的食品安全标准逐步提高，消费者食品安全意识也在提高，消费理念不断更新，对农牧产品的要求也越来越高。一村一策的项目，规模小，产品规范性和统一性不够。摆榔乡和木老元乡很多的种养殖园区养殖者、养殖环境和条件参差不齐，标准化种养殖水平有待提高，有的农户质量安全意识较淡薄，产品质量和安全标准得不到保障。

近年来，国家高度重视食品安全，食品安全标准逐步提高，出台了《食品安全法》（2015年10月）等规定和通知，同时随着消费者食品安全意识的提高和消费理念的更新，对农牧食品安全的要求也越来越高。摆榔乡和木老元乡的种养殖园区都在建立初期，还未完善也不成熟，种养殖产业中的散养和小规模养殖所占比例较大，养殖者、养殖环境和养殖条件参差不齐，标准化养殖水平低，部分农户养殖经验缺乏，食品质量安全意识较淡薄，食品安全得不到保障。食品安全问题将会是今后的发展隐患，不利于农畜产品的销售和市场开发。

2. 市场风险

在市场经济条件下，产品价格受供求关系影响，波动较大，再加上农畜产品受其周期性影响，更容易有价格风险。农业产业项目建设、产品开发企业如若不进行广泛深入的市场调查，不对市场变化趋势进行认真分析与研判预测，不去投资开发前沿产品，很难做到可持续发展。

农畜产品生产具有周期性，生产原料价格的提高会影响种养殖户的积极性，产品生产的季节性和动植物疫病等也会在不同程度上造成供给的不稳定，增大种养殖户的风险。例如，两民族乡在农业产业发展方面缺乏大型龙头企业的支撑，尤其是畜牧业在产品的培育、生产和销售环节都是由合作社在管理和负责与市场的对接，但由于合作社资金、人才、信息、技术等各种实力都较弱，缺乏竞争力，再加上各合作社之间也存在同质产品内部市场分割和竞争的现象，市场风险是必然要面对的。

农畜产品的生产具有周期性，原料价格的提高会影响种养殖户的积极性，产品生产的季节性和动植物疫病会不同程度上造成供给的不稳定，这些都会造成供求关系的不稳定，进而引发农畜产品价格的波动，增大种养殖户的风险。另外，摆榔乡和木老元乡在产业发展方面缺乏大型企业的支撑，尤其是畜牧业的发展，没有引进龙头企业，在产品的培育、生产和销售环节都是由合作社在管理和负责与市场的对接，但由于合作社成立时间较短，人数较少，资金缺乏，合作社的实力较为薄弱，各合作社之间缺乏有效的沟通，在同质产品内部就存在市场分割和竞争的现象，导致农畜产品推向市场的过程中缺乏竞争力。

3. 资金风险

产业开发需要大量的资金投入，政府投入在其中占主体和主导作用，还有企业投资和农户自筹等多种形式。不同渠道的资金都存在投入不足或不及时的风险。比如政府扶持资金，可能存在由于不同层级的预算差异造成资金投入不及时的状况，还存在由于审批程序复杂、平均主义、官僚主义等多种因素形成投入不到位或延误等。对于社会和自筹投入资金，投入不足或延误的风险更大。

4. 自然风险

农业生产对自然的不可抗力因素带来的风险是最难克服的，会受到旱、涝、大风、冰雹、霜冻、大雪、地震等各种不可预测的自然灾害的影响。

产业发展的基本条件包括原料、资金、技术、市场、劳动力五项，在这五项中，两乡最突出的优势便是原材料优势。两乡开展的产业扶贫工作主要围绕种养殖业，因地制宜、因时制宜地选择主导特色农畜产品，就地吸收，转化劳动力，做到了充分发挥当地的优势。还有举全国全省之力扶贫的机遇，大量资源、资金精准调配到贫困地区，为乡村农业产业化发展奠定了基础，在一定程度上实现了产前、产中、产后诸环节联结的农工商一体化的经营，使贫困农户分散经营转为集约经营，有了一定规模效益。劳动力的富裕优势和能力、技术不足的劣势，可以在发展过程中逐渐调整，通过政府专项培训和企业培训，以及能人传授帮扶和自身学习来提高技能。劳动力素质低会使发展后期的产业转型及升级存在一定困难，影响脱贫工作的长效性。根据舒尔茨的人力资本理论，经济发展取决于对物质资本和人力资本两方面的投资，如果没有一定的物质资本，人力资本就不能发挥最大效能，人才是提高物质资本边际生产率的关键，因此，科技和管理人才以及熟练劳动力的短缺是阻碍脱贫的一个重要因素。由于交通不便，产品向外运输和做大市场有一定困难。县、市甚至是省对农村电商扶贫的力度应该加大。另外，如何做好市场分析，保证资金链的连续及防范市场风险是关系到扶贫成效的关键举措。

五 "三百工程"产业扶贫的建设模式与政策效果评价

施甸县"三个一百"产业扶贫规划工程并非采用统一的项目建设模式，而是各乡镇，不同的产业类型，在协商之后再决定建设模式。根据不同产业的发展类型，各乡镇不同的自然和人文条件状况，在入户调研及一些种养殖场、合作社调研的基础上，总结出"三百工程"的发展主要有以下几种建设模式。

（一）"三百工程"产业扶贫建设模式

1. "公司/龙头企业+政府+合作社+基地+农户"模式

此种模式积极发挥公司在产业规划与开发中的主导作用，在发挥地区优势的基础上引进公司、企业来投资，由政府来规划发展的片区以及因地制宜地发展经济作物，企业与政府商讨土地流转之后，进行承包。项目区的农户以土地、资金入股组建合作社，也可在原有合作社的基础上继续发展新的贫困户，扩大合作社规模（农户是自愿加入合作社），合作社的成员都是本乡农户，由成员共同研讨，选出大户或者威望比较高的成员组成理事会，负责合作社的事宜，其他成员共同监督。龙头企业与合作社对接生产、管理（或技术服务）、销售及加工等环节，企业在政府的帮助下，在当地规划种植片区，并提供技术方面的培训和产品的收购及销售，在规划片区之内的农户除了种植的农产品能够得到企业的最低收购价格，也就是市场的保护之外，还可以得到相应的补助来帮助农户发展种植。合作社中的理事会与公司对接、商定价格，旨在保障农户的利益，有效地解决了小农与大市场的对接问题。企业、合作社、农户之间，最终建立以利益为纽带、各方共赢、紧密联结的机制。

案例 1

木老元乡下木老元村长寿豆种植园区采取的就是此种模式，全村共有耕地1160亩、林地2300亩，经济作物主要是种植烤烟、玉米两种作物，其他的收入来源主要是靠外出务工。积极引导群众在烤烟、玉米生产结束后发展长寿豆种植，以"公司＋合作社＋基地＋农户"的模式，带动周边农户种植长寿豆。施甸县花濮蛮农产品有限公司负责提供长寿豆种子，按照购销协议的保价回收价格或者根据市场价格收购农户种植的长寿豆，保证了种植户的收益。联合木龙源农产品种植专业合作社对农户长寿豆的种植、生产进行统一的技术培训，有统一的标准，农户种植期间，公司会不定期地进行监督和指导。下木老元村的长寿豆有不同的种植模式，主要有规划的样板地种植、烟地套种、玉米地套种三种模式，以满足农户的不同发展需求。对不同种植模式提供不同的补助标准，其中样板地补助410元/亩、烟地套种300元/亩、玉米地套种200元/亩，提供补助的主要是中烟公司（对口扶贫企业）和施甸县农业局。这样一方面鼓励了农户发展种植的积极性、保证了种植户的利益，另一方面也保证了公司的利益，是合作共赢的运行机制，有利于长期持续发展并形成县的特色产品。2016年，合作社社员共种植长寿豆820亩，其中样板地185亩，烟地套种353亩，玉米地种植282亩，涉及木老元村、龙潭村、大地村3个自然村，15个小组，共有302个种植户，带动建档立卡户69户246人，保证了贫困户家庭收入的提升。

绝大部分的种植小区，还有一些蛋鸡养殖小区的建设都是采用此种模式，所占比重较大。实地调研发现，尽管此种模式的初衷和立足点是要保证农户的利益，但是，一些贫困农户，在收购价格、收购标准上还是与公司的要求存在很大的差异。由于公司规模较小，能力较弱，销售长寿豆时，在价格谈判上总是处于劣势，而合作社与公司的谈判也处于一种地位不对等的状态，导致农户的利益易受损害。乡镇企业的发展壮大，还有很长的路要走。

2. "种养殖大户+合作社+小区/园区+农户"模式

此种模式充分发挥合作社的主人翁精神，积极动员、吸纳当地的种养殖大户加入合作社进行提质增效，一方面壮大合作社的发展，另一方面带动贫困户的发展。合作社中有威望、有能力的人组成理事会，管理合作社的事宜，参与的成员共同进行监督。合作社负责联系相关部门组织对种养殖农户进行培训，联系当地的兽医站及时进行疫情的防疫，并且负责进行招商，与相关企业进行谈判，保证合作社内种养殖产品集中、统一标准销售，对于涉及全体社员利益的事情集中协商，最大限度地保障农户的利益。在种养殖园区内也是各家自己种养殖，但是对于防疫、销售等应由合作社集中管理。另外，此种模式以种养殖能人为依托，将能人的资金、技术、管理、劳动力等优势，与政府对贫困户的帮扶政策相结合，采取委托种养、寄养、按比例分红的模式。贫困农户可以到能人的基地参观，免费学习种养殖技术。对于实在是没有能力参与的农户还可以到种养殖大户的基地打工，赚取劳务收入，这可解决种养殖大户劳动力不足的问题。此种模式有效解决了能人想扩大生产规模但受扶持到户政策的限制，而贫困户想发展生产但受资金紧缺和劳动力缺乏等限制，能人帮助贫困户分担了参与产业发展的自然风险和市场风险。种养殖大户与贫困户居住在同村同乡，交流、学习和技术指导均方便，能够更好地发挥种养殖大户的示范带动作用。

案例2

摆榔乡鸡茨村大平地竹鼠养殖小区建设项目，便采用的是此种运作模式。鸡茨村竹鼠养殖产业是特种养殖产业，经过近年来安国军等养殖大户十多年的不断探索和精心培育，已发展成为鸡茨村的优势产业。在充分考虑各方面因素之后，鸡茨村动员竹鼠养殖大户，组建了竹鼠合作社，指导带动竹鼠养殖农户30户90人（其中建档立卡贫困户20户42人）进行养殖，计划建设存栏6000只、年出栏3000只竹鼠、占地6亩的竹鼠标准化养殖小区，带动大家发展。养殖大户充分发挥自己的技术、资金、经验等优势，贫困户可以根据自己需要决定养殖竹鼠量，可采取入股、转租、合资、托管等多种方式帮助贫困户充分利用该项目获得发展。养殖小区由合作社的理事会统一管理，负责对外谈判价格，出栏竹鼠统一销售，合作社成员共同监督。兽医站负责竹鼠的防疫工作，成立竹鼠养殖项目技术执行小组，小组成员为兽医站人员和各村防疫员，同时会派技术员入驻小区进行技术指导，拟定指导方案，定期对农户进行养殖技术培训，加强技术管理。目前建成的竹鼠养殖小区占地面积为 6 亩，建成 2000 多间竹鼠舍及储藏室、消毒室繁殖区等专业化、标准化的配套设施，养殖竹鼠 3200 余只，2015 年、2016 年养殖场利润均达 20 万元以上，带动了周边 16 户发展竹鼠养殖，其中建档立卡户 9 户。这一方面确保了建档立卡户增加收益，另一方面发挥了能人大户的示范带动作用，积极协调好合作社与带头养殖大户的互利共赢关系，确保竹鼠产业的可持续发展。

此种模式虽然能减小贫困农户单独参与产业发展的自然风险和市场风险，但单个农村经济能人抵御风险的能力也十分有限，在出现较大的自然灾害、价格下跌时，能人往往要先顾及自身的利益，很难再兑现与贫困农户分成分红的承诺。如何建立风险共担机制，是此种模式能否可持续发展的关键。

3. "合作社 + 基地 + 农户"模式

此种模式的发展中，农户以土地、劳动力、自有资金等入股成立合作社，由合作社统一组织生产、统一管理、统一销售、年底分红。合作社将势单力薄的广大贫困户凝聚在一起，形成了利益共享、风险共担的整体，有利于提高农业竞争力，抵御市场挑战。此种模式不像上述模式，有能人的示范带动作用，并且发展的产业是传统的优势产业，经过多年的发展，一些养殖大户积累了丰富的养殖经验，大大降低了养殖的风险。此种模式是将一群散户和贫困户集合起来共同发展产业，合作社在该模式下发挥着更大的作用，合作社不仅起着联系市场的作用，更是社员互相联系的纽带，合作社管理的好坏直接关系着社员产业发展的成败。

案例 3

摆榔乡大中村大山磨林下鸡养殖园区项目采取的便是此种模式，该模式发挥已成立的山茂养殖合作社的主人翁精神，在新的扶贫政策推动之下，继续吸收其他养鸡散户、贫困户加入合作社，扩大了合作社的规模，社员共担风险，增强了合作社的实力。合作社在将传统优势养鸡产业向前推动的同时，规划建设林下鸡养殖园区，该项目区涵盖大中村1000亩林地，计划建设年出栏6万羽的林下鸡标准化养殖区1个。合作社对园区统一组织生产、统一管理、统一销售，同时安排养殖培训和防疫等工作，采用入股、转租、合资、寄养等多种方式扶持、照顾建档立卡户参与林下鸡的养殖，鸡苗也是合作社根据养殖户的能力合理的免费发放，鸡舍也是政府免费提供，这样围绕养殖基地发展，依托合作社管理的养殖模式便形成了。改变了过去养殖户各自为政，贫困户只能"望鸡兴叹"的局面，做到了资源的优化配置，形成了统一的市场，增强了养殖的可持续性。此外，加入山茂养殖专业合作社并参加林下鸡养殖户，还能享受到一些优惠的补助资金，其中建档立卡贫困户可申请由省委办公厅协调的10万元以内的无息贷款，帮助其参加林下鸡养殖产业。林下鸡养殖规模400羽以上、鸡舍面积50平方米以上、林地面积20亩以上补助2000元，规模800羽以上、鸡舍面积100平方米以上、林地面积40亩以上补助4000元，这样的补助条件鼓励了一些贫困户参与林下鸡养殖产业的发展。

农业产业的发展离不开经济组织的建立健全。将农民专业合作社这一重要的组织力量纳入"三个一百"农业产业化扶贫工程建设，顺应了市场经济发展的客观规律，顺应了提高农民组织化程度的必然趋势。但在项目建设后期，要着重解决"企业领办的合作社实力较强但与农户联结较弱，而农户自发成立的合作社实力较弱但与农户联结较强"的问题，进一步完善合作社的规范化运营，加强合作社与贫困农户的联结。合作社与农户之间联结的紧密与松散程度如何，能不能够形成良好的、规范的运行机制，是该模式发展到后期必须注意的，后期也应该加强对合作社的扶持与引导。

（二）"三百工程"扶贫政策效果评价

1. 理论意义

（1）增加贫困户脱离贫困的机会获得

农民获得机会的变化，贫困户拥有的机会多少以及是否公平，对农户收入的增加、能力的提高有重要影响。"三百工程"的发展，以农业产业化的发展路径，通过当地龙头企业和合作社的帮扶，可以为贫困户提供一些机会：一是靠近市场的机会。龙头企业和当地的合作社可以将分散的农户与大市场联结起来，降低农户在市场单独交易中所面临的交易成本，提高其农产品的商品化程度。二是获得信贷的机会。龙头企业和当地政府通常以现金或提供投入要素的方式向农民提供信贷，可以解决农民贷款困难、生产受资金制约的问题。三是获得技能和技术进步的机会。"三百工程"实际上是改变传统的农业生产方式，走农业产业化、集约化、生态化的道路，可以促进新生产技术的引进、提升产品质量。在生产的过程中，农户通过农产品生产的培训、指导和管理等知识的学习来获得技术进步或技能的提高。

（2）为农业产业化扶贫模式提供补充

扶贫主体是相对于扶贫对象而言的，在整个扶贫工作中起引领或带动作用的组织、团体或个人。"三百工程"的发展采取多种的发展模式，发展过程之中采取多主体模式，一改传统的政府主导的模式，将政府、企业和农户三大主体共同纳入发展模式中。政府作为扶贫主体的主导作用表现在两个方面，一是直接参与；二是出台相应的产业扶贫政策，提供政策上和资金上的扶持。企业特别是龙头企业作为"三百工程"产业发展的有效依托，在产业扶贫开发中占据着关键一环，对扶贫开发工作起到了有力的助推作用。在传统的观念之中，农户只是作为被扶贫的对象，其实农户也是扶贫工作中重要的一个主体。贫困农户要真正获得脱贫的技能才会达到真正的脱贫，这也是"造血式"扶贫想要达到的效果。"三百工程"在发展的过程中，对不同种类的产业发展采取不同的模式，这些模式的发展也为扶贫工作的发展提供一些模式借鉴。

2. 实践意义

（1）促进农户能力的发展

阿玛蒂亚·森将贫困定义为能力不足，他认为能力是比收入和财富更重要的概念。贫困人口的低收入是导致他们获取收入能力丧失的一个重要因素，但并不是全部因素。① 疾病、人力资本不足、社会歧视等都是造成人们收入能力丧失不可忽视的因素。因此，阿玛蒂亚·森所强调的贫困概念是指发展机会和自我发展能力的缺乏和不足。"三百工程"在实践的过程中，首先是影响农民的思想观念，农民在产业化经营中切实体会到这种组织模式的优势，并主动接受，进而接受新式生产方式。其次是在合作中，农民逐渐学习、采用和掌握新技术，并能主动要求新技术的引进或者自己改进新技术。在此基础上，农民就可能提高自我发展能力。

（2）一批新型经营主体得到培育发展

"三百工程"产业在推进的过程中，也带动了合作社、村集体和能人的培育和发展。据统计，两乡在"三百工程"发展期间成立的合作社达10个之多，覆盖400多家农户，其中绝大部分是贫困户。合作社为农户提供的服务涵盖农资供应、技术指导、信息提供和负责销售等领域，降低了单个农户的经营成本和风险，有效地将农户聚集起来，共谋发展、共同致富。能人是产业发展不可或缺的力量，与贫困户相比他们更加有体能、懂技术、善经营，同时也便于与当地人交往，在农村社区中影响力和号召力较大。因此在"三百工程"产业的发展过程中，当地的致富能人和种养殖大户在带动群众自谋发展，帮助贫困户发展方面起到了重要的作用。在采取"能人+贫困户"的模式之下，在自愿、公平的原则基础上，将贫困户的扶持资金入股到能人那里，贫困户也能获得较为稳定的分红，不仅有利于贫困户脱贫致富，还能增加能人的实力，学习到管理方面的技能，促进双方共同发展。

（3）种养殖类项目生态效益明显

"三百工程"产业中的种养殖项目涵盖了经济作物种植、果品种植、中药材种植，食用菌种植；蛋鸡、生猪、竹鼠等养殖。从两乡目前已有的种植区域来看，种植类项目普遍取得了较好的生态效益，像核桃、长寿豆、中药材等的种植，不仅适合当地的气候和坡地环境，提高农户的收入水平，取得了较好的经济效益；同时提高了坡地的植被覆盖率，有效

---

① 郭建宇：《农业产业化扶贫效果分析——以山西省为对象》，《西北农林科技大学学报》（社会科学版）2010年第4期。

地减少了水土流失，提高了土壤保水保肥的能力，有利于当地生态环境的恢复；食用菌的种植项目利用农村种植玉米后的废弃秸秆打碎制作成菌棒，变废为宝，循环利用，改变了群众随意丢弃和焚烧秸秆影响环境的不良习惯。当地的养殖项目，特别是一些种养结合的项目，一方面促进了当地"立体农业"模式的发展和推广；另一方面养殖基地产生的动物粪便，可以为当地农业的发展提供大量的有机肥料，改善土质，提高耕作效益。

（三）两乡"三百工程"产业发展的异同分析

对摆榔乡和木老元乡"三百工程"产业发展的 SWOT 分析，产业发展模式、产业发展的效益分析，分析角度多从整体上进行。事实上，两乡"三百工程"发展存在差异之处，有其不同的优势和不足之处。通过两乡产业发展的异同点和优缺点两方面的比较分析，可以使其互相取长补短，还可为山地农业发展提供一些借鉴。

1. 两乡产业发展的相同点

（1）产业发展内容相同

摆榔乡和木老元两乡的自然条件相似，两乡所属区域内，地貌以山地为主，因此两乡在农业产业发展上都是以坡地农业为主；两乡的年降水量、年平均气温相差不大，因此在农作物的种类上也大同小异；同时在地势上，区域内海拔落差较大，都有明显的立体型气候，这为当地发展立体型农业，保证生物的多样性都提供了有利的条件。相似的地形特征、气候条件，为两乡农作物的发展提供得天独厚的优势，也使得两乡在农业发展的形式、农作物种植的种类上都保持一致，产业发展的内容有很大的相似性。

（2）产业发展的建设模式相同

"三百工程"是施甸县针对县内农业发展规模小、效率低、产业化程度差的状况所提出的一种农业产业化发展的政策，目的就是改变以前农业发展的状况，变传统农业为现代农业、家庭农业为产业化农业，使得传统农业发展的弱势地位转化为带动当地农户脱贫致富的优势产业。在此种背景下，摆榔乡和木老元乡在产业发展的模式上基本一致，即上述所说的三种主要的建设模式，当然在具体的细节方面各乡镇会根据自己农业产业发展的现实状况而各有侧重。

2. 两乡产业发展的不同点

（1）产业发展规模不同

从实地的调研情况来看，两乡"三百工程"产业在产业发展规模上还是有一定程度的差异，影响两乡产业发展规模的差异主要是不同的地理位置所引起的。一是摆榔乡的交通条件要优于木老元乡，摆榔乡基本上都是水泥路面，方便人们的行走和车辆的往来，而进入木老元乡则需要走很多山路，有些路面甚至是土路，这在一定程度上阻碍了木老元乡与外界的联系；二是相较于木老元乡，摆榔乡更加靠近姚关镇，而姚关镇地势较为平坦，很多企业和农产品加工厂建于此，对摆榔乡的辐射和带动作用强，因此在产业发展规模上摆榔乡要优于木老元乡。

（2）产业发展程度不同

摆榔乡能够接触更多的大型企业，区域内有种植蓝莓、苹果等依托大型企业发展的种植基地，也有食用菌的种植基地和加工企业，而相比之下，木老元依托的企业较小，比较好的只有本乡成立的花濮蛮公司，其实力较弱。因此在将产业扶贫与"三百工程"发展相结合的程度上，摆榔乡能够做得更好。

（四）两乡"三百工程"产业发展的优势比较

两乡"三百工程"产业发展有相同和不同之处，使两乡在优势和不足之处也有区别。首先，两乡得天独厚的自然条件，为两乡农作物种植的多样性、立体型农业的发展提供了现实条件，这是两乡共同的优势。其次，在基础设施方面，摆榔乡有更加便利的交通条件，有更加完善的基础设施；而木老元乡的交通不利也确实对其产业发展产生了较大的影响。从地理位置上来看，摆榔乡也明显优于木老元乡。因此，无论是在产业发展规模上，还是在产业发展程度上两乡存在一定的差距。

相对而言，在产业发展规模和程度上摆榔乡都占有一定优势，但其规模经济的发展也是有一定限度的，规模经营也难以做大，存在瓶颈。而木老元乡产业发展规模小，难以形成规模效应就并不代表其难以发展，其优势是——高原特色农业，其农产品的原生态特色，在发展生态订单农业的发展道路上有天然优势。因此两乡产业的发展可以看作彼此相互补充，在产业发展多样化的今天，因地制宜的发展才能保证发展的可持续性。

六 "三百工程"政策实施存在的问题及对策建议

（一）"三百工程"扶贫政策存在的主要问题

"三个一百"农业产业化扶贫工程实施以来，在经济效益、扶贫效益和生态效益等方面都取得了一定的成绩，但还存在资金扶持难以满足农户发展需求、经营主体示范带动作用较弱、农户参与的广度和深度仍有待提高等主要问题。

1. 资金扶持难以满足农户的发展需求

这两个贫困民族乡，经济基础较为薄弱，产业的发展需要大量资金的扶持，仅仅靠国家的财政拨款补助、扶贫专项款和企业鼎力支持，还是难以解决所有的问题，面临很多后期发展问题时，有限的资金就捉襟见肘。笔者入户调研发现，加入产业项目或合作社的农户，目前遇到的最大困难，占调查总数近八成的都认为是"资金匮乏"，这也成了他们发展产业遇到的一个普遍性的难题。少数民族山区本身产业发展就动力不足，贫困户的积蓄少也是原因之一。

贫困户融资能力弱，融资渠道狭窄，在缺乏资金的时候很难继续发展自己的产业。参加了养鸡项目的养殖大户或贫困户，在鸡苗和鸡舍都是免费补贴的情况下，很多贫困户却还是因家境拮据，难以有足够的资金发展养殖。对于养殖业来说，饲料的这一部分的资金需要农户自己解决，就使一部分人难以参加养殖产业的发展。另外，一些养殖大户以及一部分有养殖经验的养殖产业发展比较好的农户，尽管是解决了饲料、人工等成本问题，但是在收入有限的情况下，一部分人想继续扩大自己的养殖规模就遇到资金匮乏问题。

案例：摆榔乡大中村的养殖大户YGJ与其妻子从外地务工回家发展养殖产业，从2015年开始养鸡，第一次养殖没有什么经验，在合作社帮助下参加了当地政府组织的养殖技术培训，第一年没有收益，2016年继续发展了林下养鸡的产业，在已经卖掉的380只鸡中，净收益4000元，这给了他们从事养殖的信心。现在想扩大养殖规模，需要自己筹集资金，因融资能力有限，这部分资金难以获得。前期大部分资金的贷款都是以合作社的名义担保的，额度也非常有限，资金的缺乏影响着养殖户的发展需求。

2. 合作社、示范户的带动和引领作用不足

虽然各项目乡在设计项目建设模式时，都引入龙头企业或合作社以加强生产同市场的连接，但受到当地龙头企业、合作社的发展水平、经营实力、扶贫责任意识等因素的限制，农产品的销售难、价格低、价格波动大等问题依然存在。随着种养规模的不断扩大，以及部分项目陆续进入试产期，部分农户对销售问题的担忧越来越强烈，对于企业承诺的订单农业、保价收购等普遍缺乏信心。入户调研发现，一些参加了"三百工程"产业发展的农户，例如参加了长寿豆种植、武定土鸡养殖、肉牛养殖的农户都反映这些产品在销售时价格波动较大，受市场和同类产品竞争的影响，价格不稳定，对此农户都表示担忧。

木老元乡在发展绿壳蛋鸡的养殖过程中，为了将产品做得更好，更加具有品牌化，创新了销售模式，除了传统的销售方式，还采取了"互联网+"的模式来销售绿壳鸡蛋，成立了花濮蛮农产品有限公司，负责当地绿壳鸡蛋的统一收购，进行包装之后通过线上和线下两种方式销售出去。但是由于公司成立的时间不长，运作模式不成熟，规模较小，缺乏资金，难以应对瞬息万变的市场的不稳定性，也难以满足大量的养殖户的技术指导和培训，导致很多农户也并非都是将鸡蛋销售给花濮蛮公司，很多人采取自销的方式。另外因为公司的规模较小，目前还难以负责全部农户的产品。各乡镇的合作社之间缺乏足够的沟通和协调，都是各自为政，也就难以抵抗同类产品的市场竞争的影响。其他的一些乡镇在养殖绿壳蛋鸡，产品不销往花濮蛮公司，而是以较低的价格卖给其他公司，这些公司在销售时不用品牌化和标准化的包装，价格往往要低于花濮蛮公司的产品，扰乱了市场的价格，导致该公司产品在市场竞争中总是处于劣势。

3. 农户参与度与积极性有待提高

重产业化轻扶贫现象突出，使得贫困户参与积极性不高。现代产业的发展需要参与者具备一定的科学文化知识，有一定的经营管理经验，但贫困地区的农户多属于知识文化水平较低的群体，并且缺乏相应的经营管理经验，难免与现代产业经营产生一定脱节。过于强调产业发展的重要性，使产业扶贫政策的目标有所偏离，企业对产业扶贫的效果也多有忽视，企业利益与贫困户需求不能很好地协调，进而项目对农户的带动效应不明显。调研中发现，贫困社区农户的参与积极性不高，对政府规划的产业项目反应冷淡，甚至有抵触情绪。由于两乡是贫困山区，土地资源不足，文化知识水平相对较高的青壮年劳动力大量外出务工，留守在村里的劳动力多从事传统农业劳动，这些农户长期待在交通闭塞的环境之中，缺乏与外界的联系，导致其观念保守、文化水平较低，对于新产业、新技术的接受难度大，很多人也就是处于观望的态度，并没有参加产业的发展。一是因为自己能力有限，缺乏对于产业发展的了解，总感觉参加产业要去背负贷款，很有可能不能脱贫，反而会加重自家的贫困状态，而是选择老老实实地从事传统的和熟悉的生产方式。二是一些愿意去尝试发展的贫困户，因为没有足够的储蓄资金去参与产业的发展，或者加入了产业的发展也是作为劳动力或者寄养的方式参与，只是劳务收入和分红收入，并没有学到真正的管理经验和养殖经验，缺乏可持续性发展的动力。

农业收入现在占农户家庭收入比重逐年降低，外出务工收入的比重逐年增加，农民兼业化的现象越来越普遍，经营农业仅仅成为维持温饱的选择。一些外出务工农户看到现在的扶贫政策利好之后返乡发展农业产业，但是通过调研发现，目前很多人现在参加的产业的收入还是低于在外务工时的收入，而且还不稳定，有风险，特别是对于有孩子读书、有老人的家庭，尽管在家参加产业的发展可以方便照顾家庭，但是收入难以满足家庭的开支，导致他们缺乏参加产业发展的热情，还是更加倾向外出务工来保证家庭的收入。

少数民族贫困户受教育水平普遍较低，生产和管理技能不足，制约了产业扶贫项目的运行。政府给予贫困户多种产业发展项目，目的是通过扶植产业来培养贫困农户自我发展、自力更生的能力，但由于农户的生产经营管理问题导致产业受损的现象时有发生。很大原因上是由于某些产业属于当地新进产业，农户在产业进驻之前并无接触，缺少生产管理经验，从而管理不善导致经营失败。如木老元乡哈寨村食用菌养殖基地的一家农户就是因没接触过食用菌养殖，缺乏相应养殖技术而使得养殖失败，遭受了损失。因此要加强培训和技术人员配备，提高贫困人群生产和管理的技能，尽量保证产业扶贫项目达到预期效果。

4. 农户与扶贫企业之间缺乏互动

据调研走访，贫困社区产业扶贫项目信息的宣传与公开程度不够，监管力不足，村民不了解情况的现象比较普遍。基层村民对于扶贫开发项目缺乏明确认识，混淆各类扶贫开发项目的情况较为普遍，造成这种问题的原因一是村民对于扶贫政策不太关心，二是乡政府的宣传方式不适当、宣传力度不够大引起的，村民对扶贫状况的不了解会导致基层监管形同虚设。

当问到当地农户对龙头企业或合作社参与扶贫项目的看法时，大多数农户都不置可否，或者认为企业是来赚钱的，认为其与扶贫没多大关系，龙头企业的带动效应并不明显。这反映出了企业与贫困户之间缺乏良性互动，这样便不能很好地让贫困户认识到产业的重要性，不能很好地调动其参与脱贫的积极性与主动性，从侧面也反映出政府对企业定位的偏差，事实上，企业作为一种以营利为核心目的的组织，以迎合市场需要为导向，其需求与村民之间的需求必定存在一定程度的不一致，而如果政府不能在村民与企业的互动中发挥协调作用，就有可能扩大二者的矛盾，削弱产业扶贫的效能，更不利于企业生产链的延长和在当地的发展，这是亟待关注的问题。

(二) 关于完善"三百工程"产业发展的建议

1. 拓宽农户产业发展的融资渠道，加大产业扶贫工程扶持力度

扶持一项产业需要注入大量的资金、资源，不仅项目启动初期需要大量资金支持，而且在产业初具规模，产业运行起来之后更需要有足够的资金链做补充，以保证产业的顺利运行和发展。调研发现，贫困户对资金缺乏问题呼吁最为强烈，事实上，发展资金不足是全国贫困地区普遍存在的问题。企业发展尚存在资金短缺，更何况乡、村的小产业和合作社，这就要求当地政府合理、妥善地使用每一笔扶贫款项，将其用在有前途、发展

潜力大的产业上，并要结合当地实际动员更多扶贫主体参与扶贫开发工作，加大融资力度，开辟更多的融资渠道，提高资金资源的利用效率，使有限的资金尽可能发挥最大效益。

很多农户表示参加产业发展的补助不足，个人的融资难度非常大，合作社资金的扶持也很有限，难以支撑产业的进一步发展。建议加大项目资金投入，提高对贫困农户和示范户的补助标准；增加扶持名额，覆盖更多的贫困农户和示范户，特别是有志于发展产业的种养殖大户；增加扶持的种类，为农户获得贴息贷款或一般贷款提供帮助，为合作社提供一定的资金扶持；考虑产业发展的后续需求，扶贫资金应该有持续性（不是一次性）。就调研来看，很多发展比较好的种养殖大户，在刚开始参加产业发展时，一些基础的设施都是政府提供，进一步扩大规模的问题都是缺乏资金，个人融资能力有限。农户贷款都是由合作社承贷，贷款的额度也有限，难以对养殖大户都提供支持。建议对于发展较好的种养殖户，应该提供更多的扶持，一方面保证这些种养殖人才继续参加产业发展，保证乡村产业发展的可持续性，同时能扩大此类当地优势性产业的规模；另一方面继续发挥好种养殖大户的带头示范作用，带动更多的贫困户脱贫致富。

2. 扶持经营主体发展，发挥产业带动作用

龙头企业和公司是"三个一百"农业产业化扶贫工程的重要主体，起着连接生产和市场的作用，在享受贴息贷款等政策优惠的同时必须承担起相应的扶贫责任。例如花濮蛮农产品有限责任公司，虽然成立的时间较短，产品的覆盖面较小，人才、资金都相对缺乏，但已创立了自己品牌，积极主动地帮助贫困户解决产品的销路问题，积极组织农户参加技能培训，积极承担相应的责任，对于此类具有发展潜力的本乡本土企业，应当加强扶持，重点提升其销售、技术和管理水平，给予人才培训重点扶持，同时应重点扶持这类企业的研发能力，提高其加工能力，帮助其延长产业链，提升农产品的附加值，保证农产品的质量，也同时解决了农产品不宜运输和保鲜的问题。对于发展潜力不足，没有实力承担责任的企业，要及时果断地进行淘汰，同时加强招商引资的工作，有选择地引进实力雄厚的企业。

合作社在"三个一百"工程的建设模式中也是一个极其重要的主体，

村里产业的发展由合作社负责，在没有龙头企业带动发展的产业当中，合作社就承担起联结贫困农户和市场的重要作用，主要作用是联合分散个体农户，集中进行价格谈判、销售，波动的问题也一直困扰着农户。在木老元乡的 9 个合作社当中，只有 2 个合作社是在 2010 年之前成立的，其他合作社都是近两年才成立的，规模普遍较小、资金实力薄弱，还处于发展的起步阶段，在对接市场、运作、管理等方面都还不很成熟，难以发挥其市场带动能力、组织协调能力、合作竞争能力。政府应加强对农业合作社的扶持，组织合作社骨干到示范区进行考察学习，加强交流，强化对合作社的信贷、技术、信息、培训等各项扶持。加强对合作社带头人和经营管理人员的培训，重点提高其市场经营能力和扶贫合作意识，逐步引导合作社在能力范围内承担起一定的扶贫开发责任。乡政府在鼓励发展合作社数量的同时，应按照严格的审核与监督机制，把控合作社的质量。以达到让"社员满意、社会认可"为目标，逐步规范合作社的运作，严格执行社员代表大会、理事会、监事会等组织制度、严格落实核算成本、分配收益等财务制度。

3. 加强农业技术培训和服务，鼓励农户参加产业的发展

技术要素是现代产业发展中的关键因素，在很大程度上可以说是产业发展的制约因素。无论是生产、加工还是管理、销售都对技术要素有着较高的要求，规模化、专业化、标准化的生产更是如此。山区贫困户由于知识文化水平有限，对现代农业技术的掌握程度也仅停留在表面，这极大地限制了他们参与产业发展，影响了增收致富。虽然调研地乡政府已经为贫困户提供过一定数量的专门培训与技术支持，但还不能满足农户学习种养殖技术的需求以及后续发展的技术和技能，包括互联网 + 的应用、电商运营等。政府还应持续为农户提供培训，加强其自身的管理能力，要尽可能号召和动员更多农户参与进来，为贫困户"自己管理自己的产业"打下坚实基础，防止返贫的发生。

两乡青壮年大量外出务工，在家农户兼业化的情况较为普遍，很多农户因为家庭原因，虽不能外出务工，但会在农闲时节选择在镇上或者其他镇上做工来贴补家用，没有把全部的时间和精力投入农业产业的发展中，或者根本就对产业缺乏了解，不愿参与。因此应加大对农业产业开发长短期效益的宣传力度，逐步引导农户参与发展农业产业，并通过出台落实相关扶持优惠政策，吸引一部分有条件的外出务工青壮年返乡创业，逐步提高人力资源质量。按照人力资本理论，贫困的原因在很大程度上就是人力资源的质量较差，缺乏相应的技术人才，两贫困民族乡缺乏青壮年、有经验有技术的劳动力，导致乡里产业的发展与政策和资金的扶持力度不匹配，发展速度缓慢。有的已经参与产业发展的农户因为养殖的失败，也逐渐丧失了参加产业发展的积极性和信心。木老元乡哈寨村的杨自勇便是一个典型的案例，通过访谈了解到，杨自勇养殖的失败除了自己疏于管理，家庭劳动力缺乏之外，也有合作社缺乏统一的管理，他本人也并没有接受养殖技能的培训。乡里组织了养殖技能的培训，但因在农忙的时节，在家庭劳动力原本就缺乏的状况之下，很多养殖户都没有参加培训，更有一些养殖户根本就不想参加养殖技能的培训。根据这个现状，相关部门和合作社应该提高相关技术培训和指导的频率，合理安排培训的时间，培训的内容和方式要综合考虑群众的语言能力、文化水平和实际需要，要扩大培训对象的覆盖面，不要仅限于养殖大户，要加强新型农民培训工作进度，在贫困农户群体中逐步培养一批懂技术、会经营、善管理的农业劳动力，提高农业产业项目人力资源的质量。

4. 推进信息平台建设，促进信息交流共享

在当今信息化发展的新时代，产业的发展、市场的竞争不仅仅是劳动力、地缘优势、技术的竞争，还在于信息和网络的竞争，能够获取更多有效的信息，在获取信息的时候能够比别人更加快速、高效，才能够获得成功。在"三个一百"工程项目的推进过程中，随着项目的纵深发展，参与的主体越来越多，覆盖的范围更广，涵盖的领域更加多样化，就需要不同类型的产业、不同的主体之间进行更多、更及时的沟通，更好地共同开拓市场，避免因缺乏及时的沟通导致同质、同类产品存在的市场竞争而出现市场混乱，损害参与主体和商家的共同利益。另外，信息平台的建设，能保证参与人员及时了解市场的最新动态和项目开展的进展，同时一些培训消息、生产技术、案例可以在信息平台上共享，也可拓宽农户获取信息、技术的渠道。

5. 创新农畜产品销售渠道，促进"互联网+"订单农业的发展

信息平台的建设需要专业的技术团队来进行维护和管理，当地政府可以通过一些优惠条件和福利待遇吸引网络信息技术性人才到乡里进行开发和帮助建设。政府在信息平台建设中是举足轻重的，县一级甚至是市级政府应该作为信息平台建设和管理的主体，项目乡镇、村应该是主要的参与者，当地的村干部和镇干部应该及时了解当地产业发展的状况、农户参与的情况、已获得的成效等情况，及时向上级汇报，以便作为信息平台内信息和数据及时更新的材料，一方面有利于信息的更新，另一方面也能形成一个良好的监督机制，促进"互联网+"更好地融入农业产业发展，促进该模式良性运行。

信息平台的建设可以是微型的，以乡或村或某项目或按照产业类型为团体，建立不同的微信公众号，农户个人就很容易进入，在手机上进行推广、宣传，及时分享一些优秀种养殖大户的案例，促进经验的交流，帮助参与农户共同学习。营造一种相互帮助、共同发展的氛围，还能起到示范户的带动作用、辅助培训的作用，能够节省一部分人力和财力。最重要的是可以发布需求、价格和销售信息，使农户及时掌握市场动态。网络力量的强大，可以避免信息闭塞、交通不发达的不利因素，还可以逐渐构建乡、县、市的不同产业类型群联合，做大市场。

6. 增强农户自主选择意识，适当给予其自主性，调动村民参与积极性

贫困地区农户对扶贫工作持漠不关心态度的问题较为突出，出现了"政府内部热，村民内部冷"的现象，当课题组成员问及村民"对政府产业扶贫工作的看法"时，村民多在回答完"知道有这么回事"之后就不做评价了，而在问到"政府开展的产业扶贫对家庭生活的改善有何帮助"时，村民较多的回答是"没感受"或"没考虑过"，这在一定程度上反映了村民参与扶贫的程度不高。造成这种现象的原因多是村民需求与产业发展的不一致，种什么、养什么多数情况下并不是按照村民意愿决定的，从而使得某些项目脱离了贫困户的预期，因此村民参与扶贫工作出现懈怠现象，甚至产生了"被牵着鼻子走"的感觉。在今后的扶贫工作中，政府要给予村民一些自主权，增强其主体意识，让贫困户学会自己去把握市场，提高其自主应对、灵活应对的能力，让其找到"当家人"的感觉，只有这样才能从根本上实现扶贫目标。

7. 借鉴、引入不同地区的先进扶贫模式

全国各地不断涌现出各种扶贫做法，这为当地政府的经验借鉴与方法引进提供了现成模板。如山东省济南市在扶贫开发工作中推出了"扶贫大篷车"项目，该项目以"扶贫车间＋帮扶岗位＋贫困户"为主要思路，围绕一批贫困村建起了"扶贫车间"，让周边村寨成为"扶贫车间加工点"，引导周边村贫困人口从事农产品、手工艺品粗加工等生产活动。在项目的具体实施上，当地扶贫办利用扶贫资金团购了数十辆厢式货车（称为"扶贫大篷车"）作为运输车，将原料运至贫困户家中，让其在家中加工获得手工加工费，最后将初级产品运回加工车间，最终由公司加工成成品输送到市场。这样做有效降低了"扶贫车间"物流成本，方便了产品配送，提高了生产经营效率，同时充分照顾了行动不便的残疾人士，减少了贫困户的辛劳程度，还使贫困户有了充足的货源，收入有了保障。需要注意的是，在借鉴扶贫先进地区的经验、方法时要充分考虑当地实际，进行反复论证，确保收益最优及长效脱贫机制的形成。

第四章

易地扶贫搬迁实践

易地扶贫搬迁,是我国扶贫工作攻坚时期的一项重要内容,是当前贫困地区脱贫致富、走向小康之路的有效途径,是习近平总书记精准扶贫思想"五个一批"① 中易地扶贫搬迁脱贫一批的策略,主要解决的是一些贫困山区"一方水土养不活一方人"的现状。由于贫困与人们生存的地理环境密切相关,且容易形成"贫困陷阱",即恶劣环境与贫困交互作用,越陷越深,很难脱困。因此,易地搬迁扶贫工作成为扶贫工作中重要的一环。

保山市施甸县地处滇西边境连片特困地区。该地区易地搬迁工程主要是以扶贫移民、地质灾害移民、生态移民等类型为主。采用的主要模式为精准扶贫+易地搬迁+以工代赈+企业支持,已经取得了一定的效果,本章主要是对该地区扶贫移民模式以及其中存在的问题进行全面分析,以更好地实现贫困地区扶贫易地搬迁"搬得出、稳得住、能发展、可致富"的政策目的。

一 反贫困视野下的人口迁移相关理论

移民是人口从一个地点到另一个地点的移动,不仅包括从原居住地到现居住地的转变,也包含日常生活和长期生计的转换。从人口学意义上是

---

① 五个一批,是发展生产脱贫一批、易地扶贫搬迁脱贫一批、生态补偿脱贫一批、发展教育脱贫一批、社会保障兜底一批,实现贫困人口精准脱贫。

强调人口在新的移民地区的定居。移民这一概念从人类迁移活动开始就存在，最早的移民活动是在原始社会时期，人类早期生活受到自然条件限制，该时期人类移民活动受到环境、资源、气候变化所驱使。到近现代社会，虽然人类活动不再完全受制于自然条件，但上述原因在现代人类移民活动中仍为重要因素。居住地以及生产生活资料的改变是移民的基本要素，但其影响因素随社会的进步呈现不同的特征。从文献中梳理，移民类别可以从影响因素作为划分依据，大致分为生态移民、灾害移民、工程移民、贫困移民等。从社会学视角看，可以分为政府组织下的自愿移民、非自愿移民、自发性的移民以及难民移民。不同的移民实践活动都具备一些共同的特点，但在不同地区及国家，由于其社会、文化、政治的迥异，移民活动也会呈现出差异性、多样性。

（一）扶贫移民的理论和模型概述

移民概念伴随人类迁移活动早在原始社会时期就存在了，人类早期生活受到自然条件限制，该时期人类移民活动受环境、资源、气候变化所驱使。到近现代社会，环境原因在现代人类移民活动中仍为重要的影响因素。居住地以及生产生活资料的改变是移民的基本要素，但其影响因素随着社会的进步呈现不同的特征。移民分类可大致分为生态移民、灾害移民、工程移民、贫困移民等。从社会学视角看，对移民这一社会现象进行分类，可以分为政府组织下的自愿移民、非自愿移民、自发性的移民以及难民移民。[1]不同的移民实践活动都具备一些共同的特点，但在不同地区及国家，由于其社会、文化、政治的迥异，其移民活动也会呈现出差异性、多样性。扶贫移民是移民概念的重要组成部分，也是扶贫易地搬迁的核心理论思想。扶贫移民从性质上看属于政府组织和资助下的自愿移民。对于我国的扶贫移民，一方面是指在政府和其他组织机构的协调下，由自然资源、社会条件等发展环境比较恶劣的地区迁移到发展条件较好的地区的贫困人口。另一方面，一种为了使贫困人口摆脱现实的恶劣生存状态获

---

[1] 林志斌：《谁搬迁了？自愿性移民扶贫项目的社会、经济和政策分析》，社会科学文献出版社，2006。

得较好的发展条件与发展环境而进行的一种人口迁移活动,是基于扶贫、脱贫的目的而进行的移民。[①] 扶贫移民主体是某一特定人群,客体是人口迁移的实践,即特定人群为实现脱离贫困状态而进行的人口迁移活动。

1. **推-拉理论**

推-拉理论是最早由对人口迁移进行研究的英国学者雷文斯坦在19世纪末提出的,是解释人口迁移原因的经典经济学分析框架。认为人口的迁移动因有两点,其一是原居住地存在推动人口迁出的动力因素,其二是迁入地存在吸引人口迁入的力量。这种推动因素和吸引力量又可以分为两方面,一方面,自然环境、资源禀赋等自然因素是促进人口迁移的基本力量。另一方面,政治经济动荡、社会环境不稳定、宗教冲突等人为因素是促进人口迁移的直接原因。

人口迁移推拉理论的核心在于对人口迁移的成本-收益做出量化的分析。迁移者是否迁移主要考虑迁移前后的成本-收益的比较,并且衍生出了移民安置补偿理论。所以该理论大多应用于自愿性移民问题,也有学者对该理论进行修正,用来分析非自愿性移民。如大型的非自愿工程移民安置问题。当代的发展经济学试图将移民搬迁中所产生的社会环境成本问题经济化表达,但受到了社会学学科的批评,其认为安置补偿理论将移民问题单一化,且并不是一个单纯的经济问题,其中包含了广阔的社会问题,如社会功能转化、移民心理问题、文化认同问题等。移民安置是一个由经济问题主导的社会发展问题,笔者所谈到的扶贫移民更是有异曲同工之处。贫困是一个国家或地区在经济快速发展过程中的"副产品",从人口迁移的角度去看待和解决贫困问题,是当今世界上减贫脱贫重要的途径之一。经济上的安置固然根本,社会问题却会一直伴随经济的贫困,并且要比经济贫困的风险持续时间更长,且更难解决。

2. **Scudder-Colson 非自愿性移民安置理论模型**

Scudder-Colson 移民安置理论模型是1982年斯卡德和卡尔逊针对非自愿移民问题的社会学理论模型。其模型主要包括动员、过渡、发展与融

[①] 施国庆、郑瑞强:《扶贫移民:一种扶贫工作新思路》,《甘肃行政学院学报》2010年第4期,第68~75、127~128页。

合（Recruitment，Transition，Preferential Development and Incorporation，RT-DI）四个阶段，也被称作 Scudder – Colson 模型。[1] Scudder – Colson 移民安置理论模型，主要研究的是在社会政策的牵引下移民群体的一般特征和行动趋势，构成了以不同阶段的移民安置和社区重建实施模型，同时也是描述社区、家庭/个人和社会文化系统对移民安置做出反应的行为预测模型。[2]

表 4 – 1　Scudder – Colson 移民安置理论模型

时间段	移民情况
规划动员阶段	为搬迁做好准备，移民做出动迁决议，开发者进行搬迁可行性研究；制定动迁、安置以及社区重建规划
工程建设过渡阶段	在时间上持续多年，大多数家庭要用至少两年的时间，在此期间，移民家庭由于经济支出大，生活水平降低，将会面临巨大的风险
社会经济发展阶段	此阶段安置地硬件工程基本完工，移民家庭搬入安置地，家庭经济、社会关系将面临转变重建，出现对新环境不适应的心理
移交与整合阶段	此阶段具体表现为两方面：①工程开发方将搬迁控制权移交给居住者和当地政府，迁入者逐渐融入当地的社会生活；②迁入者的下一代本土化，继承本地人的相关权利责任以及风土人情

资料来源：T. Scudder, and E. Colson，"From Welfare to Development：A Conceptual Framework for the Analysis of Dislocated People，" in A. Hansen & A. Oliver – Smith，eds.，*Involuntary Migration and Resettlement：The Problems and Responses of Dislocated People*，Bouder：Westview Press，1982. 斯卡德和卡尔逊认为该模型中的每个阶段都具有不同的功能，且重要性也有所不同。社会经济发展阶段和移交整合阶段是移民安置过程中最关键的两个环节。只有当移民搬入安置地并且顺利地融入安置地社会经济的发展中，才标志着移民安置的成功。Scudder – Colson 移民安置理论模型对阶段化的移民项目以及后续的社会发展问题做了深刻的探讨。具体来说，该模型对搬迁地的经济目标分析以及社会动态过程分析[3]，能够有效地解决社会发展、政策实施与移民者之间的矛盾，对我国现阶段实行的扶贫易地搬迁项目有着重要的借鉴意义。

---

[1]　T. Scudder, and E. Colson，"From Welfare to Development：A Conceptual Framework for the Analysis of Dislocated People，" in A. Hansen & A. Oliver – Smith，eds.，*Involuntary Migration and Resettlement：The Problems and Responses of Dislocated People*，Bouder：Westview Press，1982.

[2]　韩秀记：《通往成功之路——非自愿性移民（水库移民）社会学研究理论回顾》，《社会科学战线》2012 年第 8 期，第 186 ~ 193 页。

[3]　林志斌：《谁搬迁了？自愿性移民扶贫项目的社会、经济和政策分析》，社会科学文献出版社，2006。

3. IRR - 贫困、风险与重建理论模型

Scudder - Colson 移民安置理论模型集中阐述了移民安置社会关系的动态过程分析,而贫困、风险与重建理论模型①则是以风险问题为核心的非自愿性移民分析框架。该理论模型是在 20 世纪 70 年代由著名社会学家塞米(Micheal M. Cemea)基于在移民和安置过程中存在的一些共同特征和趋势所提出的,其基本思想是保护和恢复非自愿性移民的生计,保障移民生产生活的可持续发展。塞米提出了在移民安置过程中出现的 8 种常见的风险类型,并将其整合在一起形成一个综合的风险模型。他认为在移民安置过程中这些潜在风险一旦出现便会造成移民的长期或短期贫困。如果潜在风险呈规模性爆发,便会影响安置地区的经济发展以及社会的稳定。

表 4 - 2　贫困、风险与重建理论模型

潜在风险	表现特征	安置策略
丧失土地	移民失去了以土地为主的生产资料,赖以生存的生产系统被破坏,生活状态贫困化	1. "以土地换土地",重建生产系统;2. 给予一份收入稳定的工作
失业	移民失业要在搬迁后才会渐渐凸显,一般移民工程都会采取以工代赈的形式进行,搬迁期间会有短暂的"就业繁荣"景象,但项目结束,移民便会面临着短期或长期的失业问题	兴办工厂提供再就业机会
失去房屋	实体房屋的失去是暂时的,从广义的文化角度上说,失去自己的家园以及失去归宿群体的文化空间会导致一种疏离隔绝之感	1. 临时住所的修建;2. 搬入后社区文化的重建以及移民心理的辅导
食物缺乏保障	随着移民迁移过程中移民经济收入下降,导致食物供应不足,安全性不足,造成营养不良的风险增加	政府部门提供救济
发病和死亡率上升	食物不足以及缺乏安全保障,导致流行疾病和死亡率上升。其中老人、儿童、婴儿受到的风险最高	政府部门提供帮助

---

① Micheal. M. Cemea, "The Risk and Reconstruction Model for Resettling Displaced Population," *World Development*, Vol. 25, No. 10, (1997): 1569 - 1588.

续表

潜在风险	表现特征	安置策略
边缘化	经济资本以及社会关系的失效导致移民逐渐在社会和心理上的边缘化，具体表现为社会地位的降低、归属认同感的缺失等	促进社会融合
失去公共资源和服务	无法同当地人一样享受安置区的公共财产和公共服务	政府重建公共资源与服务
社会解体	非自愿性的移民破坏原有的社会结构以及社会关系，这种移民社会成本的损失，一般是没有得到考虑以及赔偿的	依赖于社会结构、社会关系重建的共同体制度确立

资料来源：Micheal. M. Cemea, "The Risk and Reconstruction Model for Resettling Displaced Population," pp. 1569–1588.

IRR模型研究目标是移民与安置过程中贫困与重建这两大核心点，系统性地提出了移民贫困与安置重建的8个方面，分析框架容纳了自然、社会、文化、经济、心理等视角。并且将个人、政府、社会团体等不同的群体联系起来，分析移民安置过程中会出现的风险以及从各角度提出相应的解决方案，其模型具有较强的现实借鉴意义和可操作性。但IRR模型也存在一些不足之处。根本上说，IRR模型忽视了移民在迁移安置过程中的主体作用以及本身的能动性，移民在此过程中应该是主体而不是被动的物体。移民搬迁应充分考虑移民本身的想法和行动。此外，在IRR模型框架中没有充分考虑到移民家庭因素。移民家庭与移民个体应给予同样的主体地位，移民过程中移民个体决定往往会遵循其家庭的需要，移民家庭的发展趋势在同社会组织协调中起更大的作用。

（二）关于扶贫易地搬迁的文献简述

国外关于扶贫易地搬迁的文献较少，在国外移民的实践或者文献中更多涉及生态环境移民（Ecological & Environmental Migration）的概念，即由于生态环境的恶化、人口压力、贫困等社会问题而促使人口迁移活动。主要的研究有《人口、环境和贫困的关系》[1]，作者Richard Leete对人口迁

---

[1] 顾宝昌：《从历史的透镜认识中国人口——读〈人类的四分之一：马尔萨斯的神话与中国的现实（1700—2000）〉》，《人口研究》2001年第3期，第77~87页。

移、生态环境和贫困问题进行了论述,认为环境移民是由于生态恶化使人类无法继续生存下去而进行的人口迁移活动。在《越南的可持续生存和移民——作为获取资源的社会资本的重要性》(2002)一文中,作者 Alexandra Winkels 和 W. Neil Adger 分析了越南存在的生态移民现象,认为人们移民是为了获取更多的社会资源。还有较早一些的斯卡德和卡尔逊提出的非自愿性移民安置模型[1],包括动员、过渡、发展与融合4个阶段。是一个移民搬迁活动的时间-行动分析框架,作者详细地分析了在每个阶段移民面临的各种压力及其行动趋势,从而会做出什么行动选择。这对于之后的大规模的移民搬迁有着重要的指导意义。此外,还有著名社会学家塞米提出的贫困、风险与重建理论[2](Impoverishment, Risk and Reconstruction, IRR),重点论述了贫困与重建两者的关系,认为在移民安置过程中会存在潜在风险,一旦出现便会造成移民的长期或短期贫困,如果潜在风险呈规模性爆发,便会影响安置地区的经济发展以及社会的稳定。

国内关于扶贫易地搬迁的研究有:魏珊在《非自愿性移民的可持续安置》一文中认为移民易地搬迁最好的形式应该是移民参与式的,这样能够有效调节移民与政府机构矛盾协调化。[3] 在《中国农村扶贫自愿移民的理论与实践》一书中,作者黄承伟运用多种分析方法对不同的搬迁模式进行了效果和影响的比较研究。此外,还有黄承伟等人在对四川山区贫困移民进行实地调研的基础上,认为生态移民在产生社会效益的同时,也会造成生态环境的破坏。[4]

从国内外关于移民的研究来看,大部分研究重点是在生态移民、跨地区的长距离移民以及一些非自愿性的移民模式、框架研究,而针对消除贫困的易地搬迁的研究相对要少一些。中国的扶贫易地搬迁为政策性的移民

---

[1] T. Scudder, and E. Colson, "From Welfare to Development: A Conceptual Framework for the Analysis of Dislocated People," in A. Hansen & A. Oliver-Smith, eds., *Involuntary Migration and Resettlement: The Problems and Responses of Dislocated People*, Boulder: Westview Press, 1982.

[2] Micheal. M. Cemea, "The Risk and Reconstruction Model for Resettling Displaced Population," *World Development*, Vol. 25, No. 10, (1997): 1569–1588.

[3] 魏珊、余江:《非自愿性移民的可持续安置——基于移民安置控制权分配的规范分析》,《中国人口·资源与环境》2009年第5期,第76~81页。

[4] 黄承伟:《中国农村扶贫自愿移民的理论与实践》,中国财政经济出版社,2004。

搬迁，其核心点在于改变贫困山区人民的落后的生活状态，是党和政府领导人民群众脱贫致富的有效途径之一。不能用简单的自愿性或非自愿性移民来界定扶贫易地搬迁，其特色是政策性的、强制性的，但又具有充分的自愿性质以及帮扶性质。

（三）中国特色的扶贫开发

中国特色的扶贫开发理论是在借鉴国际反贫困、消除贫困的理论的基础上，充分结合本土的实际情况而提出的，其基本概念和理论目标与国际反贫困理论是基本一致的。其基本思想是在马克思主义反贫困理论基础上经过我国几代国家领导人的逐步完善发展起来的。马克思主义反贫困理论的核心强调"只有在解放和发展生产力的基础上，才能实现全人类的共同富裕"。文健龙评述了我国扶贫开发理论的发展历程，以毛泽东为核心的党的第一代中央领导集体提出共同富裕的思想，为扶贫理论的形成奠定了基础；以邓小平为核心的党的第二代中央领导集体完善了共同富裕的思想，中国特色的扶贫开发理论基本成型；以江泽民为核心的党的第三代中央领导集体系统地提出扶贫开发理论；以胡锦涛为核心的党的第四代中央领导集体则从科学发展观的战略高度继续深化了扶贫开发理论。[①] 在即将全面实现我国小康社会的新时期，习近平总书记将扶贫工作作为全面建设小康社会的重要方面，明确了扶贫工作的重要性以及战略地位，并提出精准扶贫、科学扶贫、精神扶贫、教育扶贫、生态脱贫、社会保障兜底等重要扶贫理念，进一步丰富了中国特色的扶贫开发理论。

移民开发是世界各国反贫困的一种重要方式，并且具有很多的成功经验。扶贫易地搬迁便是我国在借鉴国际上移民开发成功经验的基础上，结合我国国情而创造的一种扶贫新模式。在"五个一批"扶贫攻坚行动指示中，充分肯定移民安置在我国扶贫开发工作中的重要地位。《中国农村扶贫开发纲要》第十二条明确指出，在坚持自愿的原则下，对生存条件不适宜地区扶贫对象实行易地搬迁。要充分考虑资源条件、因地制宜、着力发

---

① 黄承伟、刘欣：《"十二五"时期我国反贫困理论研究述评》，《云南民族大学学报》（哲学社会科学版）2016年第2期，第42~50页。

展后续产业,保证搬迁群众就业生存问题。确保搬得出、稳得住、能发展、可致富。[1] 扶贫易地搬迁是现阶段精准脱贫的重要方式之一,在我国部分特困地区扶贫移民搬迁工程得以快速实施。但大规模的扶贫易地搬迁是否能取得"搬得出、稳得住、能发展、可致富"的预期目标,不仅取决于好的制度设计,还要受到政策的执行力、当地的社会条件、自然因素以及各种未知因素的影响。保山市施甸县地处滇西边境连片特困地区。该地区易地搬迁工程主要是以扶贫移民、地质灾害移民、生态移民等类型为主,其被统称为"避灾减贫搬迁"[2]。其采用的主要模式为精准扶贫+易地搬迁+以工代赈+企业支持,取得了一定的效果,但是在具体的实施过程中,上述提到的问题也逐渐凸显。本章主要是对该地区扶贫移民模式以及其中存在的问题进行全面分析,以更好地实现贫困地区扶贫易地搬迁"搬得出、稳得住、能发展、可致富"的政策目的。

二 国外移民经验简述

扶贫易地搬迁是我国所独有的概念,在国外移民的实践或者文献中涉及生态环境移民(Ecological & Environmental Migration)的概念较多,即由于生态环境的恶化、人口压力、贫困等社会问题而促使人口迁移活动。其主要模式有补贴性的移民安置和长期开发性移民安置战略。[3] 国外的生态环境移民工程在组织方式、工程内容以及实施目的等方面有独到之处,总结国外的一些生态环境移民的基本经验对我国的扶贫易地搬迁具有重要的借鉴意义。

(一)泰国"国王扶贫计划"

在泰国北部山区与南部城市发展极不均衡,北部山区少数民族众多,经济文化落后。其主要原因在于山区地形既不利于发展产业经济,农业生

---

[1] 参见《中国农村扶贫开发纲要(2011—2020年)》。——编者注
[2] 何得桂、党国英:《西部山区易地扶贫搬迁政策执行偏差研究——基于陕南的实地调查》,《国家行政学院学报》2015年第6期,第119~123页。
[3] 温丽:《基于国际视角的生态移民研究》,《世界农业》2012年第12期,第46~49页。

产水平也无法提升。传统农业的耕种方式导致过度垦伐，生态环境被严重破坏。对此泰国专门成立了"国王扶贫计划"基金会以帮助北部山区人民进行移民，1960~1962年泰国共建设4个"山民自助居住区"。在这个计划中，泰国政府主要采取了以下措施来保证工程的顺利实施：①加强安置区基础设施建设，包括公路、水利、通信、生活设施等工程的建设，当地人民以出工的方式来减轻自己和政府的负担。②大力开办产业，政府与银行投资建厂，搬迁户边学习边参加种养殖。其中3年免税政策、政府的无息贷款帮助农户解决了初期启动资金的问题。③在安置居住区新建医院、学校等机构。④政府单独聘用一批技术人员帮助农业产业技术的推广。⑤政府在大城市成立专门的农产品营销机构，帮助农产品能够顺利地进入市场，累积资金。在这个计划实施后，在移民区的大部分民众实现定居，改变了原有的传统农业种植模式，生态环境得到了很好的保护，农户生活水平有了质的提升。

（二）老挝高地移民搬迁安置

高地移民安置主要是指将生活在山区高处、半山腰的居民往山下搬迁。搬迁方式有两种，一种是将居民集体搬迁到一个新的安置点（一般在山下），原宅基地不变、原房屋也不拆迁，村民能够去种植原有的土地，在雨季，上山下山有困难的村民就直接可以居住在原来的房屋里。这种双居住处的体系成为许多山地为主的国家所采用的移民搬迁方法。另一种移民安置方式是"安置诱导迁移"，即移民搬迁后放弃原有的土地和宅基地，新安置点配套修建相应的基础设施以及发展相关的工农业，以维持搬迁户的后续生计问题。这类搬迁方式对于大部分国家的扶贫移民都具有较大的借鉴意义。

（三）苏丹农村扶贫移民

苏丹农村扶贫移民是针对苏丹达尔富尔北部地区常年干旱导致环境荒漠化以及农作物减产等问题。其移民安置的方式主要有两种，一是扩大就近已经建成的农村社区的规模，进行移民安置；二是重新选择安置点，新建安置社区。政府在安置过程中提供的政策和经济帮助有：①移民为搬迁工程提供劳务，政府为移民家庭提供两年以上的粮食。②政府为移民提供大部分建房的原材料。③政府为移民家庭提供一些基本的生产资料，如粮食种子、农具。此外，明确每户农户的土地使用权，每户分配 40 费丹（埃及面积单位，1 费丹 = 0.42hm^2）土地。① ④优先建设安置区的一些公共设施，如学校、医院、市场等。

由于世界各国基本国情的差异，在移民搬迁方面选择的模式、组织方式、资金补贴等方面也各不相同，各国在移民搬迁方面的经验对于我国扶贫易地搬迁有着重要的借鉴意义。从以上三个国家的移民搬迁情况来看，首先，充分尊重移民搬迁群众的意见，既能提高政府的搬迁效率，又能有效地推进搬迁工作。在搬迁过程中以及安置地区基础设施建设中，如医院、住房、道路等建设中，尊重搬迁群众的民族风俗习惯，听取群众的意见，也能激发搬迁群众的积极性、创造性。其次，在安置区域因地制宜发展后续产业，产业的发展是移民安置的重要内容。从国外移民经验来看，其产业的发展主要是根据当地自然环境适应来发展相应的农业产业为主，并且注重制定差异化的产业政策。再次，在搬迁后的农业产业生产中重视生态环境的建设，在对移民的资金补助中，生态补助占有很大的比重。最后，针对不同的移民群体实行差异化的管理，如在苏丹移民案例中，最贫困的移民群众具有优先选择权，其补助力度也要大一些。

以上四点是在参考国外移民搬迁案例后提出的一些建议，我国西部贫困山区的扶贫易地搬迁可以从中吸取一些建议，如实行差异化管理是我国政府扶贫工作上比较欠缺的。大部分地区基层政府没有深入群众，只是凭借一些基础的统计数据就制定扶贫计划，没有考虑到贫困群众真正需要什么样的帮助与扶持。举个简单例子，如扶贫易地搬迁中的资金补贴问题，每户补贴 8 万元，这样的补贴政策能够满足一部分搬迁群众的要求，但对于最为贫困的群众，8 万元的补助是不能够完全支持他们搬迁新居的，自筹的部分让他们难以筹措。

---

① Theodore D. Fuller, "Resettlement as Desertification Control Measure: A Case Study in Darfur Region. Sudan – Part I: Review of the Problem," *Agricultural Administration and Extension* 25 (4), (1987): 215 – 234.

三 施甸县扶贫易地搬迁实证研究

（一）木老元布朗族彝族乡扶贫易地搬迁工程概况

木老元布朗族彝族乡是一个典型的山区民族乡，"山高石头多，出门就爬坡，地无三尺平，悬崖更比土地多"就是真实写照。在安居工程方面分为特色民居建设和易地搬迁。特色民居建设共规划拆除重建286户，每户给予5万元补助，至2017年底，已完工220户，在建66户。此外，全乡规划共计实施修缮改造448户，目前已完工320户，在建128户，现已完成物资选购。易地扶贫搬迁共建设三个安置点，分别为木老元集镇、龙潭中心村、大地野猪塘易地扶贫安置点，集中安置与分散安置共涉及355户居民，2016年实际搬迁296户。三个安置点规划面积275.5亩，概算基础设施投资3844.49万元，房建概算投资共3027.79万元。根据群众需求，提供70、120、130、150平方米4种户型，全部工程预计在2017年6月完工。项目于2015年11月启动，按照"四坚持"（坚持政府引导、坚持村'三委'组织、坚持理事会牵头、坚持群众主动参与）和"六统一"（统一规划蓝图、统一安置点选址、统一建筑风格、统一大宗物资采购、统一项目监理、统一质量验收）的原则，强化群众主体作用，由群众委托村理事会与施工方签订建房合同，保证户均1人参与房体建设，群众在获得务工报酬的同时亲自监督建房质量，既可有效降低成本、又能保证质量。

表4-3 木老元乡扶贫易地搬迁安置点及安置人数基本情况

安置点	安置户数/人数	建档立卡户数/人数
木老元集镇安置点	76户/238人	48户/168人
龙潭中心村	25户/93人	20户/70人
大地阿腊寨野猪塘	103户/372人	84户/312人
合　计	204户/703人	152户/550人

注：另外分散安置92户350人，未计入在内。

（二）摆榔彝族布朗族乡扶贫易地搬迁工程概况

摆榔彝族布朗族乡在易地扶贫搬迁安居工程方面分为特色民居建设和易地搬迁。摆榔彝族布朗族乡是施甸县最为贫困的乡镇之一。在易地扶贫搬迁方面，全乡共规划集镇、尖山罗家山、大中小松林、鸡茨家松林4个搬迁安置点，共流转土地295亩。4个安置点共安置农户336户1290人，其中建档立卡户312户1210人。安置点民居建设采取由乡党委、政府牵头，由搬迁农户委托理事会与云南建工钢结构公司签订建设合同，采取统规建设的方式（施工方与搬迁户）签订协议。政府实行统一规划设计、统一核发补助资金、统一基础设施配套、统一质量监管，村民自主选择户型、自主出资建设、自主议事决策的机制。

表4-4　摆榔乡扶贫易地搬迁安置点及安置人数基本情况

安置点	安置户数/人数	建档立卡户数/人数
摆榔社区集中安置点	112户/379人	104户/369人
大中村集中安置点	124户/497人	119户/479人
鸡茨村集中安置点	20户/77人	18户/71人
尖山村集中安置点	80户/307人	71户/291人
合　计	336户/1260人	312户/1210人

注：另外分散安置40户，县城分散安置15户。

（三）具体案例分析

较为典型的是木老元乡集镇搬迁安置点，该搬迁点一共迁入160户，共595人。迁出地主要有5个地方，具体来说，阿林寨搬迁90户、335人，其中建档立卡54户、165人；水沟脚搬迁27户、101人，其中建档立卡4户、15人；旱谷山搬迁16户、64人，其中建档立卡6户、20人；下哈寨搬迁7户、33人，其中建档立卡4户、10人；4个村搬迁20户、62人，其中，建档立卡户7户、19人。建档立卡户占总户数的42.5%，没有随迁户。

木老元集镇安置点位于木老元乡集镇旁边，地处缓坡地带，地质结构稳定。周围有乡卫生院、乡中心学校，村民教育医疗有保障。建有两个木耳种植基地和一个生猪养殖基地，能够使一部分村民就近做工和参加合作社种养殖。也可以进入城镇务工经商，保证村民搬入后提升生活生计。针对一小部分丧失劳动能力，且无后代赡养的社会兜底户，专门修建了几户较小的户型，其不需要任何费用，拎包入住。安置点完善后会设立社会福利机构，以帮助这些老年群体生活起居。此外，据负责人介绍，安置小区具有一套完善的现代生活系统，安置房的修建听取了当地村民的意见，其修建风格以及室内设计既方便现代生活特点又遵循当地群众的风俗习惯，保留了大量的民族文化特点。

案例1

该户属于贫困危房搬迁户，其房屋是祖辈留下来的遗产，使用了近40年，由于是双层木搭房，居住时间过长，房屋各项功能不能正常使用。一到雨季，房屋漏水，各处都有坍塌的趋势。听说政府有易地扶贫搬迁的项目规划，便立即申请主动搬迁。新房购置在木老元集镇搬迁点，购置面积为128平方米两层户型。购房款为22万元左右。其中政府补贴8万元，银行提供5万元贴息贷款，自己需要出9万元。据笔者采访了解到，其中农户自己出的9万元，已经准备得差不多了，主要来源家庭本身的积蓄和向亲戚朋友借款。由于该户老房子距离安置点并不是太远，其自己家里的土地也继续承包，老房子不会拆除，但不能居住，用来养殖生猪和生态鸡。搬迁之后，安置点附近规划了一个木耳种植基地，农户可以就近参加产业合作社。受访者也表示，搬入之后会就近发展种植业，并且孩子上学、看病等也方便多了。

案例2

由于访谈地点在搬迁的建筑工地，并且受访者家离得较远，所以并没有看到其住房情况，只是在村干部那里得知，受访者居住在半山腰，交通十分不便，居住房屋也是祖辈传下来的，有几十年了，属于双层木搭房。

并且是地质灾害频发区域，一到雨季经常会有滑坡、泥石流发生，居住条件十分恶劣。由于该户家庭人口较多，在选房时选择了180平方米的户型。房款大约25万元，其中政府补贴8万元，银行提供5万元的贴息贷款。当我询问剩下的房款来源时，受访者也显得很无奈。很显然对于多数的搬迁户来说，剩下的房款也是一个难题。受访者说，剩下的房款只有向银行多贷一些款和向亲戚朋友借一部分，希望明年烤烟收成好一些，多挣些钱，早点还清房贷。此外，由于原来居住地区属于生态脆弱区，原来的宅基地将用来植树造林，政府会给予适当补助（5万元左右，采访时受访者也不清楚，村上支书也不太确定）。自家的土地不适宜耕种的也会退耕还林，其余的土地继续承包，种植烤烟。

案例3

该农户属于地质灾害危房搬迁户，其房屋是祖辈留下来的，使用时间很长，房屋结构是双层木搭房，外表损坏较为严重，房屋多处已被蚁蚀。并且此处多次发生滑坡事故，引发泥石流。周围居住的几户农户均准备搬迁到木老元集镇安置点。新房面积为137平方米，购房费用为23.6万元，其中政府补贴款8万元，银行贴息贷款5万元。剩下的房款准备继续向银行贷款（用自家的宅基地作为抵押），并且想在5年内还清。原住宅并不会拆除，会作为自家的养殖基地，这样既降低了养殖成本又提高了养殖效益。

案例4

该户居住区域属于地质灾害频发点，应该搬迁到集中安置点。但受访者并不想搬迁，其原因有以下几点：①其老房子是2001年才修建的，当时花费了5万元，现在还能居住，搬迁到安置点感觉很不划算。②现在搬到安置点，自己需要花费近10万元，家庭无法承担这笔费用。③受访者不太相信政府评估地质灾害的结果，认为近几年虽然发生了几次滑坡事故，但自己居住区域并没有受到太大影响，所以没必要搬迁。

四 木老元乡和摆榔乡扶贫易地搬迁的模式分析

（一）易地搬迁的模式介绍

扶贫易地搬迁从本质上来说，在某一特定时间段内，是以扶贫为基础目标，政府引导下的大规模整个家庭的人口迁移。扶贫易地搬迁主要以自愿性的移民搬迁为主，是指农户主动追求脱贫致富的经济行为过程，是由人们赖以生存的自然环境恶化引起的人口迁移，以及区域环境承载过多人口造成的移民。①这类易地搬迁模式是由人口、生产资料、教育、信仰、生态、卫生等因素联系在一起所组成的一个具有特定功能的有机系统。从图4-1可以看出，该模式具有三类行为主体，分别是农户、企业和政府，农户是搬迁工程的主要受益群体以及集资方，企业是工程的建设主体，而政府是工程的组织者和监督者。

根据Scudder - Colson移民安置理论模型，我们可以将调查地区所实行的扶贫易地搬迁工程分为4个阶段，分别是规划准备阶段、工程建设阶段、移民适应阶段以及移交整合阶段。从我们实地调查来看，目前调查地区搬迁工程建设处于第三阶段，搬迁项目硬件设施建设基本完成，大部分群众已经搬入安置点，部分配套性设施以及社区服务还在完善中。

首先，在规划准备阶段，优先解决的是搬迁人口名额确定问题，要求干部深入群众，认真做好宣传发动和搬迁对象的确立工作。扶贫易地搬迁的核心在于帮助贫困户提高现有的生活水平，帮助其脱贫致富。扶贫易地搬迁的主要对象是：建档立卡户、地质灾害隐患户、社会保障兜底户以及部分随迁户。对于贫困户的识别采用"七评法"精确识别，所谓七评指一评住房、二评生活、三评生产、四评劳力、五评健康、六评教育、七评负债的工作方法，从而精确识别搬迁户的贫困程度，以确定帮扶力度。此

---

① 徐江、欧阳自远、程鸿德、林庆华：《论环境移民》，《中国人口·资源与环境》1996第1期，第12~16页。

外，在此阶段政府部门对农户的宣传也是这一阶段的重要工作。宣传是否到位直接影响工程的进度，两乡采取的宣传办法主要有干部入户宣传、通过手机电视等载体的媒体宣传以及通过座谈会形式的政策宣传。资金筹措方面，属于多方集资类型，主要有中央预算内资金、地方政府债券资金、地方专项建设资金、中长期银行贷款资金、地方政府部门整合资金以及部分农户自筹资金。因此，第一阶段的搬迁工作主要是以政府部门为主以及部分的企业帮助，而农户在该阶段处于从属客体地位。

第二阶段是工程建设阶段，该阶段是以企业活动为主体，农户参与建设，政府监督工程。工程建设阶段企业的核心任务是安置点安置房屋以及基础设施的建设，首先是对安置地点的选取，由于调查地区地形以山地为主，坡度较大，在选址时综合考虑人口分布、服务条件和周边环境等因素。集中安置点要求选择在地势相对平缓，地质结构相对较好，土地容纳量和资源承载量大的地区。并且要保证集中安置点的基础设施条件较好，要确保迁入人口维持基本的生活需要。其次是建设任务保质保量地完成，建设的内容主要包括安置房屋的修建、人畜饮水工程、道路工程、污水处理设施、通电通信工程、能源工程、绿化景观工程、消防设施工程、社会事业工程（医院、养老院、学校的建设）等。

第三阶段是搬迁移民适应阶段，这一时期搬迁工作的主体是农户。主要有两项工作：一是人口和生产资料的迁移，二是搬迁户生计的谋求。农户家庭人口、生产资料、生活方式随着居住地的改变而发生变化，对于农户发展生产和可持续生计问题，解决方式主要为就近发展产业和劳务输出。在人口以及生产资料转移方面存在的主要问题有：农户土地迁移的问题，两乡在土地问题上依托国家安置政策以及结合当地的具体情况，农户原有自留地不变，依然可以耕种，宅基地根据林业相关法进行生态复原。但是由于当地地形条件复杂，加之部分农户原居住地和现安置地距离较远，农户耕种原有的土地存在交通困难问题。另外集中安置区规划的耕种土地较为稀缺，部分搬迁农户无法再从事传统的种植业，必须转变为现代性的产业化农业，这就对农户的基本素质有了更高的要求。扶贫易地搬迁工程表面是进行农户居住条件的改善，但其根本目标是带领群众脱贫致富。发展后续产业，提高群众可支配收入，防止二次返贫，保证搬迁农户有可持续发展能力才是易地搬迁工程的核心内容。

第四阶段为移交整合阶段，在此阶段以企业和政府为主导，如工程建设企业将安置地的负责管理权限移交给当地政府，政府将迁出地的生态环境复原、出台法律法规重建安置地的社会经济秩序、引入产业项目带领农户脱贫。

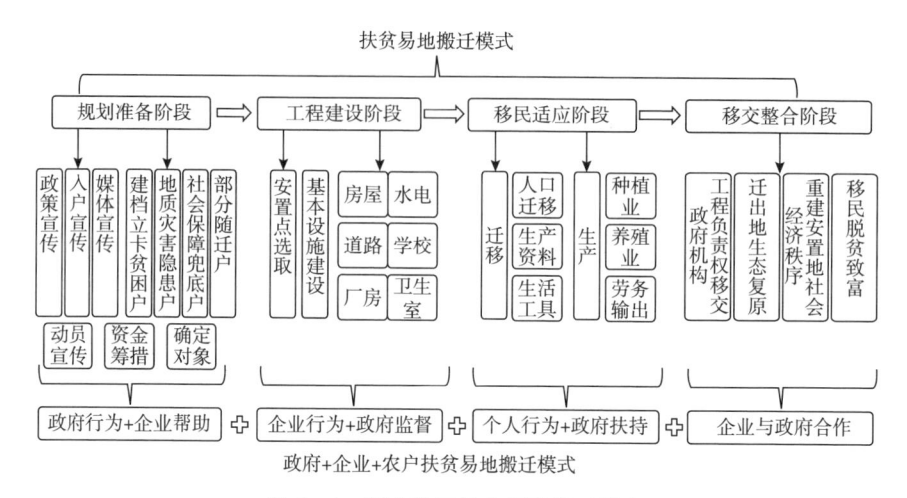

图 4-1 调查地区扶贫易地搬迁模式

（二）主要的安置方式

在政府+企业+农户扶贫易地搬迁模式下，施甸县木老元和摆榔乡以集中安置的方式为主，这类安置方式是指在靠近县城、小城镇以及中心村的地方建设集中安置点。这种安置方式通过调整集体预留地、开拓荒地的方式极大地保留了生产性土地，并且更多关注搬迁农户具体生活习俗、农业生产的便利性和个人情感因素，可以有效避免搬迁农户的抵触心理。只要各类补偿、政府扶持政策能够落实到位，是能够带领搬迁农户脱贫致富的。

（三）搬迁动力因素分析

1. 搬迁的"推拉理论"分析

迁出地的"推力"因素。

①木老元乡和摆榔乡均为山区地形，农户生产生活极为不便，大部分

搬迁农户居住在地质灾害高发地区,并且原住宅均为木制瓦房,发生事故频率较高,给当地农户的生命财产安全带来极大的隐患。阿林寨、水沟脚、下哈寨都是整村搬迁,主要是由于这几个居住点属于地质灾害隐患点,继续在此居住,会对村民生命财产造成重大损失。

②交通条件极度落后,原居住地方坡陡、路窄,一到雨季道路泥泞,车辆无法进入村寨,造成村民生产生活困难,农产品运输难,种养殖产业也难以发展。另外,交通闭塞也造成村民上学就医困难,通信网络难以覆盖。孩子上学过于困难,时常造成一部分孩子辍学在家。村民看病也得不到保障,有些急性病往往错过最佳治疗时间,造成不可挽回的损失。

③饮水困难,由于地域偏僻,地形复杂,村民饮水条件十分恶劣。大部分村民饮水仍靠降水,遇到旱季经常缺水,且水质较差,安全用水无保障。总的来说,该地区自然条件恶劣,部分村民居住地不具备基本生产和发展条件,出现"一方水土养不活一方人"状况,形成强有力的"推力"。

迁入地"拉力"因素。

①从木老元和摆榔乡7个安置点来看,其集中安置地区基本解决了原村民居住点不利的生产生活条件,能够保障村民基本的人身财产安全。

②安置小区设计、修建风格采用了现代化的设计理念,能够更好地方便村民的基本生活。较为完善的基础设施,两个乡7个安置点周边都设有医疗、教育、养老等机构,村民生活质量会有显著提高。

③安置地配备丰富的产业条件,以及多渠道的就业机会。村民不仅可以就地参与种养殖产业合作社,也可以就近进厂务工,提高家庭收入,快速脱贫。

④优厚的国家搬迁政策,每一户搬迁户可以享受国家8万元的搬迁补助以及部分装修补助,以及银行贴息贷款5万元。将农户经济压力最小化,在很大程度上提高了农户搬迁的积极性。政府与企业合力,一系列扶贫措施的实施,使农户感受到真切的实惠,提高了安置地的"拉力"。

中间障碍因素:阻碍搬迁因素。

①习惯在旧址旧居生活,对故土的依恋心理,舍不得离开。

②经济负担,自付新房费用部分难筹,不敢负债。

2. 对搬迁农户的意愿调查

对农户采访的情况是，大部分农户认为安置点比原居住点好，现在的生活水平和居住条件要比以前的好。在问到对现状和未来的看法时，大部分农户表示对现在的状况非常满意和对未来抱有很大的希望，在安置点小区离乡中心校很近，孩子上学很便利。但有一小部分农户不愿意搬迁，主要原因有：不愿意改变其原有的生活方式，接受不了新的、现代性的社区生活，此外脱贫致富的信心不够，虽然政府在搬迁中补助了农户部分资金，但有些农户认为自己家庭还是没有能力去承担余下的搬迁费用。这部分不愿搬迁的农户主要是由于思想上的固化，传统的生活条件使得他们不愿意去改变现有的生存环境，即便是甘于贫困也不愿意去直面挑战风险。在这一方面政府要加大宣传力度，加强农户对政府的信任，让农户切切实实感受到实惠，提升农户脱贫致富的信心，使其跟上全面小康的步伐。

（四）搬迁后脱贫方式的选择

搬迁农户举家搬入安置点后，怎么生活、发展是一个很重要的问题，政府对搬迁农户进行政策性的补贴只能解决其暂时的生活困难，并不能长期脱贫致富。在施甸县的木老元乡和摆榔乡加大了对本地区农业资源、生态资源以及独特的旅游资源的开发力度，带领贫困农户开发生产，坚持产业发展与安置点同规划同建设的原则，在安置点周边配套发展相关种养殖农业基地，实现搬迁户户均优先进入产业，建设具有地方特色的新农村。

1. 调整产业结构，建设优势农业产业基地

木老元乡和摆榔乡在扶贫易地搬迁过程中，大力推进整乡整族帮扶，并以产业先试先行，重点建设木耳、食用菌、香料烟、水果（苹果、石榴、蓝莓）、蔬菜（羊角洋芋、树头菜、工业辣、长寿豆）、中药材（大黄）等专业化农业种植基地。采用的模式是"公司+村（社区）+合作社+试验示范基地+建档立卡贫困户"，以龙头企业和种植园区引领，让农户通过土地出租、到企业打工、"认领"管理种植基地（园区）或在公司的带动下发展庄园经济、合作经济，实现一份土地三份收入（土地租金、打工收入、入股分红），以帮助贫困农户脱贫致富。企业方面，打造生态

型农产品,推进农副产品标准化生产,让企业实现从农产品种植、加工、包装、宣传、申报品牌专利一体化发展,形成规模效益显著的农业产业化集群。

2. 因地制宜发展特色畜禽产业

施甸县木老元乡和摆榔乡境内山地广阔,林木茂盛,适宜发展特色养殖业。集中优势,整合资源,确定以鸡、猪、牛、竹鼠养殖为主,其中绿壳蛋鸡和林下养鸡最具有代表性。在养殖模式上,以林下生态放养为主,以农户家庭散养为辅,当地企业为养殖合作社社员提供鸡苗、养殖技术及信息咨询服务和产品销售。在之后的几年将会扩大生态养殖场到30个,为返乡农民工创造就业条件。进一步加强饲养的规范性,如饲料的统一配制,规范畜禽保健用药,在保证生态绿色的前提下,降低养殖成本,提高畜牧产品的质量。打造滇西生态畜禽养殖基地,形成规范养殖、订单收购、高质量加工的畜牧业发展模式。

3. 合理利用区位优势,加强旅游资源的开发

施甸县具有独特的旅游资源和宜人的气候条件,素有"秘汤胜地,水墨施甸"的美名,温泉和独有的少数民族文化是其旅游特色。木老元乡和摆榔乡是彝族和布朗族的聚居地,生态农业和彝族、布朗族文化的结合是两个乡发展旅游业得天独厚的优势。旅游业的发展不仅为周边民众提供了大量的工作机会,而且能够促进相关产业的发展。

4. 加强农民职业培训,开发人力资源

木老元乡和摆榔乡地处山区,交通、信息流通极为不畅,人口受教育程度偏低,自我发展能力差是制约当地农户脱贫致富的主要因素,因此开展地区农民职业实用技术培训,开发人力资源是该地区脱贫致富可持续健康发展的关键。对于搬迁农户来说更是重中之重,由于安置居住区耕种土地短缺,大部分农户搬迁以后无法再从事传统的农业耕作,应使其加入产业发展的潮流。而成为合格的产业工人,拥有专门的产业技术是首要之重。

(五)扶贫异地搬迁工程的风险与困难

1. 安置房修建难度大

木老元和摆郎乡地区山高坡陡,安置点选址困难,项目地区地形复

杂，规划设计等项目前期工作难度大；此外，安置点坡度大，施工难度较大，加之雨季持续时间长，道路基础设施差，运输材料困难，影响工期进度；建筑原料短缺，大部分建筑材料都需要从外地购买、拉运，增加了建筑成本。

2. 搬迁意愿难以掌握

政府使用的搬迁模式是根据建档立卡户登记填报的意愿和对贫困户的多方评估得出的搬迁名额（主要是对居住地的地质灾害稳定性评估、生产生活便利情况评估等）。但这只是一个统计性的数据，当进入实际操作阶段后，部分搬迁户由于资金筹集困难、土地山林等生产资料的远近以及原有生活习惯的影响，最终是否能顺利搬迁还未可知。案例5就是这类情况的代表，农户最开始有搬迁的意愿，但最后由于自筹资金困难，不愿意放弃原有的宅基地而放弃搬迁。

3. 国家易地扶贫搬迁补助标准与农户自身经济条件呈脱节状态，加重了部分贫困农户的负担

入户调研发现，搬迁户自筹部分资金是个普遍问题。一般搬迁户购房面积最低为120平方米，其购房成本在20万元左右。除去政府补助8万元，银行贴息贷款5万元，其中有8万~10万元的自筹资金空缺对于大部分贫困搬迁户是一个很大的难题。从入户调研的几户贫困搬迁户家庭收支来看，一年家庭收入盈余为10000元左右（人均在2500元左右），甚至有些家庭收入不及支出，家庭经济状况入不敷出。部分搬迁户为筹集资金向银行、私营金融机构以及亲戚朋友借贷，举债过多从而无力偿还，造成"因搬迁二次增贫"的局面。搬迁成本过高也会导致搬迁阻力大，整体搬迁工程进度缓慢。

4. 搬迁后农户该何去何从

入户调研问卷的最后一个问题是农户对未来有什么打算。针对这个问题受访者回答也是各不相同，回答频率最高的是外出务工或者留在家继续发展种养殖业（但其前提是收益好）。走访中了解到，有部分农户认为无论是养殖还是种植成本太高，相对于外出务工收益较低，而且种养殖也需要大量的青壮年劳动力，普遍反映家庭劳动力不够。此外，部分搬迁户文化素质很低，主要从事传统的农业生产或者养殖牲畜，靠体力和经验来耕作、养殖，缺乏现代产业所需要的非农技术，缺乏外出就业的能力。当搬入新的安置点后，没有土地等基本生产资料作为保障，传统农业种养殖经验也无用武之地，外出务工的积极性也不高，使搬迁村民很难在竞争激烈的市场中找到一份生计，生活陷入新一轮窘境。

5. 搬迁后土地资源的相对不足

虽然政府政策规定，农户搬迁之后其原有的耕地、山林经营权不变，享受的土地补贴与退耕还林补助不变，仍归搬迁户所有。但是，搬迁户回到原村耕种土地，有些距离过远不得不放弃耕种，转投二、三产业。原有的部分耕地、林地资源由于地形地貌限制、交通不便被闲置，造成土地资源的极大浪费。另外，集中安置点土地资源相对不足，发展大规模种养殖业也受到限制，产业难以发展，搬迁户就业成问题。从实地调研来看，各搬迁点种养殖产业均处于起步阶段，规模化程度低，很难容纳大量的农村劳动力。产业工程与安居工程如何协调发展是当下扶贫工作需要考虑的重要议题。

五 易地搬迁扶贫的对策建议

扶贫易地搬迁将一群祖祖辈辈生活在大山里面的农民全体举家搬迁到一个陌生的环境，将面临各种问题。其中最主要的是：①生产资料缺失问题，也就是土地问题。②搬迁工作中政府以及搬迁农户自身的资金问题。③搬迁农户的可持续发展问题。④搬迁后农户思想转变及生活改善问题。针对这些问题，我们不仅要从政府的角度来解决，也要从农户、企业等的角度去完善。不仅从宏观性的政策方面去加强也要从微观的个人、基层等角度去落实。

（一）宏观政策方面建议

1. 优化地区经济结构，提高农业产业化水平

提升贫困地区农业产业化发展水平是经济发展、农民脱贫致富最重要的途径之一。其一，要因地制宜发展地方特色经济，以提高迁入农户的经济收入，以解决温饱为基本出发点，充分利用各集中安置地的特色资源条件，以发展农业产业化为突破口，大力发展特色农业。其二，在调整农业产业结构上，注重规模的适配，加强产业基地的建设，实现专业化生产和规模化经营。抓好种植业和养殖业两个方面的基地建设，形成一村多品、一乡多业的农业产业发展局势。其三，不断完善农业产业化经营机制，鼓励企业"公司+村（社区）+合作社+试验示范基地+建档立卡贫困户"的经营方式，建立农产品生产、加工、销售基地，与农户结成利益共同体。此外，家庭承包经营也是推进农业产业化的有效途径。其四，提高生产效率，增加农户收入。从企业方面来说，要提高生产效率就要积极引进先进的农业科技来改造传统的农业生产方式，从而提高农产品的竞争力。从农户本身来说，政府要帮助农户进行产业化方面的专业技能和知识培训，使其能够跟上农业产业化发展的趋势，成为新一代的产业工人。

2. 加快地区城镇化建设，增强农村剩余劳动力的转移

贫困地区可利用资源过少，土地贫瘠而农民人数较多是阻碍其农村经济发展的主要难题。农业产业并不是一个高回报的产业，在贫困山区农业规模的发展受环境限制较大，农民想要实现增收，脱贫致富难度相当大。如何解决贫困地区这一现实矛盾，城市工业化和农村城镇化是唯一可选择的有效途径，加快城镇地区第二、三产业的发展，大力发展乡镇企业，使农村剩余劳动力可找到一个人尽其用的地方。这样既解决了搬迁后农民人力资源闲置的问题，也能更好地发展地方经济，带领民众走向一条可持续发展的小康道路。

3. 发挥政府宏观调控的作用，为农民脱贫致富创造条件

贫困地区的脱贫致富离不开政府的支持，必须发挥政府宏观调控这个"有形的手"的作用，通过国家进一步建立针对贫困地区的"输血、造血、养血"相结合的发展机制，解决好贫困地区的一系列问题，为贫困地区脱贫致富创造条件。[1] 首先，要为贫困地区输血，在这方面，政府应当加大资金投入在实体和程序上的保障。在程序上制定一些优惠政策鼓励投资的优惠条件，吸引外地商人在当地投资建业。在实体上应当加大对国家信贷资金的发放，降低贷款门槛，提高贷款的限额，特别是对于一些重点扶贫

---

[1] 赵立彬：《民族立场与现代追求》，民族出版社，2004，第20~21页。

项目的投入。在针对农民方面，大力提升农民素质，吸引人才的进入，加强对农民技能和知识上的培训是提高贫困地区软实力，为其"输血"的重要措施。其次，是对农村产业的扶持，为贫困地区"造血"，加快贫困地区土地的流转有利于当地农业产业的发展，加快其规模化的发展。最后，找准产业发展的重点，通过在财税和金融政策上的支持，扶持一批支柱性产业的发展，从而带动相关企业的成长和崛起，为农村经济发展提供可持续的增长点，此谓"养血"。

（二）微观的具体操作方面的建议

1. **差异化的管理方式**

差异化是管理学上的一个重要概念，扶贫易地搬迁工程不仅是一个政府性的扶贫项目，更是一个严密的系统管理工程。对于我国宏观性的易地搬迁政策是具有普遍性的，但每个地区的具体情况是有差异的，包括每项政策对于不同的搬迁农户的收益也是不一样的。搬迁户中有极度贫困的兜底户、缺乏劳动力的贫困户、生产资料不足的贫困户、较为富裕的随迁户等，根据实地调研情况看，两乡的搬迁政策只是考虑到了兜底户，除给予最大的政策支持外，其他的贫困户并没有细分，搬迁补贴方面都是采用5万元补贴以及8万元贴息贷款的方式进行帮扶。据走访了解，部分搬迁户由于劳动力缺乏、生产资料不足，一般性的补贴不足以支撑家庭进行搬迁；部分条件稍好的搬迁户则认为国家这样的帮扶能够帮助他们进行搬迁。在扶贫易地搬迁工程中，细致的贫困等级鉴定，差异化的政策帮扶以及资金支持，才能有效地帮助每一户搬迁户，更好地推进扶贫事业的发展。具体来说，政府应该用活搬迁补偿资金，将搬迁户进行差异化的梯度管理，将搬迁户分为多个等级，可以适当地将高收入农户及中等收入农户的补偿资金匀给部分低收入户，保证最为困难的贫困户可以得到更多的补偿资金。

2. **产业链的发展与完善**

产业扶贫是我国大部分地区扶贫的重要模式，后续的产业链发展具有可持续性是检验一个地区扶贫易地搬迁工程是否具有成效的一个终极目标。搬迁只是暂时改变农户的生活条件，而后续的产业能否形成一条可持续的产业链是带领贫困地区脱贫的根本因素。在两乡实地调研中，看到的也是实行的易地搬迁加产业带领的扶贫模式，其产业主要集中在种植、养殖等农业产业方面。部分产业虽已初步成型，但其中有一个问题在于，企业过于依赖国家扶贫资金的支持，部分企业处于亏损扶贫状态，并且农产品外部市场开拓不充分，对外交通的不顺畅等，造成产品的产业链效率低下，企业盈利点较低，农户的生产能力被搁置，参与产业活动收益甚至不及传统的耕种农业。扶贫产业链的完善需要扶贫企业和当地政府的共同努力，一方面需要企业加强自身硬实力、积极地开拓外部市场需求，另一方面也需要当地政府对企业的政策以及资金支持。从农户个体的角度来看，扶贫产业链的完善要加强对农户生产方式、种植养殖结构的调整、引导，提高搬迁农户产业化、专业化的生产水平，按照产业链分工建立形式多样的农业发展合作社，增加产业效益，促进贫困群众增收。

3. 盘活土地流转

在易地搬迁扶贫的过程中，深化土地制度改革，使用好承包地"三权"分置制度。安置地土地资源相对不足是扶贫易地搬迁工程中的一个刚性问题，迁出地的土地由于各方面困难，搬迁户难以继续耕种，造成大规模的耕种土地闲置，安置地由于人口集中，土地资源相对不足。当地政府应该想办法盘活土地资产，鼓励有能力、有意愿的农户规模经营搬迁地的土地，种植经济作物，这样可以有效地缓解安置地土地紧缺的状况。另外搬迁户也可以收获到一份土地流转资金，并可以就近参与安置地产业的发展。当地政府不仅要加强对搬迁贫困户一次性的资金补助，更要保障农户生产资料的配备以及生产能力的提升，这样才能保证扶贫易地搬迁工程是一个可持续性的扶贫工程。

第五章

教育扶贫实践

阻止贫困的代际传递，是教育扶贫的现实意义所在。党的十九大报告中，习近平指出，要坚持大扶贫格局，注重扶贫同扶智和扶志相结合，做到真脱贫。让贫困地区的孩子接受良好教育，让乡村孩子得到公平、有质量的教育是重要途径，也是功在当代、利在千秋的大事。"发展教育脱贫一批"也是精准扶贫使命的重要一环。教育扶贫就是针对贫困人口进行教育资助，使其掌握脱贫致富的知识和技能，授人以渔。

一 教育扶贫理论和意义

（一）教育扶贫的提出和内涵

党的十八大明确提出到2020年我国全面建成小康社会的奋斗目标。舒尔茨认为："经济发展主要取决于人的质量，而不是自然资源的丰瘠或资本存量的多少。"社会的发展和进步，离不开丰富的人力资源。经济发展要靠人力资源来推动，而人力资源的投资就需要教育培养。现实中，许多农村及边远落后地区都存在教育水平的差异和教育资源分布不均的问题，教育质量参差不齐，这对人力资源的培养产生了很大的影响。大力支持和发展贫困农村地区的教育事业，提高贫困农村地区的教育质量和教育水平，从而提高农村贫困地区人口的文化素质，提升他们的人力资本，为增强自身能力，增加收入，提升生活水平，打下扎实基础是扶贫工作的重中之重。

扶贫开发理论从经济、文化、人力资本、社会政策系统的角度分析了贫困的成因，并从经济、文化、教育、结构调整等方面提出相应的扶贫方式。1996年，《中共中央、国务院关于尽快解决农村贫困人口温饱问题的决定》明确提出，"要把扶贫开发转移到依靠科技进步，提高农民素质的轨道上来"，在扶贫开发的内涵上拓展了教育扶贫的功能。林乘东1997年提出教育扶贫论，他认为，教育具有反贫困的功能，应该把教育纳入扶贫的资源配置中，实现教育投资的多元化，使公共教育资源向贫困地区倾斜。通过加大对贫困地区的教育资源投入，来提升该地区的教育水平，增加个人人力资本，提升个人能力，促进经济发展，使其逐步摆脱贫困。

教育扶贫是指国家对贫困地区的贫困人口提供教育资助，提升贫困地区教育质量，通过教育资金的投入使贫困人口获得较高的科学知识，掌握摆脱贫困的劳动技能，并在贫困地区人口素质文化不断提升的过程中，推进贫困地区社会、经济、文化的快速发展，最终实现脱贫致富目的的一种扶贫方式。[①] 教育扶贫在我国就是主要通过在农村及偏远的贫困地区大力发展教育，使农村地区人口有机会有条件得到他们所需的教育，并通过教育来提升其思想道德认识和掌握先进的科技文化知识，增强自身的能力，来实现增加收入和提高生活水平的目的。

（二）教育与反贫困的关系

舒尔茨认为，土地本身并不是成为贫困的关键因素，人是关键因素，改善人口质量的投资效益能显著提高穷人的经济前途和福利。人的素质决定了其贫困的情况。教育在致贫和反贫困中发挥着重要作用。"在各种资本中，人是最能动的。"（费雪）在21世纪的今天，知识经济越来越凸显，人力资源的投资与开发也将成为未来社会的主要趋势和经济增长的动力。

舒尔茨描述了人力投资的成本与教育经济效益的核算。他指出，体现在劳动者身上的人力资本，包括量和质两个方面，量指的是社会中从事现有工作的人口数量及百分比，质指的是劳动者的健康、技能、知识等。他论述了人力资本的主要内容是教育投资。舒尔茨在对美国农业长期的研究

[①] 谢君君：《教育扶贫研究述评》，《复旦教育论坛》2012年第10期，第3页。

中发现，从20世纪50年代开始，促使美国农业产量迅速增加和农业生产效益提高的最主要的因素已不再是生产要素数量上的投入，而在于劳动者的能力和技术水平的提高。他指出，贫困国家要想根治贫穷，就必须加大对人力资本的投资和重视。在之后"反贫困"领域中颇有成就的印籍经济学家阿玛蒂亚·森主张从可行能力视角来看待贫困，指出要着力于提高贫困人口的能力，提高贫困人口的健康和教育水平。

我国学者很早就注意到教育在"反贫困"中的作用。世界平民教育运动和乡村改造运动的奠基人，中国现代史上著名的教育家晏阳初早在20世纪40年代就提出了实施四大教育，主张开发"脑矿"，培养"四力兼备"的新民，即以文艺教育治愚，培养知识力；以生计教育治穷，增进生产力；以卫生教育治弱，发育健康力；以公民教育治私，训练团结力。把劳动群众培养成为具有知识力、生产力、健康力和团结力"四力兼备"的新民。他提出把开发人的智力放在首位，该理论和实践对于建立和发展我国农村教育和改造运动起了重要作用。

梁漱溟认为："吾国民生穷困，其要点实在于知识技能缺乏，纵有资金，亦难运用；且因循而流于懒惰，以至于利弃于地，力余其身。"因此，他主张"乡村建设之教育一面，眼前可做之事甚多，而要民众教育为先，小学教育犹在其次"。因为"民众教育随在可施，要以提高一般民众之知能为主旨，经济一面、政治一面之得有些微进行，统赖于此"。而他之所以重视乡村建设，也是因为"中国是一个以乡村为本的社会，80%以上的人口住在乡村，过着乡村生活……中国的命运是寄托在农业，寄托在农村，所以它的苦乐痛痒也就在这个地方了。乡下人的痛苦，就是全中国人的痛苦，乡下人的好处，就是全中国人的好处"。

王小强、白南风认为：人的素质差，才是所谓"落后"概念的本质规定。辛秋水认为：人的素质差，既是物质贫苦的结果，又是物质贫困的根源。因此，贫困地区走出贫困必须紧紧扣住提高人的素质这一中心环节……人的素质提高了，造血机制才能真正形成。治贫之计首先是治愚，从开发智力更新观念，发展商品经济入手，从经济基础到上层建筑进行全面改革，才能使贫困山区脱贫致富，进而实现社会主义现代化。这便是"以文扶贫，扶智扶文"的基本思想。

穆光宗也在《论人口素质和脱贫致富的关系》一文中认为，"当我们超越了传统的经济学的贫困观再来审查贫困现象时，就会认可：人口素质低或差本身既是广义贫困的一个重要特征，也是狭义贫困（经济贫困或物质贫困）的一个重要根源"。

刘传江也从人口素质方面对贫困与反贫困进行了研究，他认为，贫困地区人口素质对经济发展的约束主要体现在以下三个方面：一是贫困地区人口生理素质差，不利于提高本地区人均财富贡献消费比例；二是贫困地区人口文化技术素质低决定了他们创造财富的能力较低；三是贫困地区人口的思想观念陈旧束缚了他们的进取心和事业心。柳玉芝通过对6个贫困县劳动力素质与农户经济收入的实证分析，研究了劳动力素质与贫困农户脱贫致富的关系。这都是从西方经济学的角度研究人力资本理论，人力资本不足与贫困的关系。①

综上所述，教育是对贫困人口进行综合素质提升的主要途径，教育扶贫就是素质扶贫，只有通过教育，提升素质，才能把反贫困变成贫困者的自觉行动，把贫困人口从被动接受援助到主动提升能力、提高认识，自觉地寻找脱贫的途径和方法，从而避免出现"越扶越懒、越扶越贫"现象。教育是扶贫之本，通过素质改造，提升贫困人口的劳动生产率，宏观上可以提高整个国民经济的产出能力，增强反贫困的物质基础；微观上在分配制度一定的前提下，较高的劳动生产率将为劳动者带来较高的报酬，直接缓解个体的贫困。

（三）教育扶贫相关研究梳理

1. 教育扶贫相关理论

扶贫开发的理论研究大致经历了"贫困文化理论""资源要素理论""人力素质贫困理论""系统贫困理论"的发展道路，从经济、文化、人力资本和社会政策角度系统地分析了贫困的成因，并从经济、社会、文化等方面提出了相关的扶贫方式。

---

① 丁忠兰：《云南民族地区扶贫模式研究》，中国农业科学技术出版社，2012，第55~57页。

(1) 贫困文化理论

美国学者刘易斯认为贫困文化是贫困群体在与环境相适应的过程中产生的行为反应,并且内化为一种习惯和传统文化,其特点是对自然的屈从感、听天由命、对主流社会价值体系的怀疑等。[1] 也就是说贫困是由贫困文化所导致的,由贫困地区的人安于现状、不思进取造成的,从而内化为群体的一种心理和习惯定势,在这种贫困文化的熏陶下,形成一种低水平的经济均衡,并在贫困地区一直延续。

(2) 资源要素理论

资源要素论的主要代表有马尔萨斯的土地报酬递减理论、纳克斯的贫困恶性循环理论、莱本斯坦的临界最小努力理论。[2] 他们主张加大贫困地区的资本投入力度,使其达到国民收入的增长速度,强调资本的积累和形成,以期推动社会的经济增长。我国学者姜德华在1989年最早对我国贫困地区的类型进行了分析,并总结了自然资源的不合理开发与自然生态恶性循环的过程,把贫困的原因归结为对自然资源的不合理开发或是过度开发导致环境的恶化造成深度贫困。资源要素理论主要从经济学的角度认为贫困是对生产要素——土地、劳动力、资金,不能进行有效的合理配置。[3]

(3) 人力资本理论

舒尔茨提出经济的发展取决于人的质量,而不是自然资源的丰瘠或资本存量的多寡。他认为贫困不在于物质资源的匮乏,而在于人力资本的不足;加强教育事业的发展,对人力资本的形成、经济结构的转型和经济可持续发展具有重要意义。[4] 王小强等把人的素质化为"进取心量表"进行测量,包括改变取向、新经验、公共事务参与、效率感、见识、创业冲动、风险承受、计划性8个指标,并描述了贫困地区人口的特征为创业冲动微弱、易于满足、风险承受能力较低、不能抵御较大困难和挫折、不愿冒险;生产与生活中的独立性、主动性较差,有较重的依赖思想和听天由

---

[1] 沈红、周黎安:《边缘地带的小农——中国贫困的微观理解》,人民出版社,1992,第187页。
[2] 金俊峰:《云南山区"开发式"扶贫模式研究》,硕士学位论文,华东师范大学,2006。
[3] 沈红:《中国扶贫研究的社会学述评》,《社会学研究》2000年第2期。
[4] 刘维忠:《新阶段新疆农村扶贫开发模式与对策研究》,博士学位论文,新疆农业大学,2010。

命的观念；难以打破传统和习惯，接受新的生产、生活方式以及大多数新事物、新现象较差，安于现状等；总结出"人口素质差"是贫困地区贫困、落后的本质原因[1]，认为要改变贫困地区人口的行为方式和思想观念，必须提高人的综合素质。

王小强等认为，人力资本是体现在劳动者身上的以劳动者的数量和质量表示的非物质资本。人力资本首先表现在人的身上，表现为人的知识、技能、资历、经验和技术的熟练程度等，表现为人的能力和素质。该理论认为反贫困的关键是加强人力资本投资。舒尔茨认为，发展中国家经济落后的根本原因不在于物质资本的短缺，而在于人力资本的匮乏以及这些国家对人力资本投资的过分轻视。

基于此，针对发展中国家传统农业落后和农民贫困的问题，舒尔茨提出的改造传统农业的措施大致包括：建立健全价格体系；政府必须承担起农业科学技术研究推广的责任；发展教育，提高人力资本投资，以提高农民文化技术水平；取消大农场，推广家庭农场。[2] 改变生产要素和技术状况是改造传统农业的关键。农业产业化扶贫不仅给贫困地区引入了政府的扶贫资金，还带来了农业产业化经营所需的良种、生产技术、加工设备、管理方法、市场信息等现代农业生产要素，同时通过技术培训、实地指导、能力建设等手段提升贫困地区农户的知识和技术水平，从而促进传统农业向现代农业的改造。

（4）系统贫困理论

系统贫困理论认为贫困是由诸多综合因素系统运行的结果，贫困的根源是由"陷阱-隔离-均衡"所构成的一个"低层次、低效率、无序的、稳定型"区域经济社会运转体系，这个体系规定了贫困延续的轨迹。[3] 在这个贫困区域系统中，社会的能力机制、资源基础与求变能力之间未能参与整个外部区域经济全面增长与社会持久进步的过程。在发展的内部关系上，三者之间需要构成一定的相互适应关系。[4] 可以说，系统贫困理论已

---

[1] 王小强、白南风：《富饶的贫困》，四川人民出版社，1986，第56~59页。
[2] 孙建北：《贫困与扶贫》，中共中央党校出版社，2004，第147页。
[3] 罗必良：《从贫困走向富饶》，重庆出版社，1991，第98页。
[4] 夏英：《贫困与发展》，人民出版社，1995，第18~21页。

经把贫困脱离出静态的视角,把贫困当成是动态的观点来研究的。

对扶贫理论认识的不断深化,反映了人们对贫困问题的多元化思考。目前,关于扶贫理论仍未有一个全面的解释机制,但已由单一解释走向了多视角多维度的融合,这反映了扶贫理论发展的新视野,同时它也推动着我们继续对贫困的认识和对反贫困做不懈的斗争。

2. 我国教育扶贫相关研究梳理

1996年《中共中央国务院关于尽快解决贫困地区人口温饱问题的决定》明确提出:"要把扶贫开发转移到依靠科技进步,提高农民素质的轨道上来。"在这种背景下,林乘东1997年提出了教育扶贫论。他认为,教育具有反贫困的功能,可以切断贫困的恶性循环。同时,他也提出教育扶贫需要具备四个条件:第一,提高贫困地区的人口综合素质;第二,建立相对公平的经济分配制度;第三,优化贫困人口配置,提高贫困人口劳动力与生产要素的结合度和效率;第四,增加资本积累和投入,为反贫困提供经济基础,创造更多的就业机会。[①] 严万跃认为,现代社会的贫困问题都是知识和能力贫困的表征和结果,发挥教育的扶贫功能不仅能增强贫困人口脱贫致富的能力,还可以带来巨大的社会效益。[②]

(1)经济学视野下的教育扶贫研究

教育扶贫是一种特殊的社会公共产品,加强对教育的政府投入,提高贫困人口的教育水平,使之能受到其脱离贫困的教育,需要建立一种普遍的社会保障体系,弥补贫困人口的收入缺口;同时加大基础设施的建设,改善经济环境,提高贫困人口的就业率。[③] 教育扶贫是一种最有效、最持久的扶贫方式。张宏从经济学角度对甘肃省麻安村的参与式扶贫开发模式进行深度的调研,了解不同类型农民特殊的生态和社会经济条件限制因素,并分析存在的问题,总结扶贫开发模式中的一些规律,认为参与式开发是最优的一种模式。[④] 龚晓宽运用计量模型,对近年来的扶贫效益进行

[①] 林乘东:《教育扶贫论》,《民族研究》1997年第3期。
[②] 严万跃:《论现代教育的扶贫功能》,《深圳职业技术学院学报》2006年第4期。
[③] 杨能良、黄鹏:《教育扶贫——我国扶贫的财政学思考》,《福建财会管理干部学院学报》2002年第1期。
[④] 张宏:《欠发达地区参与式扶贫开发模式研究——以甘肃麻安村为例》,博士学位论文,兰州大学,2007。

了分析,提出扶贫模式的创新要以提高贫困人口的素质为核心理念。[1] 研究大多从当地经济发展、改变贫困人口的收入水平、加大教育投入力度等方面去阐述教育扶贫模式。

(2) 社会学视野下的教育扶贫研究

教育扶贫模式的社会学视角更多倾向于对贫困地区自然生态环境衰退背后的传统人文因素进行研究[2],认为提高贫困地区人口的素质、改变传统落后的思想观念是改变贫困地区的关键。西南大学的欧文福专门从产业发展和人力资源能力建设的角度探讨了西南贫困地区的教育扶贫,综合了民族学、社会学、教育学方法,揭示了民族教育与经济发展的规律[3],为教育扶贫提供了不同的视角。

(3) 以问题和现象为出发点的教育扶贫实证研究

不同的地区有着不同的贫困状况,针对不同地区教育扶贫方式、过程、结果的比较研究有助于我们总结扶贫过程中存在的一些共性和特性问题,如针对农村长期贫困现状与教育改革的研究[4]、农村贫困地区教育扶贫的对策研究[5]等。随着教育扶贫力度的加大,有些生态环境恶劣的地区还出现了生态移民和教育移民。以此为背景的研究包括甘肃 4 个干旱贫困县的教育移民调查研究[6]、海南省"教育移民"情况的调查研究[7]、宁夏吊庄开发性移民[8]以及三峡库区教育移民[9]的个案实证研究等,问题意识较

---

[1] 龚晓宽:《中国农村扶贫模式创新研究》,博士学位论文,四川大学,2006。
[2] 沈红:《中国历史上少数民族人口的边缘化:少数民族贫困的历史透视》,《西北民族学院学报》1995 年第 2 期。
[3] 欧文福:《西南民族贫困地区的教育与人力资源开发——基于产业发展与人力资源能力建设》,博士学位论文,西南大学,2006。
[4] 陈全功:《农村长期贫困与教育改革》,《贵州财经学院学报》2006 年第 1 期,第 71 页。
[5] 奂平清:《农村贫困地区教育扶贫及其对策探析》,《西北成人教育学报》2001 年第 1 期,第 47 页。
[6] 魏奋子、李含琳、王悦:《贫困县教育移民的政策定义与可行性研究——以西部地区四个干旱贫困县为例》,《人口与经济》2007 年第 3 期,第 7 页。
[7] 海南省教育移民联合调研组:《海南省"教育移民"情况的调研报告》,《琼州学院学报》2008 年第 2 期,第 43 页。
[8] 杨华:《民族地区的经济发展与教育功能的强化——从宁夏吊庄开发性移民看教育的发展及其功能》,《西北民族研究》2004 年第 3 期,第 98 页。
[9] 张学敏:《三峡库区教育移民迁校经费缺口分析与对策研究》,《教育与经济》2001 年第 4 期,第 41 页。

为明显突出。

3. 教育扶贫研究的特点和趋势

（1）研究角度的多元化

贫困是一种与人类发展进程相伴生的社会现象，能否处理好贫困问题直接关系社会的和谐与稳定。一直以来，对教育扶贫的研究都是建立在贫困理论基础上的一种对策研究。从经济学、教育学、政治学、人类学的角度去分析贫困问题都显得有些片面，因为贫困产生的原因是多元的。教育扶贫也只是扶贫开发体系中的一种方式。如何界定教育扶贫的功能，怎样在社会资源配置中发挥其作用，如何处理在教育扶贫过程中产生的一些经济学、社会学、教育学问题，都还需要不断地探索。我国学者对教育扶贫研究的经济学解释认为，资本和权力在反贫困中具有重要的作用[1]，增加基础教育的投入，势必会带动贫困地区的社会发展。但是，城乡教育的差距，在导致贫困地区的教育成本上升的同时，也产生一些教育致贫的现象。对于如何平衡贫困地区的教育投入还缺乏量化的标准。教育扶贫从社会学角度针对不同地区的共性和个性问题进行实证研究，以期通过提高当地人口的综合素质，从救济式的扶贫转变成自发性的扶贫，但是却忽视了经济投入和生态环境因素的影响。现在的系统研究方法侧重于从一个宏观的角度去分析教育扶贫的功能应该如何去协调和整合资源配置。然而，怎样设定一个有效的区域评价体系去评价教育扶贫的效果，有没有一个确实可行的实证研究能证明教育扶贫的系统整合能起到反贫困的作用，目前还未得见。

（2）教育扶贫方式的多样化

我国目前的教育扶贫研究主要从扶贫主体的角度来探讨。按扶贫主体的不同可以将教育扶贫作以下分类：第一，政府主导型教育扶贫。例如，我国自1995年开始在贫困地区实行义务教育工程，希望通过加大对民族贫困地区的教育投入来提升贫困地区的教育水平，相关的研究较为注重教育体制改革、教育投入的经济效益等方面。第二，基金主导型社

---

[1] 黄文平、卢新波：《贫困问题的经济学解释》，《上海经济研究》2002年第8期，第3页。

会资金扶贫。比较典型的是"希望工程"。可以说,"希望工程"动员了社会各界力量参与教育扶贫中,帮助贫困地区的学生享受到教育。但是,如何达到扶贫的真正效果,在实践中还有待进一步完善。第三,非政府组织主导型教育扶贫。2001年10月30日,中国非政府组织(简称NGO)国际扶贫会议在北京发表了《中国NGO反贫困北京宣言》,政府、社会和非政府组织共同参与扶贫。也有研究者从扶贫主体作用于扶贫客体的角度把扶贫分为救济式扶贫和开发式扶贫两种。救济式扶贫是指扶贫主体直接向扶贫客体提供生产和生活所需的粮食、衣物等物资或资金,以帮助贫困人口,也称"输血式"扶贫。开发式扶贫是指扶贫主体通过投入一定的扶贫要素(资源)扶持贫困地区和农户生产自救,逐步走上脱贫致富道路的扶贫行为方式,也称"造血式"扶贫。[1]

(3) 注重宏观政策研究,缺乏微观实证研究

大多数的研究者认为,贫困地区发展滞后的原因是制度不健全、资源匮乏、科学技术落后,以及人的文化素质相对低下等,倾向于从宏观的层面去思考;但是贫困地区之间也有差异,不能一概而论,以共性涵盖个性的研究也有失偏颇。目前,从教育扶贫的宏观研究到教育扶贫的方式和方法比较,再到教育扶贫的问题和现象研究,试图从小的社会环境中去探索教育扶贫中存在的一些规律性问题,用实证的微观视角去探索教育扶贫过程中的最佳模式,已成为一种新的研究趋势,如金俊峰对云南山区"开发式"扶贫模式的研究[2]等。但这方面的研究成果还是太少,也没有一个系统的、值得借鉴的、评价效果良好的教育扶贫模式。

通过对教育扶贫相关内容的梳理和分类看,仍存在学科联系不紧、研究不够全面等问题。在精准扶贫的背景下,对少数民族地区特别是特少民族地区的教育扶贫研究,仍存在一些欠缺,特少民族的教育现状如何,教育扶贫发挥的效果如何,人们的生活水平如何,教育扶贫的政策是否

---

[1] 李菊兰:《非政府组织扶贫模式研究》,硕士学位论文,西北农林科技大学,2008。
[2] 金俊峰:《云南山区"开发式"扶贫模式研究》,硕士学位论文,华东师范大学,2006。

落到实处等问题，仍是我们研究和关注的问题。这也是我们对施甸县木老元乡和摆榔乡两个特少民族聚居区，教育发展和扶贫关注的重点和原因。

4. 教育扶贫的意义

教育对一个国家和民族都具有重要意义。教育是一个民族文化传承和经济社会发展的基础，是提高全民族整体素质和创新能力的根本途径。教育是知识创新、管理和技术应用的主要驱动力，也是培养创新和创造人才的摇篮。不仅如此，教育还是新产业得以创生、成长和发展的根本力量，这在知识经济的今天尤为突出。无论是培养高素质人才，还是提高能力和提供知识、技术创新以及增强民族凝聚力，教育都具有独特价值。从西南民族贫困地区的具体情况分析，发展教育是该地区摆脱贫困的必由之路；教育是该地区经济社会发展最重要的智力支持；教育是贫困地区人力资源能力建设的根本措施；教育是促进该地区产业结构调整，实现农村剩余劳动力转移的关键。因此，教育扶贫无疑是解决贫困地区发展滞后的根本途径。

（1）教育是人力资本形成的基础和根本性措施

人力资源质量的高低与其健康程度和受教育程度有着直接的关系。教育水平是一种后天行为，对人力资本的形成起到重要的作用。

教育在人力资本形成中的作用主要表现在以下几个方面：首先，教育是现代经济增长的重要源泉，这是人力资本理论的核心内容。其次，教育可以提高劳动者个人的生产率和收入水平。这主要是由教育提高了人的文化知识、工作技能，促使劳动者不断采用新技术来实现。再次，教育是人力资本投资最重要的内容。人力资本可以通过多种途径形成，比如教育、医疗保健、移民和信息获取等，但教育投资无疑是最为重要的人力资本投资，而且教育还具有未来收益效应。

（2）教育扶贫拓展了个人"反贫困"能力

人既是贫困的主体，也是反贫困的主体，人具有能动性。通过教育提升了自己获取资源的能力，提高了自己在经济生活中的地位，从而为反贫困打下了坚实的基础。

教育对个人能力的拓展是多方面的，不仅包括基本的读写能力，而且对个人的技术技能、理解能力、审美能力的提升都有帮助,更重要的是它也会提升人的政治行为能力和信息获取分析能力。未来社会是信息社会,信息充斥着我们的生活,在生活中选取有用信息的能力对个人来说同样至关重要。

(3) 教育能带来直接的经济效益

教育能带来直接的经济效益,促进经济的发展。教育的经济效益的发挥是其在促使人力资本形成、提高人力资源能力的后续效应。因为人的能力的提升会带动整个社会生产效率的提高,会促使创新来带动经济规模的扩张。但在这里教育的直接经济效益指的是在教育引发的人力效用还未显现时的效益,对于整个社会而言,发展教育本身就会带动相关产业的发展,包括文化产业等。另外教育作为投资本身还会拉动就业,而就业的后续效应则更是会促进发展。

(4) 教育会产生巨大的社会效益

教育作为一种公共产品,不仅能给受教育者带来直接或间接的收益,也会对整个社会产生巨大的影响。教育所带来的社会效益包括许多方面,比如更高的生产效率、公民美德素质的提升,特别是对女孩和妇女的教育所带来的家庭受益更为突出,因为女性教育的提升,更能影响到对家庭子女的教育。教育还能减少贫困的代际传递,养成个人良好的生活态度和行为习惯,能有效降低犯罪率,构造和谐的社会氛围。

(5) 教育是真脱贫的未来保障

教育就是贯彻习近平总书记"扶贫先扶志""扶贫必扶智"的重要思想,把精准扶贫与扶志扶智结合起来,解决农村贫困群众精神层面存在的突出问题("等、靠、要"思想),充分调动贫困群众自主脱贫的积极性、主动性和创造性,培养和引导贫困群众大力弘扬自尊、自信、自强、自立的时代精神,树立自力更生、艰苦奋斗、战胜困难的信心和志气,激发摆脱贫困的内在动力,培育贫困群众发展生产和务工经商的基本技能,提高贫困群众自我发展能力,从思想上拔穷根,消除精神贫困,最终达到物质与精神共同富裕,物质文明与精神文明协调发展。只有教育,才能促使贫困群众掌握知识、学习技能、提高思想境界,才能使脱贫持续稳定,才能真脱贫。

二 布朗族、彝族教育发展现状

作为云南省特有民族和人口较少民族，布朗族97%以上聚集在云南省各地，因此分析布朗族的受教育情况，云南省即可代表全国。彝族在全国其他地区也分布很多，云南省的彝族有其地方特点，这里只分析云南省的彝族受教育情况。

云南地处我国西南边陲，是一个边疆、山区、少数民族三位一体的省份。全省56个民族的人口都有，其中5000人以上的少数民族25个，云南独有世居民族15个，跨境民族16个。少数民族人口1500多万，占全省总人口4700多万的1/3强。全省有8个民族自治州，29个民族自治县，民族自治地方共78个县（市），占全省129个县（市、区）的60.47%。民族自治地方面积占全省总面积的70.2%。山区面积占全省面积的94%。

1949年，全省人口中85%以上是文盲；学龄儿童入学率仅占全省1595万人的1.3%[1]。民族教育情况，只有45所民族小学、5所民族中学、1所初级师范、75所教会学校和2所私立民族中学，没有一所专为少数民族举办的高等学校，在校民族中小学生总计2万多人。有些少数民族聚居的边远、贫困山区，甚至还处于刀耕火种、结绳记事的阶段，正规的学校教育十分匮乏。许多民族没有自己的大学生、研究生，甚至高中生，有的甚至没有小学生和识字的人。社会发育程度低、经济和教育基础十分薄弱。

到1965年，全省在校小学民族学生发展到882023人，占全省在校小学生总人数的27.9%，中学民族学生发展到20837人，占全省中学生总数的15.3%，民族小学生、中学生人数分别比1956年增长了121.25%和64.47%。[2] 1978年年底特别是1981年2月第三次全国民族教育工作会议

---

[1] 徐忠祥编《云南民族教育》，云南民族出版社，2011，第5页。
[2] 徐忠祥编《云南民族教育》，云南民族出版社，2011，第5页。

召开后,云南省恢复和发展了民族教育的特殊政策措施,在经济上给予民族教育特殊的扶持,提倡和采用各项适合民族特点的教学制度、教学内容和办学形式。云南民族教育不断向前发展。

1988年在没有民族中学的33个民族贫困县的第一中学增设民族部;云南师范大学附中为12个特别贫困的少数民族采取开办民族班等10项特殊措施,提出重点加快发展民族基础教育。进入21世纪以来,"云南省振兴基础教育暨第四次民族教育工作会议"的召开以及全省教育改革和发展的实行,推动了民族教育迅速发展。

布朗族是云南15个世居云南的少数民族之一,其中97%的人口在云南境内,主要聚居在西双版纳勐海县的西定、巴达山区,那里是著名的"普洱茶"产地之一。其余散居在临沧地区的云县、双江、镇康和普洱市的澜沧、景东、墨江等县。彝族是云南16个跨境而居的少数民族之一,主要分布在云南、四川、贵州、广西等地,其中以云南最多。全省绝大部分县市都有彝族分布,尤以楚雄、红河西州的哀牢山区、乌蒙山区和滇西北小凉山一带比较集中。

表5-1 2010年云南省彝族、布朗族人口及占比

单位:人,%

	全 国	云 南	占 比
彝 族	8714393	5041210	57.85
布朗族	119639	116573	97.44

资料来源:全国第六次人口普查资料。[1]

从以上2010年"六普"数据中,可以看出,"六普"时彝族总人口8714393人,其中云南5041210人,占彝族总人口的57.85%,近一半以上彝族人口居住在云南。从某种程度上可以说,云南省内的彝族的某些分支也代表了全国的彝族的部分特征。"六普"时布朗族共119639人,云南有116573人,占布朗族总人口的97.44%,布朗族几乎都聚集在云南省内。

---

[1] 《中国2010年人口普查分民族人口资料》(上、下),民族出版社,2013。

表 5-2　2010 年全国汉族、彝族和布朗族 6 岁及以上人口受教育程度及占比

单位：人，%

	6 岁及以上人口	未上过学	占比	小学	占比	初中	占比	高中	占比	大学专科	占比	大学本科	占比	研究生	占比
全　国	1242546122	62136405	5.00	357211733	28.75	518176222	41.70	186646865	15.02	68610519	5.52	45625793	3.67	4138585	0.33
汉　族	1140804980	53726722	4.71	317175239	27.80	482244975	42.27	176525992	15.47	64353701	5.64	42822692	3.75	3955659	0.35
彝　族	7792892	1114281	14.30	4190993	53.78	1744197	22.38	448569	5.76	183627	2.36	106949	1.37	4276	0.05
布朗族	108074	15420	14.27	63324	58.59	20384	18.86	5083	4.70	2289	2.12	1528	1.41	46	0.04

资料来源：全国第六次人口普查资料。

从数据分析结果来看，6 岁以上未上过学的人数比例中汉族和全国水平相差不多，但是彝族和布朗族两个少数民族则比例较高，达到 14% 以上，是汉族水平的 3 倍。全国和汉族的小学受教育程度人数相差无几，达 28% 左右，但彝族和布朗族小学受教育程度人数较高，分别为 53.78% 和 58.59%，均超过 50%。汉族和全国初中受教育人数的比例基本持平达 42% 左右，彝族和布朗族初中受教育人数比例也相差无几，达 20% 左右，比例仅为汉族和全国的一半。高中受教育比例汉族和全国水平一致，15%；而彝族、布朗族所占比例较低约 5%，仅为汉族和全国水平的 1/3。在大学专科汉族和全国所占比例持平约 5.5%，彝族、布朗族在其人口中所占比例约为 2.2%，低于全国水平 1/2。大学本科汉族和全国平均在其人口中所占的比例相差不大，基本一致约为 3.7%；彝族和布朗族大学生本科所占比例也相差无几，都在约 1.4%。研究生所占比例中汉族和全国平均约 0.3%，而彝族和布朗族才占其民族的 0.04%，相差更大。

从以上的分析中看出：第一，汉族和全国的各个阶段（无论是文盲、小学、初中、高中、大学和研究生）的受教育程度所占的比例基本持平，汉族的受教育水平也代表了全国的水平，这当然和汉族人口基数大相关。第二，两个少数民族的受教育水平较低，尤其是文盲所占其人口比例不小，人口中以初中受教育程度的较多，大学以上所占比例不到其人口的 4%。第三，彝族的受教育水平要高于布朗族，反映在数据中就是彝族各个阶段（大学本科除外）受教育程度的比例，都比布朗族要高出几个百分点，因此可以肯定，彝族的整体受教育水平高于布朗族。

表 5-3 不同时期 6 岁及以上大学受教育状况及变化比较

单位：%

	1982 年	1990 年	2000 年	2010 年	增幅（百分点）
汉 族	—	2.00	2.65	9.74	7.74
彝 族	0.10	0.58	1.07	3.78	3.68
布朗族	0.07	0.42	0.55	3.57	3.50

资料来源：根据历年普查数据整理得出。

表 5-3 显示的是"三普""四普""五普""六普"时期，汉族和彝族、布朗族 6 岁及以上大学受教育占比状况的比较。可以看出"三普"

时，彝族和布朗族大学受教育程度占其人口的比例较低，分别为0.1%和0.07%。"四普"时，汉族大学受教育占其人口的2%，而彝族和布朗族相差不大，在0.5%左右。"五普"时，汉族中大学受教育比例占2.65%，彝族占1.07%，布朗族占0.55%。"六普"时，汉族中大学受教育比例占9.74%，彝族和布朗族分别占3.78%和3.57%。经过近30年的发展，各民族的大学受教育状况均有所提升，其中汉族提升了7.74个百分点，彝族提升了3.68个百分点，布朗族提升了3.5个百分点，但是两个少数民族和汉族仍有一定差距，教育状况仍有待进一步提升。

可以看出两个少数民族的教育状况低于全国的水平，仍有相当大的差距，尤其在消除文盲搞好基础教育阶段的同时，应增加本民族中大学生所占的比例。总之，显示出两个少数民族在教育方面基础薄弱，人才培养匮乏，在发展本民族教育方面仍大有可为，在提升本民族的教育水平上，仍有较大前进空间。但由于民族地区经济条件差，追赶全国水平仍有不小困难，在这种背景下，更需要国家、政府对民族地区教育的支持力度，和优惠的教育发展政策，以带动民族地区的教育发展，为民族地区的脱贫致富提供智力支持，早日解决民族地区的贫困问题。

以上是从全国的彝族和布朗族来看其受教育程度的，由于云南的彝族占全国彝族的一半以上，布朗族基本都分布在云南境内，因此，在全国范围内来看彝族和布朗族的受教育现状，基本能代表云南的彝族、布朗族的教育现状。

三 木老元乡和摆榔乡教育扶贫实践

木老元、摆榔两民族乡以布朗族和彝族为主，由于地理位置处于高海拔大山深处，经济虽有一定发展，生活水平虽有一定提高，但仍是施甸较为贫困的民族乡，关心少数民族贫困地区的发展，帮助其脱贫致富一直是省、市、县工作的重要内容。在2020年全面建成小康社会的背景下，在习近平总书记关于扶贫开发的战略思想和考察云南重要讲话精神的指导下，为了早日使该民族地区的百姓摆脱贫困，云南省委、省政府和保山市委、市政府积极大力推进精准扶贫工作，为更好地保障推进教育扶贫工作，施甸县起草通过了各项规章制度，为教育扶贫工作打下了制度基础。

（一）政策篇

为了贯彻落实省、市扶贫工作精神，施甸县制定了各项规章制度和实施细则，从各个方面来促进和保障扶贫工作的开展和实施。教育扶贫方面有以下政策。

（1）为了提高整县的教育质量和水平，先后制定了《施甸县教育扶贫五年规划（2016—2020）》和《施甸县整县脱贫素质提升工程实施意见（2016—2020）》。通过文件的形式，确立了未来5年努力的方向和将要完成的工作目标，其是全县开展教育扶贫和素质提升工程的指导性文件，也是需要实际落实的工作。

（2）依据《施甸县教育扶贫五年规划（2016—2020）》的精神，制定了关于《教育扶贫中进一步加强教师队伍建设工作的实施方案》，指出要加强教师能力建设和提高教师待遇，以促进教育事业的发展；制定了《关于在教育扶贫中进一步建立和完善教育投入机制的实施方案》，指出要加强学校基础设施建设和建立对优秀学生的奖励机制，以加快推进全县教育改革和发展。在上述文件的指导下，通过制定和教育相关各实施方案和细则，进一步明确了目标和任务。

（3）积极调动、整合县教育局、县财政局、县人社局、县团委等多个部门的力量，投入扶贫攻坚中，配合主要部门全力推进教育扶贫工作。

政策是行动的先导，在广泛调研和结合本县实际的情况下，县委、县政府通过制定各种政策推动扶贫工作的开展。通过政策把各项工作分配到位，把各种责任分配到位。各项政策的制定和落实，体现了县政府对扶贫工作的高度重视和切实的负责任精神。

（二）实践篇

在各种政策性文件的指导下，木老元和摆榔两贫困民族乡为了提高其教育质量和人口素质，开展了以下工作。

1. 学校基础设施建设

在中烟集团的资助下，木老元乡建设了中烟教育园区，教育园区旨在全面改善木老元学校办学条件，向标准化学校建设迈进：一是重点打造一所九年一贯制全寄宿学校——木老元中心学校，规划在校学生小学500人、中学270人。二是开办中心幼儿园，规划在园幼儿150人，进一步扩大公办学前教育资源，提高全乡学前教育三年毛入园率。整个教育园区建设按照《标准化学校建设规范》进行规划实施。规划征地65亩（其中小学50亩、幼儿园15亩），新建校舍12500平方米，改造原有中学校舍3000平方米及附属工程，并配备相应的设备设施，总投资4660万元。教育园区现已开工建设项目及规模：共计11942.81平方米，包括新建教学综合楼一幢，框架结构，5层，建筑面积5374.53平方米；一、二号学生宿舍楼两幢，框架结构，各4层，建筑面积4526.08平方米（每幢2263.04平方米）；水泵房一幢，一层，砖混结构，面积32.5平方米；新建教师周转宿舍一幢，3层，砖混结构，建筑面积840平方米（24套）；新建中心幼儿活动用房一幢，3层，框架结构，建筑面积1169.7平方米；新建挡土墙及其他附属工程。教育园区项目进展：木老元中心学校迁建项目建设的前期工作已全部完成。资金拨付施工单位660万元，项目正在进行基础部分施工。另外，挡墙部分砌筑完成约9800立方米，开挖土方约4900立方米，回填土方约8400立方米。教师周转宿舍建设项目招投标结束，正在与中标单位办理施工合同签订事宜。

摆榔乡中心学校改扩建项目，项目概算总投资2800万元，资金来源为全面改薄专项资金[①]379万元，争取云南中烟扶贫资金2421万元。项目于2016年11月开工，2017年8月完工，工期9个月。新建校舍面积8977.81平方米，具体建设内容如下：综合教学楼一幢，钢结构，建筑面积3145.25平方米；学生宿舍楼两幢，钢结构，建筑面积2463.52平方米（男生宿舍1231.76平方米，女生宿舍1231.76平方米）；学生食堂一幢，钢结构，建筑面积1092.90平方米；教师宿舍楼一幢，钢结构，建筑面积1364.05平方米；厕所两幢，钢结构，建筑面积166.4平方米（每幢83.2平方米）；设备用房两幢，钢结构，建筑面积236.86平方米；门卫室，钢结构，建筑面积32.58平方米。新建幼儿园教师宿舍一幢，钢结构，建筑

---

① 专为规范和加强农村义务教育薄弱学校改造补助资金。

面积 476.25 平方米。改造中学原有校舍面积 2024.38 平方米，具体内容为：办公楼 704.55 平方米；一号教师宿舍 583.89 平方米；二号教师宿舍 367.97 平方米；三号教师宿舍 367.97 平方米。新建学生运动场地 10088 平方米（200 米跑道标准运动场 1 个，8300 平方米；新建篮球场 2 个，1216 平方米；排球场 2 个，572 平方米）。

通过对学校基础设施的改造和重建，基础设施得到很大改善，明显改善了学校的教学环境，为学生学习、教师工作打下了良好的基础。

2. 学校学生情况

2015 年，木老元乡拥有普通民族初中 1 所，校园占地面积 12876 平方米，校舍建筑面积 2597 平方米，在校学生 192 人；拥有小学 4 所，校园占地面积 7724 平方米，校舍建筑面积 4828 平方米，在校学生 412 人，保持入学率 100%、巩固率 99.6%、中考上线率 45% 以上。

2016 年 9 月摆榔乡所辖义务教育中学 1 所、小学 4 所、幼儿园 4 所。在校学生共 948 人（幼儿园 236 人，小学 547 人，摆榔民族中学 165 人）。全乡教职工共 95 人，其中专任教师 80 人，炊事员 12 人，校园保安 3 人。小学升学率达 100%，中学升学率达 93%。全乡学生有寄宿生生活补助，小学每生每学年补助 1000 元；中学每生每学年补助 1250 元。对于全乡特少民族在校学生每生每学年补助 250 元。

在教育扶贫的大背景下，木老元和摆榔两民族乡的教育水平有所提升，小学升学率达 99% 以上，中考上线率也不断提升。两乡的教育工作还需不断地巩固和提升，使适龄儿童读得起书，上得起学，防止因贫辍学。

入户走访时，当问到"您是否支持孩子上学时"，所有的受访者都表示愿意尽自己最大的努力支持孩子上学，只有上学有了知识和学问，以后孩子才能更好地找到工作，虽然现在孩子上学家庭负担有点重，但是政府和学校有很多政策支持孩子上学，考上县高中、大学等，学校和村里都给予一定的奖励，并且还有各种助学贷款、免除学杂费等，他们还是很支持自家小孩上学的。

3. 人口素质提升工程

为提高全乡的劳动力素质，增强就业能力，结合本乡实际情况，木老元乡先后开展了创业培训。绿壳蛋鸡养殖培训于 2016 年 8 月 11 日开班，9

月 12 日完成第一期培训，集中授课 12 次，入户指导 10 次，共培训养殖户 1300 人次。完成投资 78 万元。第二期培训班于 10 月 22 日开班。依托农业项目，开展蔬菜种植培训 2 期，于 26 日结束，110 人参加了培训。完成投资 6.6 万元。2016 年 11 月 22 日开展种植业和养殖业培训，参与人数 100 人，完成投资 1 万元。实用技术培训方面，2015 年 9 月 8 日开展拖拉机驾驶技能培训 23 人，全部通过考核领到驾驶证，聘请授课教师 5 人，授课 10 个课时，完成总投资 8.5 万元。2016 年 3 月 13 日在木老元村、龙潭村、大地村开展焊工培训班，培训 85 人，已颁发焊工资格证，完成投资 6.8 万元。2016 年 5 月 11 日开展小车驾照培训 54 人，每人缴费 5150 元，考证合格后社保补贴 900 元。2016 年 8 月哈寨村中式烹调培训开班，有 50 余人参加培训；木老元村中式烹调培训已于 11 月 9 日结束，有 38 人参加，下一步将在大地村举办培训班。在技能培训方面，依托人社、民宗扶持项目，目前完成科技培训 4 期 160 人次。职业技能培训，既提高了百姓素质，又增强了其致富能力。

案例：木老元哈寨的杨昌海通过参加驾驶员技术培训，农闲时通过开拖拉机为别人拉货，一个月也不少挣钱。相比以前外出打工，在家附近工作既能照顾家人，又能帮助家人一起干农活，挣得钱也不少，增加了家庭收入。通过学习一门技术，自己找到致富的路。

同村的杨顺良，参加了乡里组织的养殖技术培训，掌握了养殖管理、养殖防疫等技术，就开始自己搞养殖产业，在自家山林里养了 80 只黑山羊。发展养殖产业，不出家门也能致富。

通过政府牵头举办的一些实用专业知识的培训，不仅使百姓学习了相关知识，开阔了视野，增强了能力，同时也不断地增强着他们脱贫致富的信心。通过把培训学到的知识，应用到现实生活中；通过参与各种增加收入的生产活动和劳动，摆脱贫困。素质提升工程对贫困户脱贫致富有立竿见影的效果，因为素质提升、技术增强，农户的人力资本水平提高了，且具有持久性和延展性，这对永久脱贫和真脱贫是真正的上策。

四 教育扶贫的政策建议

在各级、各种扶贫政策的支持下，在各级政府的领导下，在教育部门和农户的共同努力下，木老元和摆榔两民族乡的教育事业取得了巨大的进步。学校基础设施不断完善、适龄儿童入学率100%、中考录取率逐年提升、素质提升工程持续进行、儿童辍学率降低，使得两乡人口平均受教育年限有增长，人口素质和劳动能力不断增强。

在未来的新型劳动就业领域，劳动者需要具备获取资源和信息的能力，需要开拓产品和市场的能力，需要通过不断地加强教育和学习，农村人力资本才能有效地不断积累，才能阻挡贫困的代际传递，使贫困人群有更大的摆脱贫困的能力，走出家庭贫困的怪圈。教育，对反贫困的作用具有长期性和潜在性，提高全乡人口受教育程度和提高全乡人口素质的时间漫长，决定了其效果不会立即凸显。在扶贫中把教育放在重中之重，对未来的真脱贫意义重大。通过大力开展人才素质提升工程，结合实际，通过一些相关培训，直接提高了劳动力素质和能力，对短期内提升生产和劳动能力成绩显著，且对增加就业和收入效果明显，在扶贫中结合实际可大力推广。

近年来，两乡在教育扶贫和素质提升工程方面取得了可喜成绩，但在工作中仍有一些问题值得注意。

一是教育投入仍有待提高。虽然中烟集团对木老元和摆榔的教育园区给予了大量的资金支持，但是由于基础差、底子薄，教育的投入仍显得不足。对于贫困学生的补助，有待于教育扶持资金给予支持。对于优秀教师要能使其"留得住、留得下"，工作待遇上也需要给予提高，教师是提高教学质量的重要因素。

二是应为两民族乡贫困户建档立卡，设立专项教育资金，保障其子女的教育需求。建档立卡贫困户尤其需要通过下一代的教育，改变家庭命运，扶贫先扶智，要重点确保这类家庭孩子的教育，不仅全面免除学杂费，而且还应给予一定的生活补助，不能让任何一个孩子因贫困失学。

三是基础教育目标分层化，开展职业技术教育和贫困招生计划。首先要大力发展职业技术教育。职业技术教育要直接面向市场需求，吸引一批初中、高中毕业的学生，通过和市场契合的职业技能培训，使他们都能掌握一门技术，使其能在就业市场中找到工作，实现自己的价值。其次要做好贫困地区贫困学生的大学对口招生工作。国家和省级教育主管部门积极探索针对贫困生的大学招生工作，对符合条件的优秀的贫困考生降分录取，做好高校的对口招生工作，把政策落实到位，使贫困地区的优秀学子受益。再次开办双语幼儿园，让布朗族、彝族孩子从3岁开始学习和熟悉汉语，在语言能力训练最佳时期轻松接纳汉语，有助于他们将来的学习和成长，也为他们将来能走出去和适应新时代打下良好基础。注重扶贫同扶志、扶智相结合，有能力、有自信都十分重要。

四是建立健全长效素质提升工程。应该充分认识到素质提升培训工程在脱贫中的重要性，提供专项资金多举办群众喜闻乐见、能显著提高其劳动能力的培训，能使其在以后的生产中有办法发挥自身优势。从培训的宣传发动到招标的专业化，要形成一整套的科学体系，使农村居民的素质提升免于形式化，切实为群众办实事。

五是加强对教育扶贫工作的宣传。百年树人，教育是一个长期的扶贫隐性工程，在较长一段时间内不会显示出教育的扶贫效果，要加强思想教育和引导，使广大农民群众认识到"读书光荣"，改变读书无用的思想，改变"等、靠、要"习惯，扶贫先扶志，从思想源头上加以改造，使直过民族从根本上形成良好的学习风气和文化氛围，跟上时代发展的步伐。

教育是一种功在当下、利在千秋的伟业。通过学习，提升人的素质，增强人的能力，从而增强其在环境中获取资源的能力。教育扶贫的最大作用就是能斩断贫困的代际传递，实现真脱贫。

第六章

生态补偿及生态扶贫发展实践

生态补偿脱贫一批是精准扶贫的重要内容之一。生态补偿机制是以保护生态环境、促进人与自然和谐为目的，根据生态系统服务价值、生态保护成本、发展机会成本，综合运用行政和市场手段，调整生态环境保护和建设相关各方之间利益关系的一种制度安排。贫困地区自然环境条件差，土地生产效率不高，这是造成贫困的原因之一。为避免边发展边破坏环境，以及纠正开发土地耕种而破坏生存环境（如砍伐森林、造成水土流失等）的过往情况，国家层面落实科学发展观，实施生态补偿制度。在广大农村地区，主要是实施退耕还林、退牧还草等补贴制度。我国贵州、云南和广西等省区也先后提出了生态扶贫的新思路，把"生态保护＋产业发展"作为扶贫的新模式和新方向。在这种生态扶贫观念的指引下，大力发展林下经济产业、循环经济、特色农业产业，促进生态保护与扶贫开发的良性互动，在保护生态中发展，在发展中保护生态，从而改变我国贫困地区的生产生活环境，使贫困地区在保住绿水青山的同时，实现产业和社会的可持续发展。

云南的滇西边境山区[①]是国家划分的14个连片特困地区之一，是我国目前最贫困地区之一，同时是重要的生态功能区、人口较少民族主要聚集区和边境地区。位于云南西部边陲、怒江东岸、保山市南部的施甸县，是滇西边境

---

① 《中国农村扶贫开发纲要（2011—2020年）》中定的14个集中连片特困地区作为扶贫攻坚主战场，滇西边境山区包括云南省保山、丽江、普洱、临沧、楚雄、红河、西双版纳、大理、德宏、怒江10市州，共56个县，其中4/5的县是国家扶贫开发重点县，滇西地区少数民族众多，56个民族中有26个生活于此。

山区中的集中连片特殊困难县区之一,在县内聚居着布朗族和彝族的木老元乡和摆榔乡,是山高坡陡的贫困山区,总体上农业生产条件差。通过实施生态扶贫相关项目,加快区域性重要基础设施建设步伐,加强生态补偿、生态保护和生态旅游业的发展,加大扶贫投入和支持力度,落实对贫困户的退耕还林、退牧还草补贴,着力解决制约发展的瓶颈问题,是实施精准扶贫的重要方式。

一 生态扶贫内涵、理论及实践

早在2002年,我国新闻媒体就提出了生态扶贫这一概念,指出"生态扶贫是从改变贫困地区的生态环境入手,加强基础设施建设,从而改变贫困地区的生产生活方式"[1]。当前的生态扶贫,是以科学发展观和绿色发展观为指导,把精准扶贫、精准脱贫作为基本方略,以"消除贫困,生态修复,保护环境,产业致富,改善民生,人地和谐"为生态扶贫的出发点,以集中连片特殊困难地区[2]生态环境保护综合防治为重点,构建具有区域特色的土-气-生-水一体化的生态修复技术体系,建立适合国情的融自然-经济-社会复合系统的生态产业体系。

(一) 可持续发展理论

可持续发展理论认为资源环境是人类生存和发展的基础和条件,资源的持续利用和生态系统的可持续性是保持人类社会可持续发展的首要条件。这要求人们根据持续性的条件调整自己的生活方式,在生态可能的范围内确定自己的消耗标准,要合理开发利用自然资源,使再生性资源保持再生产能力,非再生性资源不至于过度消耗并能得到替代资源的补充,环境自净能力得以维持。

(二) 循环经济理论

循环经济是一种以资源的高效利用为核心,以"减量化、再使用、再循环"为原则,以"低消耗、低排放、高效率"为基本特征,以生态产业

---

[1] 罗侠、杨波、庞革平:《新词·新概念·生态扶贫》,《人民日报·华南新闻》2002年10月28日,第1版。
[2] 王金南、逯元堂、曹东:《中国的进展和展望》,《中国地质大学学报》(社会科学版)2009年第3期,第7~10页。

链为发展载体,以清洁生产为重要手段,达到实现物质资源的有效利用和经济与生态相协调的经济发展方式。

(三) 生态补偿的发展与实践

生态补偿最初的含义是生态服务付费(payment for ecological services,PES),即生态(环境)服务功能受益者对服务提供者的付费行为,在现实中经常表现为企业或政府对因维护生态系统功能而自身利益受到损失的"居民"的补偿;而当前的意义则包括生态破坏恢复的内容,即破坏者恢复(polluter pays principle,PPP)和受益者补偿(beneficiary pays principle,BPP),通常表现为企业和政府对"受损生态系统"的补偿。[1] 国家《十一五规划纲要》明确指出:按照谁开发谁保护、谁受益谁补偿的原则,建立生态补偿机制。"生态补偿"是一个具有鲜明中国特色的概念,在外文文献中,很难发现与之直接对应(eco‐compensation or ecological compensation)的提法。

国际上"生态补偿"比较通用的概念是"生态或环境服务付费",是以生态系统的服务功能为基础,通过经济手段调整保护者与受益者在环境与生态方面的利益关系的机制。国外生态补偿主要有以下两方面:第一,生态服务付费。各国实施生态服务付费的许多具体案例是围绕森林生态系统的环境服务展开的,并且多以市场机制为基础。第二,流域生态补偿。大多数国家的流域保护补偿与森林生态服务相结合,并实行相应的补偿机制,其中政府往往起到中介作用,市场机制则发挥核心功能。

在中国,毁林开荒、陡坡耕种是造成森林资源破坏,水土流失加剧的主要原因。为了恢复生态、保护环境,确保西部地区乃至中国的可持续发展,自1998年起,国家开始实施退耕还林、退牧还草工程。1999年,四川、陕西、甘肃三省率先启动了退耕还林还草试点示范工作,当年即完成退耕还林38.15万公顷,宜林荒山荒地造林6.65万公顷。2000年3月,退耕还林还草试点示范工作正式启动。[2] 党的十八大把生态文明建设放在突

---

[1] 《关于开展2000年长江上游、黄河中上游地区退耕还林试点示范工作的通知》(林计发〔2000〕111号)。
[2] 《关于开展2000年长江上游、黄河中上游地区退耕还林试点示范工作的通知》(林计发〔2000〕111号)。

出地位，纳入中国特色社会主义事业"五位一体"总体布局，采取财政转移支付或市场交易等方式，对生态保护者给予合理补偿，使生态保护经济外部性内部化的公共制度安排，对于实施主体功能区战略、促进欠发达地区和贫困人口共享改革发展成果，对于加快建设生态文明、促进人与自然和谐发展具有重要意义。党的十九大提出要加快生态文明体制改革，建设美丽中国。必须形成保护环境的产业结构、生产方式和生活方式，还自然以宁静、和谐、美丽。

云南省从 2005 年启动实施森林生态效益补偿，补偿面积从启动时的 1600 万亩扩大到现在的 13207 万亩；补偿资金从启动时每年 8000 多万元增加到现在的 17.8 亿元，实现了国家级、省级公益林管护和补偿同标准、全覆盖，基本形成了以公共财政投入为主的森林生态效益补偿机制。森林生态效益补偿成为全省林业建设规模最大、投入最多、惠民最广的生态工程和民生工程，为实施森林云南建设和"两强一堡"战略发挥了重要作用。[①] 2016 年 1 月 17 日，云南省林业厅"十三五"云南林业工作的总体考虑和目标规划中指出：要坚持生态优先，保护和建设绿水青山。扎实推进石漠化区域生态治理工程，开展石漠化、干热河谷、高寒山区、五采区等困难林地造林，推进新一轮退耕还林还草工程和陡坡地生态治理工程。2017 年 4 月《云南省林业"十三五"扶贫攻坚规划》正式出台，预计投资 476.3 亿元从生态补偿扶贫、生态工程扶贫、特色林产业扶贫、支持易地搬迁扶贫和林业科技扶贫等 5 个方面，明确了 20 项重点任务，全面助推云南 88 个贫困县、建档立卡的 471 万贫困人口脱贫摘帽。

二 木老元乡和摆榔乡的生态扶贫模式

世居布朗族和彝族的木老元乡和摆榔乡由于自然条件十分恶劣，两乡的贫困表现为"四位一体"的特点，即贫困地区、少数民族聚集区、生物

---

① 冷华：《在全省森林生态效益补偿工作业务培训班上的讲话》，http://www.ynly.gov.cn/8415/30180/103704.html，2014 年 11 月 27 日。

多样性富集区和生态环境脆弱区交织在一起,形成了贫困与环境的"贫困陷阱",束缚着贫困地区及生态脆弱区的发展。

木老元乡山高坡陡,河谷深切,自然条件恶劣,山高石头多,出门就爬坡,地无三尺平,悬崖更比土地多。年降水量1292.15毫米。摆榔乡地形地貌多为高山峡谷,水土流失严重,耕地多为陡坡地,25°以上陡坡地有19484亩,占总耕地面积的68.8%,年降水量1100~1140毫米,森林覆盖率达56%。两乡自然环境的特点决定了扶贫攻坚过程中要因地制宜地选择个性化、具体化的生态扶贫开发模式。当前,两乡的生态扶贫模式主要从三个方面开展(见图6-1)。

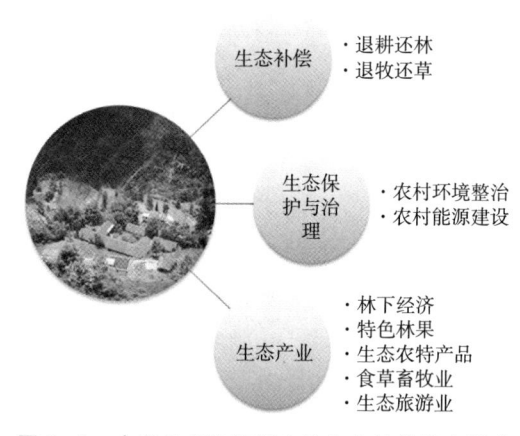

图6-1 木老元乡和摆榔乡的生态扶贫基本模式

一是实施生态补偿,落实每家每户的退耕还林、退牧还草补偿款,尤其重视对贫困户的补偿。二是积极推进生态保护和治理工作,包括乡村环境治理、能源建设等。三是重视生态产业的发展,扶持和推广高原特色农业的发展。

自然环境的特点决定了两乡扶贫攻坚只能因地制宜地选择个性化、具体化的生态扶贫开发模式。在"整乡推进、整族帮扶"的精准扶贫中,生态扶贫模式能确保可持续、稳定脱贫。

(一)施甸县的生态补偿政策

2015年10月,中共施甸县委办公室发布的《施甸县整县脱贫易地搬

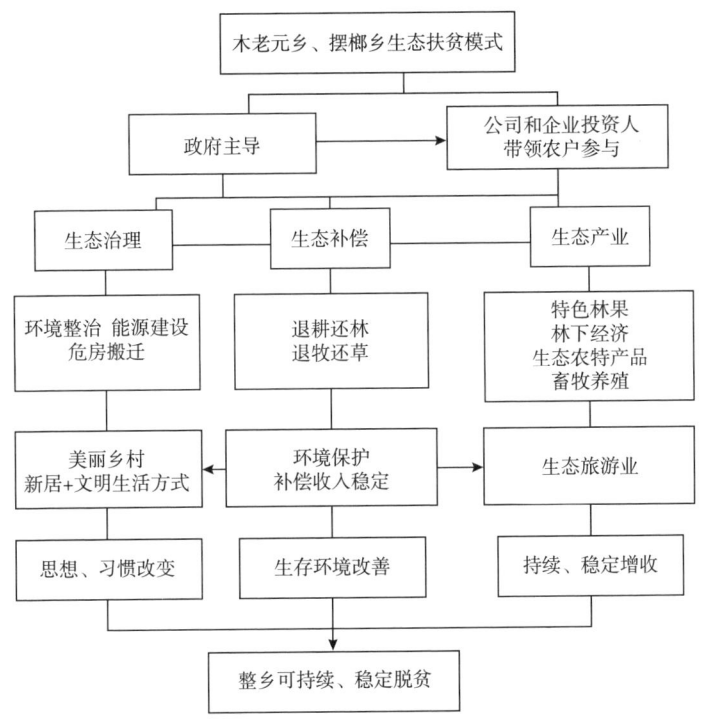

图 6-2　木老元乡和摆榔乡的生态扶贫模式

迁三年行动计划（2015—2017 年）》中指出以生态环境建设、产业发展和完善公共服务为重点，到 2020 年迁出地完成土地复垦、退耕还林等生态修复工程。从 2016 年起，县财政每年安排 500 万元资金用于生态建设。生态修复上，在迁出地实施土地复垦和生态修复工程，实施退耕还林、退草还林工程，石漠化治理工程，保护本土珍稀动植物，控制外来物种数量及规模。到 2018 年，确保全县森林保有量达到 11 万公顷，林地保有量达到 12 万公顷，全县森林总蓄积量达到 570 万立方米，年净增 10 万立方米。产业发展上，巩固核桃面积 50 万亩，到 2018 年完成核桃提质增效 10 万亩；在沿江干热河谷地区，大力发展澳洲坚果 3 万亩；积极探索林药、林菌、林下养殖等林下经济发展模式，努力提高林业对经济发展的贡献。清洁能源推广上，实施节柴改灶，"以电代柴"、电价补助、非柴燃料试点工作；推广使用太阳能、风能等清洁能源。安装太阳能 1 万套，实施节柴改灶 1.5 万户。实行最严格的森林生态资源保护制度，除工程项目征占林地、抢险救灾等特殊情况外，5 年内一律不再审批林木采伐。

2015年10月，中共施甸县委办公室发布的《施甸县整县脱贫生态环境保护三年行动计划（2016—2018年）》的主要措施是：一是积极争取农村环境综合整治项目，二是积极推进畜禽养殖户污染治理，三是健全农村生活垃圾、污水处理长效管理机制，四是全面抓好生态恢复治理工程，五是深入开展生态创建工作，建设美丽宜居村镇。

2016年6月，施甸县政府发布《坚决打赢扶贫攻坚战实现施甸发展新跨越 为全面建成小康社会而努力奋斗》的政府报告中指出：实施扶贫攻坚工程，要坚决实施生态补偿政策，实施退耕还林、还草工程，石漠化治理工程，碧水蓝天工程，强化政策支持力度，依托万家欢等龙头企业，实施怒江、枯柯河流域生态富民战略，通过陡坡地退耕还林，聘用公益林管护员，发展林下经济、生态观光农业及庭院绿色经济等途径，实现生态效益、经济效益与贫困群众收入共同提高。

（二）木老元乡和摆榔乡的生态补偿政策与实践

木老元乡的生态补偿主要通过发展经济价值较高的经济果木来带动生态恢复进行的。根据木老元乡的立体气候特点，2016年乡政府鼓励农户在海拔900米以下的温凉地带种植核桃，在热区种植盐肤木和山盐酸鸡，2016年种植盐肤木2500亩，每亩补助600元；山盐酸鸡1000亩，每亩补助800元；甜竹500亩，每亩补助500元；抚育核桃4000亩，每亩补助100元。这样既保护了生态环境，又通过经济补偿的手段带动了当地农户种植经济林果的积极性。目前，完成投资343万元。生态公益林共完成9376亩，每亩补助林农10元，完成投资9.38万元。木老元乡有1万多亩退耕还林，前几年动员老百姓退耕还林，现在多数老百姓外出打工，收入比种地高，都主动把原先的山地退耕再种上核桃树或者其他果树；实施能源建设（节能灶）50套，每套补助1000元，完成投资5万元；全乡共招8名生态护林员，均为建档立卡贫困户中的家庭成员，每年给予10000元，每村2名；安装太阳能热水器400套，每套补助2000元。

摆榔乡，在云南中烟公司对口帮扶整乡推进布朗族整族帮扶项目中完成生态环境保护126.45万元的项目投资。在"五个一批"的扶贫项目中实施生态补偿脱贫一批，完成老黑龙、小白龙水源林地换种2150亩，启动集镇"两水一污"专项方案编制和农村环境综合整治方案编制工作，已完成集镇自来水厂、污水处理厂土地流转 7.58 亩；完成森林防火通道建设工程方案设计；核桃提质增效涂白、施肥 5500 亩，新植核桃 1200 亩。兑付退耕还林 2.3 亩，公益林补偿 9.8 万元，退耕还草补偿 3.8 万元。农村能源建设（太阳能热水器）50 套任务已安装完成，其中摆榔村 20 套、尖山村 10 套、大中村 10 套、鸡茨村 10 套，涉及建档立卡贫困户 102 户。

（三）可持续发展观下的两乡生态保护与治理

可持续发展是以经济可持续发展为基础，以生态可持续发展为前提，以社会可持续发展为目的，人类共同追求自然、经济和社会和谐统一。摆榔乡完成了乡镇垃圾热解炉项目，木老元乡实施的环境保护工程。按规划 2016 年实施新建设焚烧炉和垃圾处理等设施。目前，焚烧炉已建设结束，其他设施正在设计。

1. 木老元乡向群众发放免费草种、整治裸露草场

2014 年 7 月，木老元乡向村民发放 1900 公斤优质草种，包括一年生黑麦草 1000 公斤，多年生黑麦草 300 公斤，紫花苜蓿 50 公斤，鸭茅 200 公斤，白三叶 100 公斤，苇状羊茅 200 公斤，红三叶 50 公斤。通过现场教学示范，有效指导了农牧民群众掌握正确的播撒和培育方法，群众对免费发放草种赞不绝口。这批草种的播撒，对该乡部分裸露草场进行有效治理，对构建"生态、和谐"的木老元提供有力保障。

2. 木老元乡安放垃圾桶，使村容村貌大大改观

2015 年以来，木老元乡实施美丽乡村建设，每村都安放了垃圾桶。入户调研问卷中了解到，有 80% 的农户选择生活垃圾扔在村里或者集镇的垃圾箱里，每周乡里的垃圾收纳车都会去每个村里收垃圾，进行统一的填埋处理。通过对木老元乡的乡镇干部的访谈了解到：以前农户家的垃圾都随意丢弃在房前屋后，天气一热就招来漫天的苍蝇，一下雨垃圾就汇聚成一摊摊恶臭的污水到处流淌，村间的生态环境特别糟糕。现在木老元乡的 4 个村寨都安置了垃圾桶，安放以后派出驻村干部召集村民进行各家各户的垃圾放入垃圾桶的宣传教育，村间成立监督小组进行监督，在一系列的宣传教育活动下，如今的村民基本已经养成了垃圾放入垃圾桶的好习惯，村间再也没有传来恶臭的气味和到处丢弃的垃圾,村容村貌整洁了,呈现出了新农村的风貌,对正在实施的旅游项目极其有利。

3. 摆榔乡实施生态环境保护工程

2015年以来,摆榔乡实施低效林改造,完成桉树替代种植350亩,义务植树21万株;核桃林提质增效,抚育核桃3000亩,提质增效涂白、施肥完成3000亩;2016年完成里歪岔路口至下黑箐森林防火通道建设工程方案设计,完成老黑龙、小白龙水源林地树种替代种植400亩、中央造林试点补贴项目400亩、陡坡地治理349亩,兑付公益林补助9.9万元,新聘封山育林及公益林护林员20名(其中8名为建档立卡群众);安装完成太阳能热水器50套;发放节能灶500套,这些工作在促进摆榔乡生态环境保护的同时也带动了当地生态产业的发展。

4. 摆榔小龙潭村小流域治理项目因地制宜、生态恢复

隶属于尖山村委会的摆榔乡小龙潭村有5000亩坡地,原来是种植甘蔗的甘蔗地,每亩的纯收入200元左右,经济效益较低。在中烟公司和水利局的牵头帮扶下,投资了400万元,将这5000亩的坡地根据地形改为梯地,目标种植经济效益较高的林木作物或者四季豆,每亩纯收入可达到4000元左右。坡改梯后可以恢复生态,防止水土流失,保护林地;贫困户可以依托生态+扶贫的发展模式,在使收入翻番的同时也保护了当地的自然生态地理环境。

(四) 循环经济视角下的两乡生态产业

循环经济是在经济发展中,按照自然生态系统物质循环和能量流动规律重构生态系统,将经济系统和谐地纳入自然生态系统的物质循环过程中,建立起一种新形态的经济。生态产业是按生态经济原理和知识经济规律组织起来的基于生态系统承载力、具有高效的经济过程及和谐的生态功能的网络型进化型产业。它通过两个或两个以上的生态体系或环节之间的系统耦合,使资源环境能系统开发、持续利用。两乡在精准扶贫开发工作中大力发展生态产业有林下经济、特色林果种植等。

1. 林下经济

林下经济,主要是指以林地资源和森林生态环境为依托,发展起来的

林下种植业、养殖业、采集业和森林旅游业,是巩固集体林权制度改革成果、促进绿色增长的迫切需要,是提高林地产出、增加农民收入的有效途径,确保农民不砍树也能致富,实现生态受保护、农民得实惠的改革目标。木老元乡和摆榔乡森林资源较为丰富,具有发展林下经济的天然优势,目前两乡开展的精准扶贫活动中,依托林下养殖的林下经济已经取得了很大的成效。

(1) 摆榔乡林下养殖初具规模,带动贫困户产业脱贫

大中村组建林下养殖合作社一个,建设规模化林下鸡育雏场和放养场各一个,在合作社带动下摆榔乡农户存栏鸡1000羽以上的有18户,500羽以上的有53户。新建4个林下种养殖园区(鸡茨村林下种养殖园区、尖山村芭蕉关林下种养殖园区、摆榔村褡裢潭林下种养殖园区、大中村大山磨林下鸡养殖园区),全乡鸡舍建盖已完成19栋,投资15.3万元。鸡茨村林下种养殖园区,已入驻养殖户10户(其中建档立卡户5户),养殖林下鸡4500多羽,新建围栏8000多米,面积300余亩,已经发动36户农户进入园区养殖,葫芦蜂养殖基地正在进行蜂王培训实验,建成后将带动36户贫困户脱贫;尖山村芭蕉关林下种养殖园区已入驻养殖户7户,养殖林下鸡3500多羽,已经发动20多户农户准备进入园区养殖,中药材种植基地已种植大黄20亩,建成后将带动30户贫困群众脱贫;摆榔乡褡裢潭林下种养殖园区已入驻养殖户13户(其中建档立卡户9户),养殖林下鸡4500多羽、旱鸭350只,新建围栏5000多米,面积800余亩,中药材种植基地已种植大黄70亩,建成后将带动30户贫困群众脱贫;大中村大山磨林下鸡养殖园区已入驻养殖户12户(其中建档立卡户9户),养殖林下鸡3万羽,新建围栏6000多米,面积500余亩,建成后将带动100户贫困群众脱贫。

(2) 木老元乡哈寨村二台坡林下养殖园区

2015年末,哈寨村规划养殖小区4个,林下种养殖园区2个,目前已全部完成建设。项目选址位于施卡公路旁哈寨村二台坡桤木林。林地流转150亩,新建鸡舍10间,每间20平方米,共200平方米,新孵鸡苗7500羽。园区采取"党组织+合作社+能人大户+建档立卡户"的方式运营,项目实施后每个园区将带动20户以上建档立卡户脱贫;通过云南中烟公司帮扶机遇,积极探索"互联网+农产品"模式,不断拓宽销售渠道。2016

年已落实养殖户 10 户，已入园养殖户 10 户，将带动周边 34 户建档立卡户脱贫。截至 2017 年已投放武定鸡苗 2500 羽，绿壳蛋鸡苗 5000 羽，完成围栏 4500 米，占地面积 80 余亩，已建鸡舍 10 间。摆榔乡的鸡茨村老黑龙果蔬专业合作已种软籽石榴 60 亩；大中村果蔬专业合作社已种植软籽石榴 160 亩，抚育核桃 1800 亩。

2. **特色林果种植**

"潜力在山，优势在山，脱贫希望在林果"是针对我国贫困山区特点提出的扬长避短促发展的科学论断。发展造林种果及其相关产业是贫困山区实现群众脱贫和环境改善的最可行、最可靠、最有效的途径。木老元乡和摆榔乡的农村剩余贫困人口主要集中在资源条件差、生态环境脆弱的山区，缺乏基本的生存和发展生产的条件，脱贫难度大。在这两个乡发展林业和果业，不仅可以直接解决群众的经济收入问题，而且能从根本上改变这些地方的自然环境和人民的生产、生活条件，最终提高当地农业生产的经济效益。

摆榔乡以龙头企业和种植园区为引领，让建档立卡贫困户通过土地出租、到企业打工、"认领"管理种植基地（园区）或在公司的带动下发展庄园农业、合作经济，实现一份土地三份收入（土地租金、打工收入、入股分红），帮助贫困群众脱贫致富。主要是通过依托万家欢集团，发展苹果、蓝莓、软籽石榴等产业，全面推进两个核心基地和三个示范基地建设，目前以万家欢牵头的小白龙蓝莓种植基地土地流转 809.5 亩，开挖基础道路 3 公里，完成土地平整 1000 亩；小龙潭软籽石榴种植核心基地完成土地流转 503 亩。尖山村软籽石榴种植示范基地完成种植 60 亩；大中村软籽石榴种植示范基地完成种植 160 亩；鸡茨村苹果种植示范基地完成种植 70 亩。三年后将带动 47 户建档立卡贫困户脱贫。

木老元乡依托万家欢集团进行水果种植，全乡规划种植苹果 600 亩，石榴 2000 亩。其中 2016 年规划种植苹果 100 亩，石榴 80 亩。目前，苹果种植 100 亩，石榴种植 230 亩，其中苹果每亩补助 4060 元，石榴每亩补助 2240 元，完成投资共 92.12 万元，涉及种植户 108 户 432 人，其中建档立卡户 56 户 218 人；万家欢公司示范种植蓝莓 20 亩，完成投资 20 万元。剩余 500 亩苹果和 1770 亩石榴按规划于 2017 年度种植。全乡规划种植大黄

1100亩，其中2016年规划种植500亩，目前已移栽518.3亩，每亩补助1000元，完成投资50万元，涉及种植户124户543人，其中建档立卡户36户159人。

3. 生态农特产品

生态农特产品是指在保护、改善农业生态环境的前提下，遵循生态学、生态经济学规律，结合贫困当地的农产品特色，生产出来的无害的、营养的、健康的农产品。

（1）木老元乡打造农特产品公司和种植专业合作社运营模式

木老元乡花濮蛮农产品公司成立于2014年，以促进农民增收和壮大村集体经济为主要目标，以"公司+合作社+农户+基地"运营模式，运行中实行"五统一"，即统一供种、统一标准、统一收购、统一加工、统一销售，确保产品从种植、生产、销售全过程的质量安全，走出了一条"合作社参与企业、企业联系农户、农户带动基地发展"的新路子。公司主要经营木老元生态农特产品青豌豆、青蚕豆、白蜜（冬蜂蜜）、绿壳蛋鸡、土鸡蛋、羊角洋芋、土鸡等。公司与辖区内4家合作社（哈寨农产品专业合作社、木老元农产品种植专业合作社、林果蔬专业合作社、阿本家禽养殖专业合作社）合作经营并辐射周边乡村。公司、合作社与农户之间实行利益共享、风险共担、精诚合作，旨在以原汁原味的绿色产品，精益求精的质量，铸就木老元布朗生态山货品牌。2015年公司销售总额达351万元，农户收益252万元。养蜂农户128户，白蜜销售总额75万元，带动群众户均增收5800元；两青种植户388户，种植面积2015亩，销售青豌豆43.93万公斤，销售金额205.8万元；绿壳蛋鸡养殖户458户，销售9万多枚，销售金额24万元，带动群众户均增收524元；其他农特产品（核桃、松子、羊角洋芋、土鸡）销售金额46.2万元。2016年公司与哈寨农产品专业合作社种植羊角洋芋500亩，预计产量500吨。

花濮蛮农产品有限公司和专业合作社在运营过程中呈现以下特点：一是农产品供给保障能力得以提升。以龙头企业为主的产业化经营组织发展快速，目前已成立的各类产业化经营组织共5个，辐射带动全乡70%的农户从事农业生产经营。二是农民收入增长。按照"抓两头、促中间"的工作思路，重点抓好发展大户和建档立卡户，采用股份合作等紧密型利益联结机制的产业化经营,以建档立卡户为主、大户带小户等多种方式与农户紧密联系,带动农民增收。三是农业科技创新与应用水平的提高。2016年,公司与合作社已申报1000亩蔬菜基地建设项目、羊角洋芋脱毒培育技术、规模化林下养殖重大疾病防控与高效安全养殖技术研发3个项目,为农户种养殖提质增收提供基础条件和技术支撑。四是充分运用新的营销模式。结合"互联网+公司",在淘宝网建立电子商务销售平台,并通过建立公众号以"线上微商+线下实体店"开展新的营销方式。目前正在开发干果类和夏蜜两项产品,已经对夏蜜进行研发,预计产量2吨,销售额20万元;干果类产品预计产量30吨,销售额将达120万元以上。

4. 生态旅游业

生态旅游是由世界自然保护联盟(IUCN)于1983年首先提出,1993年国际生态旅游协会把其定义为:具有保护自然环境和维护当地人民生活双重责任的旅游活动。生态旅游是以有特色的生态环境为主要景观的旅游,是指以可持续发展为理念,以保护生态环境为前提,以统筹人与自然和谐发展为准则,并依托良好的自然生态环境和独特的人文生态系统,采取生态友好方式,开展的生态体验、生态教育、生态认知并获得心身愉悦的旅游方式。

2016年以来,施甸县在坚决打赢脱贫攻坚战,实现发展新跨越的规划中,致力于将施甸打造为世界知名、国内一流的养老养生、文化体验旅游度假目的地。聘请美国闻泰极公司高水平编制怒江大峡谷、木老元和摆榔旅游等规划,在这个过程中,继续实行最严格的生态保护制度,探索公司运作生态产业发展模式,生态建设与环境保护得到加强,为发展旅游提供坚强支撑。

坚持旅游业主导地位不动摇,推动一、二、三产业融合发展,树牢"大旅游、大产业、大融合、大民生"的全域旅游发展理念,全力构建"以县域为旅游接待服务中心,坝区城乡一体化综合旅游带,怒江大峡谷、四大山两大特色旅游环线"的旅游格局。围绕打造东方国际慢城,按照"慢吃、慢住、慢养、慢行、慢游、慢购、慢娱"旅游的要素原则,加快旅游商贸服务、特色餐饮住宿和公共服务设施建设,强力推进温泉契丹古镇、千亩温泉文化广场、水墨古村等旅游景点建设,打造出县城东方国际慢城旅游核心服务区。依托寺庙文化、契丹遗存、民俗文化、温泉开发和坝区湿地恢复、开发乡村澡堂文化、农家民宿、康体疗养，建设集自行车骑行、休闲散步、温泉洗浴为一体的风情民俗乡村慢旅游，打造集文化旅游、乡村度假、养老养生、田园生活体验为一体的坝区城乡统筹慢旅游养生带。依托四大山高山草甸、摩苍林场、布朗族山货街等景点，打造集布朗族、彝族民俗体验、生态观光、休闲度假为一体的四大山慢旅游生态民族文化走廊。推进旅游与脱贫攻坚深度融合，打造摆榔、木老元旅游特色小镇，推进旅游与文化的深度融合，打造布朗族文化旅游精品。

(1) 摆榔乡特色旅游小镇建设

以摆榔旅游发展总体规划为中心，依托万家欢蓝莓种植庄园、易地扶贫搬迁安置点特色村寨、姚摆湾公路项目建设，打造摆榔凹、塘连塘、龙上树、仙人洞、小白龙等景点，全力挖掘彝族、布朗族文化，开发民族传统体育项目、民俗体验活动及彝族、布朗族服饰和乐器等民族特色产品，以"玩在野鸭湖、住在布朗山""善洲林场学、彝朗山寨逛"等为主题，积极承办"工会游""相亲游""家庭游""亲子游"等活动。鼓励尖山村、大中村先行先试探索安置点旅游产业建设，发展特色民宿、农家乐3～5家，力争吸引游客达1000人次以上，努力实现乡村旅游量和质的突破。加快特色化集镇建设。围绕摆榔集镇建设总体规划，完成控制性详规及村庄整治规划，凸显"望得见山、看得见水、记得住乡愁"理念，本着安置与开发并重的原则，着重实施好"山水田园一幅画"、人在画中游的摆榔特色旅游小镇建设。

(2) 木老元"金布朗"休闲农业观光旅游项目

木老元乡有姜寨林场、四大山牧场，有麂子、岩羊等野生动物，山地自然风光秀丽优美、布朗民族文化古老传奇。木老元借助国家深入实施新一轮西部大开发和扶贫攻坚开发战略及扶持人口较少民族地区发展的政策机遇，围绕以休闲农业观光为载体的乡村旅游建设，依托现代农业产业化，唱响"金布朗"旅游品牌，扩大以"花濮蛮"为品牌绿色优质农产品的影响力，深度挖掘布朗族文化旅游创意产品，充分满足游客对绿色优质安全的健康饮食和文化消费需求，塑造木老元"哀劳古濮、金色布朗"的旅游形象品牌，打造具有浓郁民族特色的自然村，全面融入施甸县以善洲林场、姚关、摆榔、摩苍林场为环线的旅游大格局中。打造雪山青草生态公园、哈寨民俗体验区、5000亩映山红保护观赏区、布朗风情旅游集镇及布朗农家乐山庄。项目全部建成运营后,预计3年内即可收回全部投资。

三 相关建议

首先,生态扶贫是"五位一体"总布局的一次具体实践。它指向了生态特别重要和脆弱的地区,体现了生态环境保护、节约资源、绿色发展的生态文明建设思想。其次,生态扶贫是全面建成小康社会的有力保障。全面建成小康社会是"四个全面"战略布局中总揽全局的战略目标,是实现中华民族伟大复兴"中国梦"的关键一步。最后,生态扶贫体现了绿色与共享两大发展理念的统一,是坚持"五大发展理念"的具体实践。

木老元乡和摆榔乡作为扶贫攻坚的重点贫困乡,在政府大力推进的精准扶贫活动中,能够充分结合当地的民族地域特色,借助当地的自然生态资源和生态环境进行个性化的生态式扶贫,以生态扶持助推了精准扶贫的步伐。

通过调研了解到,第一是当地政府通过大力实施生态补偿政策使当地的自然生态环境得以保持原貌,同时通过生态补偿政策中的经济补偿也为农户增加了一笔家庭收入,符合国家的生态补偿脱贫一批的指导思想。第二是世居两乡的布朗族和彝族自古以来就是一个靠山吃山的民族,对动物和植物有种天然的亲近感,当地政府抓住这一民族特性,依托当地的森林土地资源创新发展林下经济和林果业经济,依托广阔的森林资源,发展林下生态绿壳蛋鸡养殖,带动了当地的一大批建档立卡贫困户发展养殖业,增加了家庭经济收入,实现脱贫致富;依托龙头企业万家欢集团发展经济林果(突尼斯软籽石榴和蓝莓),政府给予经济补贴带动农户种植,为农户增加稳定的经济收入来源。第三是挖掘木老元乡和摆榔乡的生态民俗资源和文化,大力打造生态文化旅游小镇,保护了生态环境的同时增加了两个乡的经济收入。

目前生态扶贫虽然有了良好的造血功能,但由于产品流通渠道不畅通、社会信任度低、规模效应低而导致价格高,生态扶贫这个新生儿还不能茁壮成长。打通生态产品与市场之间的流通环节显得尤为重要。虽然政府带动了很多农户发展生态旅游业,但是由于他们自身能力比较有限,对于这些生态民族资源他们目前还没有能力进行经营,单纯依靠政府的力量也无法很好地接通市场,针对两乡当前生态扶贫的一些问题,提出以下几点建议。

第一,对于生态补偿资金,政府要做到专款专用,是确保基金不被挪用的前提,也是《森林法》中对建立森林生态效益补偿基金的规定。

第二,通过政府牵头引进一些营销能力强的龙头企业,打通两乡的生态农特产品的市场流通渠道。

龙头企业上连市场,下连基地和农户,起着产业链中联结器和黏合剂的作用,因此,建立一批能够开拓市场、引导生产、深化加工、强化服务的林果业骨干企业和商品销售公司,是两乡山区林果产业高效、快速和健康发展的又一关键。目前木老元乡和摆榔乡的经济林果的种植规模已经达到一定程度,再过两年就能进入丰产期,虽然依托了技术强大的万家欢龙头企业作为指导,但是在未来的市场开拓、果脯的研发和销售是缺乏的,所以在当前这个时期,可由政府牵头引进一家销售和产品深加工实力较强的龙头企业来负责两乡未来经济林果的市场销售和精加工,打通大山深处经济林果和全国市场的通道。

第三,针对两乡生态经济林果和农特产品的特点,创建知名品牌。品牌就是市场,品牌就是效益,创知名品牌是解决农产品销售难问题和增加农民收入的根本途径。木老元乡已经注册了花濮蛮农特产品的品牌,须再强力打造品牌,目前花濮蛮旗下的产品主要有野生冬蜜、羊角洋芋和绿壳蛋鸡,下一步可将林下养殖的生态鸡,果品等纳入这个品牌,发挥龙头带动作用,抱团抢市场。统一品种、统一养殖、统一防疫消毒、统一品牌、统一包装和统一销售的操作模式,集中打造一个品牌,提高花濮蛮土产品牌在全市甚至全国的知名度,形成较强的影响力和冲击力,推动林下养鸡、生态水果、生态农产品等的产业化经营。

第四,控制林下养殖密度,警惕林下养殖的过度密集影响森林的生长和森林生态。目前,木老元乡和摆榔乡都有不少林下绿壳蛋鸡养殖的项目,给养殖户带来了经济效益。但在实地调研中发现,很多活跃在养殖基地林间的这些鸡的刨食行为，使得林下植被出现了空心化的情况，对天然林地的植被和土壤的影响十分严重。因此，在天然林区，特别是在一些水源涵养区林下养鸡须十分谨慎，要充分考虑环境的承载能力。建议当地政府引起重视，鼓励农户开发、购买一些生态饲料，比如用玉米等粮食来补偿绿壳蛋鸡的口粮，另外，必须经过科学预算来控制养殖密度，还应该实行轮养，定期换林区散养，以免土壤植被受损。

第七章

社会保障扶贫实践

改革开放40年来，国民经济取得了飞速的发展，按照世界银行1天1.9美元的贫困标准估计，中国在40年间减少了8.53亿贫困人口[①]，给全球做出了90%的减贫贡献。然而值得注意的是，随着收入分配不平等程度的扩大，以区域开放为重点的农村扶贫已经出现了偏离目标和扶贫效果下降的问题，经济增长带来的减贫效应开始下降。2013年11月，习近平总书记到湖南湘西考察时首次做出了"实事求是、因地制宜、分类指导、精准扶贫"的重要指示。随着政府对"精准扶贫"做出制度和工作模式的设计，"精准扶贫"被推向具体的政策实施过程中，并成为各界热议的关键词。

社会保障作为社会的安全网和减震器，在维护社会稳定和民族团结中具有重要作用。特别是对于经济欠发达的少数民族地区，社会保障体系的完善是市场经济良好运行和国家稳定长治久安的必要条件，是全面建设小康社会和实现社会和谐的内在要求。本章围绕着精准扶贫理念与社会保障制度之间的关系内涵，结合对处于云南边境地带的云南省保山市施甸县的两个少数民族乡——摆榔乡和木老元乡的调研成果，提出相关的分析和政策建议。

一 社会保障相关理论视角

社会保障（social security）一词最早源于美国1935年颁布的《社会保

[①] 《改革开放40年：我国农村贫困人口减少7.4亿人》，《光明日报》2018年9月4日，第12版。

障法》，后来逐渐得到了世界各国的认同，现今，全世界已有170多个国家建立了社会保障制度。在学界，学者们主要是基于风险社会理论、社会支持理论、社会分层与流动理论、福利经济学理论的理论视角进行分析。

风险社会理论，是社会学家贝克的后现代主义理论的重要观点。指的是工业主义正在进入一个日益不可把握的阶段，并且被疑虑笼罩，处于人为制造的自我毁灭的可能性的阴影中，认为人类身处于一个生态破坏、贫困、全面战争和极权统治的高风险社会，而各类风险都是人类行动和抉择的未能预期的后果。风险社会理论认为风险的秩序并不是等级式的、垂直的，而是网络型的、平面扩张的，因为风险社会中的风险是"平等主义者"，身处社会的每个人都不能免于其害。风险社会理论对社会保障制度的理论启示在于，在社会中，没有人能够成为旁观者，建立社会保障制度是避免风险的重要途径。

社会支持作为学术概念最早出现于20世纪70年代，精神病学文献首次将其引入，其后社会学和医学采用定量研究的方式对社会支持与身心健康的关系进行了大量研究。社会支持理论强调建立一个相互支持的社会网络系统，该理论对于社会保障体系的启示在于，社会保障体系不仅仅作为一种客观存在的制度性规范，更应该在建立的过程中强化人们的社会支持意识，建构自助与互助二者有机结合的社会支持系统。从社会保障的主体来说，社会保障体系的建构实质是构建社会支持网络的过程，这就要求在社会保障制度的建立过程中，不仅仅是政府在起主导作用，公民自身也要构建自我保障的意识，另外其社区成员以及第三方的公益组织也应积极建构相关的社会保障途径。

社会分层与流动理论是社会学的经典理论。主要包含功能主义和冲突主义两种研究视角。就冲突主义而言，指的是社会分层现象来源于社会优势群体垄断控制资源的后果，这种现象并不是合理的。根据冲突主义的社会分层理论，弱势群体较低的社会经济地位不是他们自身造成的结果，而是社会结构使然，这种理论视角带来的启示是：建立适当的社会保障制度，对弱势群体提供社会救助，是调节社会资源分配不均的有效途径。

福利经济学理论由英国著名经济学家庇古首创。他提出，个人的福利可以用其所享受的物的效用来表示，而整个社会的福利应该是一个社会中所有个体效用的总和。他认为增进社会经济福利的途径在于依据边际效用递减原则，这是因为同样的钱对于穷人和富人的效用是不一样的，对于穷人的效用要大于富人的效用，因此，将富人的一部分收入转移给穷人会使社会总效用增大。该理论对于社会保障制度建立的借鉴意义在于，社会保障的理论内涵在于通过政府对经济收入进行再分配从而调节穷人和富人之间的收入差距。

二　社会保障模式回顾

当前西方国家的社会保障模式可以分为自保公助型、国家福利型或自我积累型（李怡，宋军，2009）。

美国的社会保障制度属于"补缺"型模式（"自保公助型"），强调帮助生存困难的特殊群体，目的是维持特殊社会阶层的基本生活，因此保障水平较低、制度覆盖面较小。美国的社会保障制度具有以下几个方面的特点：①强调自我负责的经济，即"自助"原则，其社会保障基金基本由个人和企业提供，基金专款专用，纳入政府财政预算，但要独立于预算之外。政府强调社会福利制度具有私人保险的特征，应该由企业和个人自己出资办理。②资金来源多渠道，由联邦政府、地方政府、企业、非营利组织和个人共同负担。如美国的老年、遗属、残疾和老年健康保险的基金由企业和个人各缴纳一半，退伍军人津贴和低收入家庭的"补充保险收入"及"视频津贴"项目由联邦政府支付；失业阶级金、私营企业养老金、补充失业津贴和残疾保险等项目由企业支付；公共救济、医疗补助、对抚养儿童家庭的补助等项目则由地方政府支付。③实行差别化的社会保障，福利给付项目具有明显的选择性。社会保障项目主要向老人和儿童倾斜，对处于劳动年龄的人口，除提供伤残和失业救济之外，基本不提供其他福利项目。在医疗保险领域，政府主导的社会医疗保险主要针对老年人和贫困人口，对在职者则强调通过市场力量实现，并没有贯彻普遍性原则。④保障水平相对较低，美国公民享受政府公共社会福利的资格限制较严格，期限较短，给付标准较低。

"福利型国家"社会保障制度源自福利国家的社会政策，最早在英国创立，之后又在瑞典、北欧等国家推行。该类型的社会保障制度是在经济发展水平较高、整个社会的物质生活水平提高的前提下实施的一种全面保障模式，其政策的价值取向是：为每个公民提供由生到死的诸多生活与风险保障。瑞典社会保障制度就属于福利型模式，强调为公民提供社会福利既是政府的责任，同时也是公民的权利，因此该国社会福利具有普遍性，其目的是提高全体公民的生活质量。瑞典的社会保障制度的特点主要表现在以下几个方面：①社会保障制度建立在公民的普遍权利之上，体现了该制度的普遍性原则。②广泛和大规模的公共补贴制度与社会保险相结合构成了高给付标准的社会保障水平，反映出瑞典社会民主党政府以强大的社会福利刺激需求、推动经济发展的战略。③社会保障的受益者一般不需要直接缴纳社会保险费用，制度对权利义务的对等性要求相对弱化，福利费用的大部分由政府和雇主负担，个人缴纳很少，享受社会福利被视为公民的权利。④从享受对象来说，遵循普遍性原则，不仅覆盖老年人，而且惠及青年学生、残障者、家庭主妇等群体，医疗保险覆盖全体公民。⑤失业保险的非强制性。瑞典的失业保险不是由政府管理，而是分别由两个部门负责：一个是工会自愿建立的失业基金会，政府给予大量补贴；另一个是劳动市场委员会举办的项目，专门为上述项目中未包括进去的人设立，由各地劳动委员会或就业办事机构管理和具体实施。

新加坡则属于自我积累型。新加坡社会保障制度的核心是中央公积金制度。中央公积金制度于1955年7月建立并实施，建立中央公积金的最初目的是为了解决职工的养老问题。中央公积金制度实质是一种强制储蓄制度，通过强制储蓄、限制使用等手段，为会员退休后或不能继续工作提供一定的经济保障。中央公积金制度是集养老、医疗、住房、家庭保障等多种功能为一身的综合性，多层次的社会保障体系。通过实行会员制，所有新加坡公民和永久居民按一定比例缴纳强制性的公积金。①

以上是国外主要的社会保障制度模式，中国的社会保障制度具有其自身的一些特点。中国社会保障制度改革经历了30多年的历程，1951年政

---

① 杜海波：《新加坡社会保障体系的特点》，《劳动保障世界》（理论版）2013年第3期，第95~96页。

务院就颁布了《中华人民共和国劳动保险条例》，标志着我国除失业保险外，包括养老、工伤、疾病、生育、遗属等的职工社会保险制度已初步建立，该法规适用于国营企业和部分集体企业。改革开放以来，我国开始了社会保障制度的重构，基本建立了适用市场经济秩序的社会保障制度。目前我国社会保障制度基本包括两大部分：一是完全由国家财政支撑的项目，包括对适合弱势群体的救助、对军人及其军烈属的优抚安置、对无依无靠的孤老残幼以及社会大众举办的社会福利及有关的社区服务，完全属于国民收入再分配范畴，充分体现社会公平；二是由用人单位、职工个人缴费、国家给予适当补助的三方共同筹资的项目，包括养老保险、医疗保险、失业保险、工伤保险和生育保险等。属于社会保险范畴，其中，养老保险和医疗保险实行个人账户与统筹相结合，其他三项保险属于完全统筹的项目，与前项内容比较，现行我国社会保险是在劳动者与用人单位建立劳动关系的基础上实行的，既体现公平与效率，又注重权利与义务相结合。

但值得注意的是，中国城乡二元结构使得当前农村社会保障体系的健全明显滞后于城镇。我国农村居民养老保险制度起始于20世纪80年代，经历了三个阶段演变成了现在的"城乡居民基本养老制度"。老农保阶段（1987～1999年）、新农保阶段（2009～2014年）和城乡居民社会养老保险制度（2014年至今）。其中1999～2009年农村居民无社会养老保险制度运行。有学者将当前农村社会保障制度的缺点总结为以下几个方面。①覆盖面较窄。②保障水平比较低，如养老保险只能起到补充作用，而不能解决基本的生活保障问题。③农村社会化养老缺乏法制化规范和管理，特别是养老保险基金的管理和运作以及社会救济发放标准和操作规则等具体方面，缺乏严格的法制化措施，导致某些地方社会保障以及社会福利措施不能得到真正落实。④思想观念不适应，农村居民对社会保险这个新事物认识不足，很多人持观望的态度。⑤中国农村经济发展水平不高，农民投保的能力有限，农村地区之间发展不平衡，存在个人群体投保能力比较弱小等不平衡状况。⑥没有把关注点集中在完善医疗保障体系上。[1]

---

[1] 高和荣：《社会转型与健全中国农村社会保障制度研究》，《人口与经济》2003年第5期，第56～60页。

就云南省而言，1992 年，云南省人民政府下发了《关于开展农村社会养老保险工作的通知》，并选择曲靖市、建水县、潞西市开展了试点工作；1994 年底，在澄江召开了全省农村养老保险试点工作总结会议；1997 年 12 月，省政府颁布了《云南省农村社会养老保险暂行办法》，各地相应制定了实施细则；1998 年 11 月，按照国务院机构改革精神，将原属民政厅管理的农村社会养老保险工作移交到新组建的省劳动和社会保障厅管理（地县两级农村养老保险职能至今尚未完成完全移交）；从 1999 年开始，对农村社会养老保险进行清理整顿，停止接受新业务，其工作基本处于停滞状态。依据《云南省农村社会养老保险暂行办法》，云南农村社会养老保险制度建设的现行主要政策：一是坚持"四大原则"。坚持个人缴费为主，集体补助为辅，国家予以政策扶持；坚持社会养老保险与家庭养老、土地养老相结合；坚持自助为主、互济为辅；坚持农村务农、务工、经商等各类人员社会养老保险制度一体化。二是投保对象为年满 18 周岁以上、未满 60 周岁的农村各业人员。三是养老保险费由参保人在参保期限内按年度缴纳或者分次缴纳。分次缴纳的，其首次缴纳标准一般以 200 元为起点。主要是根据各地农民的经济承受能力自己选择，没有缴费上限。所缴保险费全部记入个人账户，到领取年龄时，分段计息算出积累总额，最后确定月领取标准。四是基金全部用于存银行和购买国债以保值增值，不得用于直接投资。基金的增值严格按照劳动与社会保障部规定的增值利率进行管理运营。五是养老保险金的给付，原则上从参保人年满 60 周岁开始领取，领取保证期是 10 年。参保人 10 年内死亡的，余额一次性退还给法定或指定继承人；10 年后还健在的，按照原标准继续领取，直至死亡。六是县级经办机构可以在当年筹集的养老保险费总额中提取 3% 的管理费。七是原则上不允许参保人非正常（除死亡、户口迁移、农转非等）退保。八是养老保险金的收付工作由乡镇直接管理，上级农保管理部门监管[①]。基金的管理运营接受同级劳动保障、财政和审计部门的监督。而值得注意的是，当前云南农村养老保险制度建设仍存在一些缺陷，面临着保障水平低、筹

---

① 董兴：《云南农村养老保险制度探析》，《云南民族大学学报》（哲学社会科学版）2007 年第 4 期，第 84~86 页。

资渠道窄、人口老龄化速度较快、缺少扶持机制这样一些缺陷和挑战。

与此同时，云南作为少数民族地区，就贫困问题而言，少数民族的贫困状态远远大于汉族地区，少数民族地区的社会保障建设更是重中之重。有学者研究了当前我国少数民族地区社会保障模式，将其总结为"二元优惠型"与"一元普通型"（李文祥，2011）。二元优惠型指的是国家在一般新农村社保体系之外，还专为少数民族同胞制定了民族福利政策。一元普通型模式则指的是在少数民族地区实行的是全国一致的一般性农村社保体系。李文祥（2011）认为当前"二元优惠型"模式由于依赖过渡性的优惠性福利而产生了平等困境与效率困境，而"一元普通型"模式则无法确保少数民族同胞在事实上的平等，因此综合这两个模式提出了合理的模式应该是在"一元型"的基础上体现出过渡性，即将优惠型民族福利注入少数民族群众在一般性农村社保体系中的相关保障科目，根据具体的民族福利政策以及在当地实现发展所需扶助水平进行计算，使少数民族群众在社保体系中拥有相对较高的社保待遇。

下面对具有典型研究意义的云南少数民族农村地区——云南省保山市施甸县木老元乡和摆榔乡在扶贫攻坚时期的社会保障制度现状进行描述，分析其中对于未来精准扶贫中可借鉴的优点，同时对其中的可改进之处提出具体的对策建议。

三 施甸县社会保障制度实施情况

（一）社会保险制度

1. 相关规定

施甸县的养老保险制度根据《云南省城乡居民基本养老保险实施办法》进行设立，两个民族乡均按照该实施办法进行。就办事程序而言，首先由本人到村委会或乡镇劳动保障所领取并填写"参保登记表"，随后村委会或乡镇劳动保障所审核后收缴养老保险费，核实无误之后由乡镇劳动保障所录取信息系统；就收费标准而言，设为每年缴纳 100 元、200 元、300 元、400 元、500 元、600 元、700 元、800 元、900 元、1000 元、1500

元、2000 元 12 个档次；就政府补贴而言，参保人按照规定缴费后，政府对缴费 100 元的补贴 10 元；缴费 200 元的补贴 15 元；缴费 300 元的补贴 20 元；缴费 400 元的补贴 30 元；缴费 500 元的补贴 40 元；缴费 600 元的补贴 50 元；缴费 700 元的补贴 60 元；缴费 800 元的补贴 70 元；缴费 900 元的补贴 80 元；缴费 1000 元的补贴 90 元；缴费 1500 元及以上的补贴 100 元。对累计缴费年限超过 15 年的参保人，缴费年限每增加一年，由市、县两级财政承担每月加发 2 元基础养老金。对于需要特殊照顾的人员，2014 年起对重度残疾的参保人由省级财政按照 200 元的缴费档次标准逐年全额代缴养老保险费。除省级财政代缴养老保险费外，对年满 55 周岁未满 60 周岁，符合享受养老补助条件的重度残疾人，省级财政同时按月支付养老补助，支付标准与月基础养老金标准一致。就参保人享受的待遇而言，年满 60 周岁且累计缴费满 15 年的按照中央财政和省财政确定的每人每月基础养老金标准执行，目前标准为 75 元，其中中央财政 70 元，省财政 5 元，按月实行社会化发放，支付终身。并按照国务院的统一部署，适时调整基础养老金标准。对于易地扶贫搬迁农户，可在政策范围内自愿选择符合自身条件的社会养老保险，保险关系转移到搬迁后的户籍所在地，业务管理仍由县人社部门统一管理。易地扶贫搬迁户有用人单位并签订劳动合同的，可按照规定参加城镇企业职工基本养老保险，基本养老保险费由用人单位和职工共同缴纳；没有用人单位的，可选择以灵活就业人员身份参加城镇企业职工基本养老保险，也可按原有参保险种选择参加城乡居民社会养老保险，缴费档次、参保条件、养老金领取按国家相应政策规定办理。推广使用金融社保卡，启动社会保险费"代扣代缴"。

新型农村合作医疗，是指由政府组织、引导、支持，农民自愿参加，个人、集体和政府多方筹资，以大病统筹为主的农民医疗互助共济制度，采取个人缴费、集体扶持和政府资助的方式筹集资金。在施甸县公布的《2016 年新型农村合作医疗补偿标准的通知》中，规定：普通门诊报销比例统一按照村级 50%、乡（镇）级 50% 的标准报销，每人每年封顶线 300 元。重性精神病、高血压、糖尿病及美沙酮维持治疗的慢性病患者门诊每次按照门诊医药费的 60% 给予报销，单次就诊开药量不得超过 3 个月用药剂量；高血压、糖尿病及美沙酮维持治疗的封顶线为每人每年 1500 元；在册管理重性精神病人门诊治疗的封顶线为每人每年2000元。施甸县疾病预防控制中心管理的肺结核病人的门诊用药纳入新农合报销,报销比例为60%,封顶线为1500元/年。住院报销比例则按照乡(镇)级90%、县级75%、市级60%、省级50%进行报销。就报销方式而言,体现出对农民的关怀性,采取缴纳医疗费时直接抵扣的方式报销,方便快捷。

2. 参保情况

2016年施甸县新农合参合率达99.82%,筹集基金1.62亿元,1~8月补偿739336人次,补偿基金12019.53万元,基金使用率为74.05%,住院政策范围内报销比例为76.73%,实际报销比例为63.07%。[①]

木老元乡养老保险及医疗保险的参保情况为:2015年全乡完成参保3686人,参保率为95%,其中建档立卡户487户985人。截至目前全乡完成参保3705人,参保率为95.24%,其中建档立卡户242户569人。2015年,木老元乡共发放城乡居民医疗保险补助600人,共发放5次。2015年,木老元乡新农合参合人数5701人,参合率98.55%,其中建档立卡户1545人,参合率100%。2016年,木老元乡新农合参合人数5642人,参合率98.58%,其中建档立卡户参合率100%。摆榔乡2016年新农合参合6974人,筹资104.6万元,参合率100%;新农保参保3327人,参保资金38.34万元,参保率100%。

由以上可以看出,城乡养老保险和新型城乡合作医疗参保率在上升,且重点覆盖建档立卡户,新农合的参合率达到了100%。

(二)社会救助制度

施甸政府围绕2016年社会保障兜底脱贫678户2169人(其中木老元乡、摆榔乡52户130人。布朗族51户118人)的目标,采取动员符合条件的人员入住中心敬老院养老、建立异地搬迁建档立卡贫困户最低生活保障救助专项台账和实施农村五保、孤寡老人、孤儿、因灾因病致贫人员动态管理救助或低保兜底等措施,实施低保与精准扶贫制度、对象、标准三

[①] 赵龙泉:《我县1至8月新农合使用基金1.2亿元》。http://www.shidian.gov.cn/info/1037/13206.htm,最后访问日期:2017年3月8日。

项有效衔接，实现"应兜尽兜"。目前，共发放临时救助、自然灾害补助、大病医疗救助、孤儿救助等资金5600万元。2857户10001人建档立卡贫困户受益，87名建档立卡贫困人口入住中心敬老院，72名建档立卡贫困家庭的精神病患者到精神病医院接受免费治疗；全面开展低保减量提标工作，将最低生活保障标准提高到年人均2818元。木老元乡、摆榔乡共发放临时救助、中央自然灾害补助、大病医疗救助资金22万元，受益群众236户825人（建档立卡贫困户75户247人）；8名孤儿得到政策救助，让12个贫困家庭31人卸下"包袱"就业脱贫。

其中，木老元乡全乡共有低保、五保户628户，1363人（其中，城市低保30户、31人，农村低保486户、1202人，五保112户、130人），给予城市低保户平均每人每月300元补助，农村低保户分为：贫困户每人每月128元、特困户每人每月148元、孤残户每人每月168元补助，"五保"户每人每月104元补助。为鼓励创业，木老元积极营造创业环境，扶持更多未就业群体自主创业。2015年，木老元乡创业贷款补助21人，发放125万元；其中建档立卡户8人，40万元；截至2016年7月底，木老元乡创业贷款补助20人，发放143万元；其中建档立卡户6人，53万元。

摆榔乡的社会救助体现在：对于困难残疾人，每月发放50元，一年600元；对于重点优抚对象，即生活困难的60周岁以上农村籍退伍人员、参战退役人员、残疾军人、在乡复员军人发放1000元到2000元；对于医疗难的重点优抚对象发放1000元到2000元，对于住房困难的重点优抚对象发放20000元。农村居民最低生活保障金分为A、B、C三类，其中A类为220元，B类为160元，C类为135元。对于特困人员发放救助金410元，特困人员中的残疾人士还多发放40元。

除此之外，这两个民族乡还逐步健全功能完善的养老服务体系，建成老年人日间照料中心；并发放生猪良种补贴、公益林补助等各项涉农资金。

四 施甸县社会保障实践问题探析

（一）政府为主体：管理过程中出现的问题

据施甸县政府工作报告总结，在建档立卡的过程中容易出现以下方面的问题：一是受农村低保的影响，被调查农户也存在瞒报收入的现象；二是部分贫困户因自身懒惰导致贫困，其他群众意见较大；三是少数农户未整户纳入，造成此种情况的原因是农转城政策下达后，部分群众家庭有2本或者3本户口册（一种是农村户口、一种是农转城户口、一种是非农户口），而在之前的建档立卡工作中，把部分群众的几种户口类型纳入到建档立卡户数中，造成户数增加；四是家庭人口数的增加、减少（嫁娶、新生儿及死亡人员，本村内重新组建家庭）的情况，未及时发现整改；五是经济指标难以衡量，在入户调查的时候问及补助情况，好多农户都不清楚自家的情况，入户人员难以掌握，只得靠小组评议来确定该组贫困情况；六是各级工作人员疲劳作战，难免有些厌战情绪，大量表格，海量数据，反复不停地入户调查，就连农户都疲劳应对了；七是各种工作资料都有，但不够完善，还有许多亟待改进的地方。

同时，在城乡居民养老保险基金的筹集、管理、支付之中也容易产生以下隐患。在基金筹集方面，主要的隐患包括：①基金的征缴全部采取现金缴费方式，由乡镇经办人员、村干部或村级协办员代为收取，基金的征缴过程存在安全隐患。②部分乡（镇）基金存入收入户前，存在滞留在村、组干部或村级协办员手中现象，基金安全隐患不容忽视。③部分乡（镇）存在参保信息录入系统不及时的问题，影响参保人个人账户计息和基金的预算。在基金管理方面，包括：①业务还需进一步完善，新增待遇领取人员待遇审批表没有纸质痕迹资料。②参保人员信息变更管理不规范，业务系统变更的信息缺乏有效的依据，未按经办规程规定填写变更登记表和及时归档管理。在基金支付方面，包括：①部分乡（镇）待遇领取人员生存工作没有做到位，村组对死亡人员上报不及时，时有发生多领待遇情况。②部分乡（镇）没能按时上报待遇发放相关资料，导致全县待遇不能保证每月准时发放。③部分乡（镇）对参保人员待遇领取资格没有进行公示，群众监督作用不能完全体现。

（二）贫困户为主体：具体案例分析

调研走访的数十户贫困户中，当前贫困户中最主要也是最难以克服的致贫原因在于因病致贫。

案例：2016年11月19日于施甸县摆榔乡大中村里格组对杨连聪一家所做的调研。这家非常贫困，家中只有杨连聪和她女儿两人。户主1957年生，汉族，59岁，文盲，丧偶，身体健康状况很差，患有脑梗塞、肌无力等症状，2015年在县医院住院，除报销以外的费用自己又花费八九千元。其女，2003年生，汉族，13岁，小学六年级在读。因为患大病，杨连聪没有能力做很重的劳动，家庭主要劳动收入是来自每年种植玉米的一两千元，除此之外最大的收入就是享受政府提供的A档低保，一年只能有近2000元。其女儿还在读小学，再过三年就要进入非义务教育阶段了，杨连聪对于能否支持女儿上高中没有信心。

在访谈过程中观察到，受访者因为长期病痛折磨，寡言少语，其沟通能力相对较差。这种类型的特别贫困户要靠自己脱贫相当困难，其生存压力不是普通的社会保障就能缓解的。

采访中还观察到另外一类家庭贫困户。如施甸县木老元乡龙潭村立界组于2016年11月17日对李江一家所做的访谈。这家人身体健康，家庭和睦，但致其贫困的原因主要在于缺技术、缺资金，这个家庭的人虽然缺少文化，但本身勤劳好学，也渴望通过自己的双手脱贫并致富。对于这类家庭，应该积极引导他们学习技术、参与扶贫合作项目；就社会保障而言，他们支付新农合和城乡养老保险的费用不成问题。既然这类家庭有能力支付各类保险费用，并可以通过努力过上更好的生活，应当说服和鼓励他们参与其他类别的商业保险，这样可以未雨绸缪，降低日后风险，为他们日后的生活多一份保障。

贫困户的情况和状态是千差万别的，有的挣扎在生存线上，日后的养老问题并不迫在眉睫，医疗保障和子女的教育保障才是他们所关心的，而有的家庭只是暂时性的贫困，挺过难关将来可以过上更好的生活。未雨绸缪，是杜绝新增贫困户的办法，在其有能力时、健康状况良好时，加大其养老和健康保障的力度，防范不测情况发生，是最佳的选择。不同类型的家庭有其对不同社会保障的需要，依据不同的需要也应当制定相应的政策。在制定社会保障政策的过程中，应该针对不同类型的家庭更详细地制定有针对性的条款，变"普惠"为"特惠"。

调研中还发现，有一户家中只有姐弟两个老人，终身未嫁娶，且无儿无女，也没有其他可依靠的亲戚。兄妹俩已年过七旬，往后生活会难以自理。当问起村里正在修建养老院，他们是否愿意日后去养老院居住时，他们非常坚定地表示不愿意去。

养老院就是为他们这一类的孤寡老人及困难户所修建的，乡政府考虑的是兜底方案，他们无须交任何费用，直接拎包入住即可。这个案例并不是特殊案例，在走访的十几家贫困户中都存在不愿意接受社会化养老的情况。这主要与当地人的心理状态和传统习惯有关，在这种情况下，如何结合民情制定完善的乡村社会养老体系，是需要认真思考的问题。

五　相关建议

通过有关社会保障理论的梳理，以及对施甸县的具体问题的分析，两乡调研案例的具体情况的了解，有以下几点结论和建议。

（一）社会保障变"普惠"为"特惠"

如上文中所述，贫困户的家庭情况千差万别，结合当地现实情况制定相应的多元化的社会保障制度尽管会影响效率，但从长远来看却是真正有效的。具体来说，社会保障的形式可多样化，保障人群可以差异化。就形式多样化而言，可借鉴铜仁医疗健康扶贫模式，实现"建立重特大疾病'政策补、商业补、防疫补'长效机制，实现'有病愿看报销快、市级统筹报销多、商业再保报销高、特殊人群有救助、因病致贫有防范'的目标"[1]。即，一方面，建立重大疾病基金筹集机制。比如说，按照"财政补助、居民共筹、市级统筹"原则，建立城乡居民重大疾病基金。明确分段保险补偿标准，并从新农合和城镇居民大病保险基金总额中提取85%作为重大疾病保险费，按人均0.5元提取重大疾病再保险基金。建立风险调节基金，从基金总额中提取15%作为风险调节基金，用于因医疗补助政策调

---

[1] 铜仁日报：《普惠+特惠+精准惠铜仁医疗健康扶贫模式成为全国样本》。http://gz.people.com.cn/GB/n2/2016/0727/c375236-28738570.html，最后访问日期：2017年8月18日。

整后重大疾病医疗费补偿增加而导致保险基金透支风险调控，确保风险基金安全有效运行。另一方面，可引入商业保险，多方位提供资金来源。就保障人群差异化而言，当前农村养老保险制度因为残疾人的弱势特征，对农村残疾人的实际保障功能不足，专门针对农村残疾人群体的"特惠"型制度也缺乏实质性内容，因此可针对农村残疾人建立特殊的社会保障体系，比如，就资金来源方面，可根据残疾人群体的特殊情况，由地方政府或者村集体财政，承担起残疾人参加新农合或者新农保时个人缴纳的那部分现金，甚至也可以鼓励其他经济组织、社会公益组织和个人为参保人缴费提供帮助；又比如，可专门针对残疾人建立"残疾人之家"之类的福利院，建立残疾人互助体系，让一部分残疾程度较轻的残疾人去照顾残疾程度较重的残疾人，一方面为当地政府减轻负担，另一方面又为一部分残疾人带来就业保障。

（二）农村养老体系的完善与民情相结合

目前养老存在的问题在于，尽管很多农村开始建立养老制度，修建养老院，但由于条件落后，很多地方即使修建养老院，老年人也不愿意去。应该加强农村养老体系的尽快完善，结合当地民情，对于愿意去养老院安度晚年的老人可鼓励其去，对于愿意在家中养老但确实丧失行动能力的老人可安排专门培训的工作人员定期在其家中提供养老服务。

如果政府有针对孤寡老人的养老经费，可以采取让同村信誉较好的、愿意服侍老人的村民为他们养老，或者定期服务，由政府支付费用或者为其购买养老保险等多元化的手段，来进行政府兜底一批的扶贫工作。这样做是"肉烂在锅里"的方法，费用都用在本村村民身上，还有助于树立养老爱老的文明新风气。

（三）完善农村社会保障的管理体制和监管体系

由存在的问题可知，由于农村社会保障的运行涉及民政、财政、劳动、卫生、人事等多个职能部门，目前这些部门之间实行的是相互分割、各自为政的切块管理模式，这种管理模式既不能统筹考虑农村社会保障的整体发展，又无法兼顾风险分散和透明化管理的社会化需求，还难以提高管理效率。因此，提高农村社会保障的组织、协调和管理水平，其首要工作之一就是着手组建农村社会保障委员会，在该委员会的统一协调下，各个部门之间明确各自职责并加强联系沟通，互相积极配合，进行有序管理，才能共同促进农村社会保障事业的发展。

第八章

健康扶贫实践

在我国贫困人口建档立卡户中，因病致贫、因病返贫户占比非常高，且经过几年的全国各部门的大力度扶贫攻坚工作，此类贫困户不降反升，推进健康扶贫在整个扶贫工作中意义重大且难度很大。

近年来，疾病在我国已成为致贫的一大主要原因。2014年，国务院扶贫办对2013年底的贫困人口全部进行了建档立卡。数据显示，因病致贫、因病返贫户在所有贫困户中占42.2%。经过2014年、2015年的大力度扶贫工作，不少贫困户实现了脱贫。为了使数据更加精准，从2015年下半年开始，国务院扶贫办对剩下的贫困户进行了"回头看"，结果因病致贫、因病返贫的占比不降反升，达到了44.1%。[①] 由此可见，推进健康扶贫迫在眉睫且意义重大。

2016年6月，经国务院同意，国家卫生计生委、国务院扶贫办、国家发展改革委、教育部、科技部、民政部、财政部、人力资源和社会保障部、环境保护部、住房和城乡建设部、水利部、国家中医药局、中央军委政治工作部、中央军委后勤保障部、中国残联等15个部门联合印发了《关于实施健康扶贫工程的指导意见》（以下简称《指导意见》）。健康扶贫同已经被大众广泛熟知的其他扶贫模式一样，有了系统性的指导文件，脱贫攻坚战又添重要武器。实施健康扶贫工程，对于保障农村贫困人口享有基本医疗卫生服务，推进健康中国建设，防止因病致贫、因病返贫，实

---

① 马晓华：《解决因病致贫，我国贫困人口门诊看病报销比例将提高》，http://www.yicai.com/news/5031185.html。

现到 2020 年让农村贫困人口摆脱贫困目标具有重要意义。①

《指导意见》发布后，多个省份出台了针对本省实际情况的健康扶贫实施方案。2016 年，云南省人民政府第 97 次常务会议审议并通过了由省卫生和计划生育委员会牵头起草的《云南省健康扶贫行动计划（2016—2020 年）》（以下简称《行动计划》），并由 12 个部门联合印发实施。这标志着云南省农村健康扶贫行动计划正式启动实施，将进一步提高全省农村贫困人口健康水平，为全省农村贫困人口与全国人民一道迈入全面小康社会提供健康保障。此举将给云南省施甸县下辖的两个民族乡——木老元乡和摆榔乡的扶贫攻坚工作带来强大的助力。

一 健康扶贫的理论依据

（一）健康人力资本理论

美国经济学家欧文·费雪（Irving Fisher）在 1906 年出版的《资本的性质和收入》一书中首次提出了人力资本的概念，将其纳入经济分析的理论框架。1909 年，费雪在给美国国会提交的国家健康报告中最先提到，健康是财富的一种形式，并界定了疾病带来的损失。②

人力资本理论的提出有其现实和理论方面的原因。传统经济学假定劳动是同质的，然而随着经济发展和社会进步，劳动力异质性的特点越来越突出。社会发展的经验表明，劳动力的异质性和投资行为不仅可以为自身创造更大的价值，同时也是社会经济发展的根本动力和关键因素。

人力资本则是体现在人身上的资本，即对生产者进行教育、职业培训等支出及其在接受教育时的机会成本等的总和，表现为蕴含于人身上的各种生产知识、劳动与管理技能以及健康素质的存量总和。

---

① 国家卫生计生委财务司：《关于实施健康扶贫工程的指导意见》，http://www.nhfpc.gov.cn/caiwusi/s7785/201606/d16de85e75644074843142dbc207f65d.shtml。

② 李亚慧、刘华：《健康人力资本研究文献综述》，《生产力研究》2009 年第 20 期，第 189~192 页。

雅各布·明赛尔建立了个人的收入与其接受培训量之间相互关系的数学模型，从而开创了人力资本研究的另一个分支。[①] 在索洛模型中，技术进步是被当作一个"余值"来处理的，是一个外生变量。如何将这一"余值"内生化，基本思路就是将人力资本作为技术进步的载体。

舒尔茨（T. W. Schultz）在20世纪50年代转向了发展经济学，专心研究人力资本，试图说明不能用传统的生产要素增长来解释经济增长中的一部分内容，即索洛剩余。他主要从宏观角度研究人力资本，认为人力资本是通过投资形成的，体现在劳动者身上的体力、智力、知识、技能和劳动态度。许多我们现在称之为消费的东西，就是对人力资本的投资。在构成方面，舒尔茨认为人力资本包含了教育、健康和移民等方面的投资。

1962年，塞尔玛·莫什金（Selma Mushkin）首次将教育和健康并列为人力资本的主要组成部分。但可惜的是，随后兴起的对人力资本的研究却一直以教育人力资本为主，健康人力资本研究长期处于缺位状态。[②]

不同于舒尔茨的宏观研究角度，G. S. 贝克尔（Becker）从家庭和个人的角度出发，做出了许多开创性的研究工作，奠定了人力资本理论的微观经济学基础。贝克尔认为，人力资本不仅意味着才干、知识和技能，而且还意味着时间、健康和寿命；用于教育、在职训练、卫生保健、劳动力迁移以及收集信息等实际活动的支出都是一种投资，而不是消费。[③]

布劳格（Blaug, 1976）概述了人力资本的几种投资形式：教育、信息获得、卫生保健、在职训练、就业调查、迁移等。其理论的研究难题是可计量问题，微观数据可获得性差。

人力资本理论的核心观点是：人力资源是一切资源中最主要的资源，在经济增长中，人力资本的作用大于物质资本的作用。人力资本投资与国民收入正相关，比物质资源增长速度快。人力资本的核心是提高人口质量，教育投资是人力投资的主要部分。理性经济人理论，假定个人进行最

---

① 谭永生：《人力资本理论述评及对我们的启示》，《首都经济贸易大学学报》2006年第3期，第29~32页。
② 吕娜：《健康人力资本与经济增长研究文献综述》，《经济评论》2009年第6期，第143~152页。
③ 李守身、黄永强：《贝克尔人力资本理论及其现实意义》，《江淮论坛》2001年第5期，第28~35页。

优投资决策以满足效用最大化。教育和健康投资在贫困人群中是稀缺的，因为其效用周期长且表现不明显。

经济增长理论在经历20世纪70年代的沉闷发展时期后，从80年代中后期开始进入一个新的发展阶段。与舒尔茨同时期的经济学家不同，这一阶段的学者们沿着另一条思路——经济增长的模型来研究人力资本。他们突破了新古典增长理论技术外生和生产的规模收益不变这两个不符合现实的假定①，提出了以人力资本为核心的内生经济增长理论，被称为新经济增长理论。在罗伯特·卢卡斯（Robert E. Lucas, Jr.）构建的专业化人力资本积累模型中，人力资本的代理变量只有教育人力资本。健康人力资本为什么没有被经济学者们纳入人力资本的内涵中呢？究其原因，很可能是早期的统计数据中衡量健康人力资本的变量难以准确识别和测度。随着20世纪90年代中后期能够获取的衡量健康人力资本变量的数据逐渐丰富，以及统计和测度方法上的改进，健康人力资本逐渐成为更多经济学者研究人力资本的新方向。

（二）健康人力资本的影响机制

首先，从微观角度看，健康状况对于农村家庭收入能力的影响可以分为直接影响和间接影响。

直接影响方面，①患病者在一段时间内劳动能力和劳动时间会受到影响，从而影响其收入，尤其当患病者为家庭中主要劳动力时影响更大。②对于患病程度较重的患者，其他家庭成员也因给予其看护而使自己的劳动时间遭受了损失，进而影响家庭收入。反之，健康的人能够工作更长的时间，体力更加充沛，脑力或者认知能力更强，直接提高了家庭的生产力。

间接影响方面，①由于医疗支出会挤占家庭在教育等其他方面的投资，即患病者对于自身及其子女的教育投资减少。大量有关教育投资收益的研究表明，教育在很大程度上会提高个人劳动生产力和收入，因此由医疗支出增加导致的教育投资不足会导致家庭生产力低下。②健康的人期望

---

① 朱勇：《罗默的新增长理论述评》，《中国人民大学学报》1997年第5期，第19~24页。

寿命更长,更长的期望寿命会促使人们为了退休进行储蓄,从而为其今后的投资储备更多的货币资本,促进收入的增长。

其次,从宏观角度看,一个地区人口的健康水平对该地区的经济发展存在多种影响途径。①劳动力身体素质和受教育程度的提高,将直接促进宏观经济的增长,且能够吸引到更多更优质的国外投资,间接促进宏观经济的增长。②家庭储蓄行为的改变,最终会使整个经济社会物质资本的积累相应增加,从而推动经济增长。③更健康的人群意味着更低的死亡率,这降低了家庭大量生育的必要性,从而导致更低的人口增长率和人口平均年龄的提高。这种人口结构的变化进一步提高工作年龄人群的比例,而后者是人均收入和经济增长的重要因素。[1]

二 健康扶贫的现实依据

(一) 农村人口的健康收入效应

首先,农业劳动主要以体力活动为主,而疾病对体力劳动者来说更具有直接性和显著性。因此与城市人口相比,农村人口的收入更加依赖个人的体力和健康状况。其次,农村劳动力通常是自我雇用的,农民使用自己拥有的生产资料进行农业生产。而农业活动因其特殊性,收益的稳定性差,农村人口的收入通常没有固定的成分。此外,由于农村的各种福利保障制度还不够健全和完善,农村人口抵御风险的能力弱,一旦遭受严重的健康冲击,其长期的创收能力就会受到损害,有很大可能就此陷入贫困或重返贫困,形成巨大且长远的影响。因此,健康的收入效应对于农村人口来说是很大的。

张车伟 (2003) 利用 Mincer 方程的理论框架测算了健康对于农户种植业收入的影响,结果表明,营养摄入和疾病在所有营养和健康因素中对农村的劳动生产率的影响最为显著。平均来看,卡路里(焦耳,热量单位)拥有量每增加1%,种植业收入会相应增加0.57%;而家庭劳动力因病无

---

[1] David E. Bloom, and D. Canning, "The Health and Wealth of Nations," Science 287. 5456 (2000): 1207 - 1209.

法工作的时间每增加一个月，种植业收入将减少2300元。[1] 高梦滔和姚洋（2005）使用农业部与北京大学中国经济研究中心合作的微观面板数据集，先后使用固定效应方法、动态面板模型和GMM方法，测算了大病冲击对于农户长期收入的影响及对健康风险冲击持续的时间。研究发现，大病冲击平均使农户人均纯收入下降5%~6%；这种长期的负面影响平均要持续15年，并且对中低收入农户的影响更为严重。[2]

在本研究的入户调研中，也有案例印证了健康对于家庭收入的影响。

案例1

李××一家，居住在木老元乡下木老元，属于典型的因病致贫户。李××今年36岁，未婚，与父母亲生活在一起。他小学毕业，不太会讲普通话，在访谈过程中讲当地的方言，非常难懂；性格内向，少言寡语，声音也比较小。

他的父亲61岁，身体不好，患有心脏病，已经去保山市里看了5次。据他回忆，2015年父亲心脏病发去施甸县看病，在县医院住院24天后，病情毫无起色，于是转院去了保山市医院，住院十来天。心脏病没有根治，回来后又复发，当年就去了市医院3次。2014年，父亲还染上了皮肤病，也是去市里治疗的。他的母亲身体还不错，平时有点感冒、发烧的小病，可以做农活。李××本人颈椎不好，2015年曾去县医院看过一次，目前不能承受过重的农活。

2012年，经同村的乡亲介绍，李××去山东烟台的肉鸡屠宰场打过工，但是由于要照顾年事渐高且有病在身的父母，他现在不得不留在家中。

家里仅靠农活糊口，一年的毛收入在2万元左右，没有积蓄，大部分花在了医疗上，包括去县、市里的医院来回的交通食宿费用。李××之前

---

[1] 张车伟：《营养、健康与效率——来自中国贫困农村的证据》，《经济研究》2003年第1期，第3~12页。

[2] 高梦滔、姚洋：《健康风险冲击对农户收入的影响》，《经济研究》2005年第12期，第156~157页。

在烟台打工的钱也都用在了给父母治病上。父亲的心脏病用药每月要花费六七百元;自己2015年因颈椎去县医院看病的时候花了1000多元,由于是门诊,不在新农合报销范围之内。由于父亲的心脏病只能去市里治疗,市医院的报销比例比较低,花费很大。

李××家的致贫原因主要是疾病带来的沉重负担。家庭主要劳动力由于疾病无法承受过重的农业活动,直接影响家庭收入;又由于要在家照看患有心脏病的家人,李××没有外出务工的机会,这又进一步阻断了他家的增收渠道。

案例2

摆榔乡尖山村的张××一家,一共5口人,老母亲,她的儿子、儿媳和两个孙子。家里除了两个学龄前孩子以外,身体都不大好。

母亲今年66岁了,患有心率过速,去施甸县医院看过两次。平时她靠吃药控制,如果病情加重的话,就要去摆榔乡卫生院打针,一次需要住院两三天。儿子张××患有胃病,去姚关镇看过,每天都要吃药。而儿媳各种慢性病缠身,基本上处于"吃两天药,好两天,再躺两天"的状态。

张家一共有十四五亩地,由于家里劳动力不够,种不了这么多地,所以出租了七八亩。剩下的地种了玉米,用来喂猪。家里养的牲畜也不多,有3头猪和二十几只鸡。张金海和妻子2008年、2009年打过两年工,去过昆明、瑞丽,还去过上海,主要是在工厂做工。但由于身体状况,不能长期打工,能承担的工作强度也有限。

张家收入少,医疗费用高,一年到头处于入不敷出的状况。老人每月花在治疗心率过速上的药费有500元,儿子的胃病药一个月需要几十元,都在药店购买,不在新农合覆盖范围之内。

张××家的主要劳动力身体状况不佳,农业生产只能自给自足,无法创收;外出务工也由于劳动能力有限,收入有限;上有老,下有小,未来老人的养老和孩子的照看问题都将影响劳动力的务工,对家庭收入形成冲击。

（二）农村家庭因病致贫的机制分析

农业劳动主要以体力劳动为主，而疾病对体力劳动者的影响更具有直接性和显著性，因此与城市人口相比，农村人口的收入更加依赖于个人的体力和健康状况。在上述两个案例中，家庭的主要劳动力健康状况都不佳，这直接影响了其劳动能力和劳动时间。在农业产业化还未发展成形，仍以传统农业为主的农村地区，只能从事较轻的农活的话，势必会对家庭收入产生影响。

农村劳动力通常是自我雇佣的，农民使用自己拥有的生产资料进行农业生产。而农业活动因其特殊性，收益的稳定性差，农村人口的收入多少通常是不固定的。外出务工可以给农村劳动力带来更稳定、更丰厚的收入，因此外出务工成为他们增加家庭收入的一个常见选择。在这样的情况下，不仅外出务工者自身的健康状况会对家庭收入造成影响，其他家庭成员的健康状况也同样影响家庭收入。例如李××由于父亲患有心脏病，需要他在家照看，他也因此无法继续外出务工，在某种程度上阻断了他家的增收渠道。

由于农村的各种福利保障制度还不够健全和完善，农村人口抵御风险的能力很弱，一旦遭受严重的病患冲击，其长期的创收能力就会受到损害，有很大可能就此陷入贫困或重返贫困，形成巨大且长远的影响。在收入原本就不高的农村家庭中，一旦有人患病，医疗费用将在家庭支出中占大部分。加上新农合没有覆盖到的部分，入不敷出的家庭必然无法进行健康和教育投资。尤其对儿童的健康和教育投资不足，可能会造成其能力贫困，从而在很长时间内，无法改变家庭的贫困状况。正如印度学者阿玛蒂亚·森所说，贫困意味着贫困人口缺少获取和享有正常生活的能力，贫困的真正含义是贫困人口创造收入能力和机会的贫困。

当我们将个人的健康状况扩大到整个乡、县的时候，可以推断，一个地区人口的健康水平会通过多种途径影响该地区的经济发展。人力资本作为经济发展的驱动力之一，在资源、区位、环境等条件都不占优的地区显得尤为重要。如果木老元乡、摆榔乡因病致贫的情况得不到缓解的话，目前开展的产业扶贫项目的效果将大打折扣，不仅参与度达不到预期，也无法吸引外部投资。受健康状况和教育投资影响的整体受教育程度,也使地方经济发展的潜力受到影响。

(三) 农村健康人力资本投资现状

1. 政府层面

首先,政府对农村的健康人力资本的投资不足。在城乡二元经济社会体制的宏观背景下,农村的发展程度远远落后于城市。贫困地区医疗卫生事业发展相对滞后,医疗卫生服务能力明显不足。截至2015年,832个贫困县每千人口医疗卫生机构床位数3.66张、每千人口执业(助理)医师数1.28人,明显低于全国平均水平,医疗卫生资源明显不足,医疗卫生服务能力不能满足群众的健康需要,一些少数民族地区、边疆地区卫生与健康状况更是令人担忧,贫困地区卫生与健康状况已经成为健康中国建设最突出的"短板"。[①] 由于缺乏资金,贫困地区的医疗卫生机构环境差,设备陈旧落后,医疗卫生人员整体素质较低。而这样的工作条件和环境反过来也使该地区对于医疗卫生人员的吸引力降低,吸收不到高素质的人才。结果贫困地区的医疗卫生服务质量难以提高,农村人口的医疗卫生服务需求得不到满足。在农村人口遭遇重大疾病时,往往需要到县级及以上的医疗机构就诊,这也在无形中增加了其交通、食宿及机会成本。

其次,政府对农村的健康人力资本投资存在效率低下的问题。我国现阶段仍是一个农业大国,一半的人口生活在农村。依据这样的人口分布特点,我国的医疗卫生资源理应大部分集中在县级以下的基层卫生服务领域,但我国目前医疗卫生资源的配置情况却正好相反,即医疗卫生资源大多集中于高层医疗卫生服务机构,而基层医疗卫生服务领域所配置的资源却很少。2016年底公布的《2013年第五次国家卫生服务调查分析报告》显示,对于一般性疾病,93%的农村家庭通常选择到基层卫生机构就医,而仅有7%到医院就医(其中,基层卫生机构包括社区卫生服务中心、站,卫生院、村卫生室等;医院包括综合医院、中医医院等)。可见,农村人

[①] 马晓华:《解决因病致贫,我国贫困人口门诊看病报销比例将提高》,http://www.yicai.com/news/5031185.html。

口对于基层卫生服务的需求更大。另一方面，在我国广大农村，尤其是贫困的农村中，缺医少药的情况依然存在；相反，部分资源过度配置的领域，存在医疗机构诱导消费者进行过度消费的现象，这就造成医疗卫生资源的浪费，导致的后果就是政府对健康人力资本投资的效率低下。

2. 农村人口自身的选择

健康人力资本投资不足首要原因是其收入低且增长缓慢。在多种因素的共同作用下，农村经济与社会发展滞后，农村人口的收入难以快速增长，这直接影响了农民消费水平的提高。由于收入水平有限，农村人口通常将吃、住等基本生活需求置于优先考虑的位置；加上在农村建新住宅很必要但花费巨大，农村人口就会忽视健康人力资本投资对其自身及家庭的重要意义，尽可能地减少在医疗卫生保健上的支出。在低收入人群中，除了有对新型农村合作医疗的支出外，几乎不会有其他对健康人力资本的投资。《2013年第五次国家卫生服务调查分析报告》的结果显示，在农村地区，医生诊断需住院患者中有7.5%因为经济困难未住院，略高于城市地区的7.2%。从东、中、西部地区的划分标准来看，西部农村地区因经济困难需住院而未住院的比例最高，为8.3%，高于全国平均水平。低收入人口中，需住院者有13.9%因经济困难未住院，城市、农村分别为14.9%和13.0%[①]。可见，"经济困难"是阻碍农村人口，特别是低收入农村人口利用住院服务的主要原因。

另外，医疗费用高也是农村人口健康人力资本投资不足的重要原因之一。根据《2013年第五次国家卫生服务调查分析报告》，在门诊患者对医疗服务不满意的主要原因中，医疗费用高排在第一位，为40.0%；在对住院总体情况不满意的患者中，因医疗费用高不满意的比例也位列第一，为40.2%，城乡差异不大。各方面因素造成的医疗费用高，越来越成为各类人群享受医疗卫生服务的障碍。即使是在医疗保障覆盖面不断扩大，程度不断深入的今天，居民医保（包括城镇职工基本医疗保险、城镇居民基本医疗保险和新型农村合作医疗）患者中经医生诊断需住院而未住院的比例

---

① "需住院"是指由医生诊断需要住院，"需住院未住院"是指有医生诊断需要住院但出于各种原因没有住院。

为18.4%，因经济困难未住院的比例为9.1%，虽相比调查前期有所下降，但仍是一个不容忽视的问题。

还有，我国农村人口对健康人力资本投资的意识薄弱。长久以来，关于人力资本对经济增长的贡献的研究基本集中于教育人力资本，强调教育的作用。这一理论也影响了我国公共政策的制定，农村人口已经意识到了教育能够给他们带来收益，对于教育的重视程度大大增强。相比之下，对人力资本的另一个构成部分——健康人力资本的重要作用却重视不足。事实上，学术界已有的研究已经充分证明了健康人力资本对于提高农民收入，促进农村与城市经济平衡发展的重要意义。忽视健康人力资本的作用会使扶贫效果大打折扣。从客观方面来说，农村信息相对闭塞，农村人口接受卫生保健知识教育的机会不多，预防保健人员的素质也不高，政府的重视程度也不够。这样，农村人口缺乏日常的保健知识和能力，不懂得疾病预防的重要性，直到患上疾病才意识到健康人力资本投资的意义。由于农村的教育程度相对有限，农村人口可能存在一些不健康的生活方式，这也大大增加了患病的风险。

三　木老元乡和摆榔乡的健康扶贫情况

（一）健康扶贫措施的理论基础

最早将营养和健康引入经济模型的是哈维·莱宾斯坦（Harvey Leibenstein）。他提出了一个以营养为基础的效率工资模型。莱宾斯坦认为，摄入更多热量的劳动者比营养不良的劳动者生产率更高。模型提出后，学者们依据此效率工资模型进行了大量的实证研究。

美国纽约市立大学教授迈克尔·格罗斯曼（Michael Grossman）是一位健康经济学家。从20世纪70年代开始，他经过几十年的努力极大地推进了人力资本模型在健康方面的应用，形成了比较完善的医疗需求理论。1972年，在人力资本理论和贝克尔的家庭生产理论的基础上，格罗斯曼将个人健康视为能提高消费者满足程度的耐耗资本品，作为产出变量，医疗卫生和非医疗卫生因素作为影响个人健康的自变量，最先提出了健康生产函数。健康生产函数的含义是，消费者在市场上购买各种医疗保健服务，并结合自己的时间生产健康。此函数包含一个假设前提，即假设个人可以继承一定的健康存量，该存量随年龄增长而减少，但可以通过投资（如个人通过花费时间和购买医疗服务来投资于健康）而增长。在非医疗卫生因素中，格罗斯曼认为应包含收入、教育、营养摄入和环境条件，这些因素与医疗卫生因素一起，决定着健康的产出结果。

健康生产函数给我们的政策建议是，要想提高健康产出，就应该从影响个人健康的各个因素入手，制定相应的政策通过影响这些因素来影响健康产出。理论上讲，提高健康产出的措施包括但不限于以下几种。

1. **加大对农村健康人力资本的投资力度**

卫生经济学家（Mooney，1986）指出，医疗卫生政策应该把健康平等目标放在其他目标之前考虑，甚至在效率与平等的取舍中也是如此。首先，政府应树立公平优先的健康人力资本投资原则，保障全体社会成员的基本医疗卫生需求。针对我国目前的投资状况，政府应将医疗卫生支出更多地向农村地区的医疗机构和基层卫生防疫保健机构倾斜，加大对农村基本医疗卫生服务和卫生保健事业的投入。公平分配医疗卫生资源，为农村医疗卫生机构提供基础设施、医疗设备及器械以及药品等物质上的支持，并保证医疗设备的更新。改善农村医疗卫生机构的环境和卫生条件，提高其服务质量。加强基层卫生人才队伍建设，重视医疗卫生服务人员，为其提供合理的工作报酬和工作环境，并为医务人员提供培训机会，提高现有医务工作队伍的整体素质，更好地为农村人口服务。实施农村订单定向的医科学生免费培养、全科医生转岗培训和农村卫生人员培训等项目，深化城乡对口支援，对贫困地区乡镇卫生院实施技术帮扶和人才培训，加快推进城乡卫生服务一体化管理工作，有效解决贫困地区乡镇卫生院人才短缺问题。

2. **提高政府对健康人力资本的投资效率**

政府应改变目前的医疗卫生资源配置状况，将更多的资源配置到基层医疗卫生服务机构，尤其应加大对乡、村两级医疗卫生机构的扶持力度，提高农村医疗卫生服务的可及性。使更多有资质的医务人员和足够的药品来提供更高质量的医疗卫生服务，让村民可就近就医，节省不必要的交通成本和机会成本。此外，还应使基层医疗机构在主管部门的监督下，扮演好预防保健、计划免疫、健康教育的角色。明确政府和市场分别在医疗卫生资源配置上的不同作用，充分利用市场机制的作用，优化医疗卫生资源的配置，使医疗卫生服务的需求与供给得到更好的匹配。同时，正确发挥政府在监管和宏观调控方面的作用，在市场失灵的领域进行配置，保障居民的利益。

3. **政府应控制医疗费用的过度上涨**

医疗机构的各项挂号费、专家门诊费、检查费和化验费等，名目繁多。一些医疗机构还存在着重复或不必要检查，滥用处方权"治小病开大处方"等问题。因此，应实行医疗卫生服务收费透明化，让全社会来监督医疗卫生机构，规范就医环节和行医行为，取消不合理收费；减少药品的流通环节，降低成本，抑制其价格的不合理增长。

4. **继续推进农村的教育扶贫工作，提高农村人口的受教育程度**

只有贫困人口的受教育程度提高了，眼界开阔了，才会形成对健康人力资本投资的意识。同时要配合政策加大对农村人口的健康教育，普及卫生保健知识，引导其养成良好的生活习惯、健康的生活方式，降低因不良生活习惯导致的疾病发生的风险。加强对农村人口营养膳食知识的宣传，普及营养知识，养成科学的饮食习惯。这不仅能够提高一代人的身体素质，还将对后代的健康人力资本存量形成深远的影响。

5. **改善农村的卫生和环境状况**

居住和劳动的环境直接影响人的健康状况。水是人们生活、生产活动必不可少的资源，在一些农村地区尚未建立现代化的水利工程，生活和生产污水随意排放，导致饮用水不清洁，给居民带来患病风险，有的地区甚至暴发地区病，严重影响地区经济和社会的发展。在没有清洁厕所和垃圾处理场所，人畜生活场所未分离的传统农村地区，为疫病的传播提供了机会。因此，要加强农村水利基础设施的建设，保障饮用水安全；建设清洁厕所，让农村人口养成良好的卫生习惯；实行人畜分离，妥善处理生活和生产垃圾，营造清洁卫生的环境。

值得注意的是，健康与收入之间相互作用的关系，健康人力资本的提高有利于提高农村人口的收入，反过来，收入的增长又能够促进农村人口提高对健康人力资本的投入，从而使收入进一步提高成为可能。健康与收入相互促进，从而形成一个良性循环，有助于贫困人口脱离贫困陷阱。因此，旨在提高农村人口收入的措施也应是健康扶贫政策中的一部分，例如产业政策、就业政策和社会保障制度等。

医疗保障制度也是健康扶贫政策的重要一环，合理的医疗保障制度可以通过国民收入的二次分配来调节一次分配的差距，使卫生医疗服务更加均等化，让因病致贫、因病返贫的人体会到公平。

6. 完善农村医疗保障制度

新型农村合作医疗（以下简称"新农合"）是我国现行的农村医疗保障制度，也是农村人口进行健康人力资本投资的主要手段。新农合是由我国政府补贴的社会医疗保障制度，通过国家、集体和个人三方共同投入资金，坚持以"风险共担、互助共济"的原则缓解贫困人口的就医难问题，旨在促进我国农村地区医疗卫生服务利用以及居民健康的公平和平等。与传统合作医疗立足于农村预防保健与常见病、多发病不同，新农合是一种以保大病为主的医疗保险。政府的补贴和农民缴费主要补助"大额医疗费用或住院费用"。以保大病为主的制度设计，应该可以有效降低农民"因病致贫、因病返贫"的比例，对缓解"因病致贫、因病返贫"具有重要作用。完善农村医疗保障制度，要提高门诊和住院的报销比例，降低农村人口治病的经济负担，使患者能够接受有效的治疗。针对因病致贫、因病返贫的情况，建立大病补贴保险，提高贫困人口的收益水平，同时对患病家庭在生活、子女教育等方面给予相应的救助，切实解决因病致贫、因病返贫的问题。

（二）施甸县健康扶贫措施及两乡实践

健康生产函数的政策意义是，要制定相应的政策来影响健康产出。因此，要提高农村人口收入，要让贫困人口真脱贫，医疗保障、产业政策、就业政策和社会保障制度等都同等重要，要同时并举。

扶贫政策通常是由省和州市制定，保山市施甸县所有的建档立卡贫困人口由政府补助100%参加基本医保、大病保险、医疗救助、医疗费用兜底保障，享受"四重保障"和就医便利。

一是基本医保——建档立卡贫困人口就医，门诊报销：在乡村两级就医门诊免"一般诊疗费"，门诊最高报销限额提高到315元，对16种慢性病、18种特殊疾病门诊报销80%（其中重性精神病和终末期肾病门诊报销90%）；住院报销：在乡镇（街道）卫生院不设起付线，医院（乡级）报销95%，二级医院（区级）报销80%，三级医院（市级及以上）报销70%，市中医院报销75%。

二是大病保险——建档立卡贫困人口大病起付线由8000元降为4000元，年度报销限额由20万元提高到30万元，政策范围内报销比例4000元以上至3万元（含3万元）报销70%；3万元以上至5万元（含5万元）报销75%；5万元以上至8万元（含8万元）报销80%；8万元以上报销85%。

三是医疗救助——取消建档立卡贫困人口医疗救助起付线，年度累计救助封顶线不低于10万元。在县区级医疗机构及符合转诊转院规范住院发生的医疗费用，政策范围内经基本医保、大病保险报销后达不到90%的，通过医疗救助达到90%。

四是兜底保障——前三重保障报销后，由政府兜底保障资金确保符合转诊转院规范的住院治疗费用实际补偿比例达到90%和确保个人年度支付的医疗费用不超过当地农村居民人均纯收入。

五是实施大病专项集中救治——对罹患9类15种大病的建档立卡贫困人口进行集中救治，救治费用由基本医保、大病保险实际报销85%，其中重性精神病和终末期肾病实际报销90%，剩余费用按照保障层次进行兜底。对符合手术条件的建档立卡贫困白内障患者进行免费救治。

六是医疗便民惠民政策——各级医疗机构设立建档立卡贫困人口医疗救治绿色通道和"一站式结算窗口"，建档立卡贫困人口辖区内住院实行"先诊疗后付费"，患者住院不需要缴纳任何费用，直接办理住院手续，出院时通过基本医保、大病保险、医疗救助、兜底保障"一站式"即时结报，患者只需缴清个人自付部分的费用。

施甸县的健康扶贫措施所辖乡镇都是统一的。具体到两乡的健康扶贫工作，情况相似，各有不同。

1. 医疗方面

（1）提高乡卫生院医疗服务水平

①木老元乡卫生院

木老元乡卫生院始建于1966年10月，占地面积1106.7平方米，其中业务用房面积846平方米，设住院病床30张。现有职工7人（其中初级职称6人,中级职称1人;大专学历5人,本科学历2人),临时聘用合同工3人,乡合管办1人,共11人。卫生院设公共卫生管理服务办公室、临床诊疗科室、财务办公室、综合办公室、合管办、检验科、放射科、B超心电图室,以及新建的中医馆。

2016年1月,根据施甸县卫计局县乡医疗服务一体化建设试点的要求,该卫生院由施甸县中医医院全面托管。托管后县中医医院对木老元乡卫生院进行了全面的帮扶:完善基础设施建设,添置医疗设备,医疗人员轮转到县中医医院学习,建成远程诊疗系统等,帮助乡卫生院提高医疗服务水平,降低病人到县城的就医成本。

2017年春,卫生院组织医护人员进校入村,全面筛查0~14岁儿童患先心病及脊柱侧弯的情况。此次筛查一共检查了848名儿童,其中先心病疑似病例41例,未发现脊柱侧弯疑似病例。41例先心病疑似病例于5月18日至19日进行县级复诊。接下来重点开展中医药先进县的创建和65岁老年人体检工作。卫生院还多次进行了健康知识的宣讲。

随着新农合的推广,医院医疗技术水平的不断提高和周围区域人口的增加,医院门诊量急剧增加,住院人数逐年提高,病床使用率逐年上升。为了满足人们的医疗服务需求,改善医疗条件和服务质量,该院新建了门诊医技综合楼,总投资250万元。新建综合楼主要设置检验科、放射科、B超室、消毒供应室、心电图室、体检室、预防接种室、儿科、妇科、口腔科、妇幼保健科等科室,较之以前科室划分更全面。综合楼建成后,年可接诊病人6240人。同时还增加医疗卫生专业技术人员10人,整个卫生院总人数上升至21人。

②摆榔乡卫生院

摆榔乡卫生院从2016年2月开始托管到施甸县人民医院,医疗环境、医疗技术和医疗质量得到全面提升。2016年,住院病人由2015年的15人增加至86人,同期门诊人数由4000余人增加至12000余人;门诊收入20余万元,是2015年的5倍。

县人民医院投入20余万元,加强摆榔乡卫生院就医环境建设和医疗设备的改善。还针对摆榔乡因气候环境和生活环境致使群众患类风湿、脑梗后遗症、颈椎病等较多的情况,投入5.7万元建设起中医馆,开设了中医病房、理疗针灸室、中医诊室、健康档案室;投入 5 万多元购置了电针机、推拿床、中医定向透药治疗仪等中医馆设备。中医馆开展针灸、理疗、推拿等医疗服务,帮助慢性病恢复,减轻群众到 26 公里外县城就诊的负担。

县人民医院通过每星期定期安排内科、外科医生轮班坐诊的方式,到摆榔乡卫生院进行坐诊,提高卫生院医疗服务质量。通过下派坐诊和坐诊带教的方式,摆榔乡卫生院的 14 名医护人员和 9 名医生的医护水平有了较大的提高。同时,卫生院每年安排当地医护人员到县医院进修学习。

医疗机构基础设施的完善以及医疗队伍的建设,提高了其服务区域内的整体医疗水平。患一般疾病的村民不用再前往县一级或更高一级的医院治疗,节省了其往返的食宿费用,也减少了劳动力劳动时间的损失,相当于减少了家庭收入的损失。针对特殊人群的疾病筛查,有利于疾病的早期控制,尤其是针对妇女儿童的疾病筛查,将对人力资本的培养产生长远的影响。健康知识宣讲工作的开展,有利于提高农村人口对健康人力资本的投资意识。低收入人群往往由于更看重短期收益而存在短视现象。健康人力资本投资获得收益是一个长期的过程,在不断且恰当的健康知识宣传中,农村人口的参与主动性不断加强,更加重视健康人力资本投资。

案例:摆榔乡卫生院 2015 年至 2017 年重性精神病患者管理情况

摆榔乡共确诊重性精神病患者 28 人。2015 年卫生院为其完成全方面体检 9 人;免费服药患者 9 人;急性期发病住院治疗 6 人。村级卫生室对在管患者提供规范管理服务,2015 年共对全乡重精患者随访 233 次。

2016 年卫生院为其完成全方面体检 17 人;其中享受国家免费服药患者比 2015 年增加 3 人;急性期发病住院治疗 6 人。2016 年共对全乡重精患者随访 257 次。

2017 年摆榔乡鸡茨村新增确诊病人 1 人,同年死亡 1 人,在管患者 28 人。2017 年 1~3 月已提供规范化随访 66 次。

(2)完善农村医疗保障制度

《施甸县 2016 年新农合方案》(以下简称《方案》)对新农合的各项

规定做出了详细解释。报销标准方面,针对不同患病人群有不同的政策。

普通患者,重性精神病、高血压、糖尿病及美沙酮维持治疗的慢性病患者,在册管理重性精神病人,施甸县疾病预防控中心管理的肺结核病人的门诊报销比例、封顶线有不同规定。此外,为鼓励中医药事业的发展,2016年仍将县级定点医疗机构的纯中药饮片处方纳入门诊报销(其中中药颗粒制剂、康复理疗不纳入新农合门诊报销),报销比例和门诊次均处方按乡级标准执行。

对于需要住院的患者,住院报销比例为乡(镇)级90%、县级75%、市级60%、省级50%,其中为鼓励中医药事业发展,保山市中医院住院统一按照70%比例报销,每人每年住院医疗费封顶线20万元。各级医疗机构住院医疗费起付线分别为乡(镇)级200元、县级400元、州(市)级500元、省级1200元。尿毒症和重性精神病患者住院有单独规定,尿毒症门诊和住院透析治疗实行定额包干,重性精神病患者急性期限享受一个周期住院治疗,时间为30天。

继续推进单病种限价补助政策。对县内定点医疗机构住院分娩病人,"光明工程"白内障住院患者进行补助,对县内定点医疗机构阑尾切除术、痔疮切除术、腰椎颈椎射频消融术、胆囊摘除术、输尿管结石实行单病种包干。

《方案》表示要继续开展重大疾病保障试点。22类重大疾病患者自付费用实行年度累计计算,累计自付费用达到大病保险赔付标准的,由商业保险公司予以赔付。

针对特殊群体,根据《中共保山市委保山市人民政府关于促进残疾人事业发展的实施意见》(保发〔2011〕7号)及相关文件精神,参合患者属于残联、民政部门认定的残疾、农村低保对象、五保户等特殊群体,凭残联、民政部门出具的证明材料,在县级及以上医疗机构住院取消住院起付线。报销比例按同级医疗机构报销比例执行。

新农合(新型农村合作医疗)是我国现行的农村医疗保障制度,也是农村人口进行健康人力资本投资的主要手段。这种以保大病为主的制度设计可以为农村人口节省大部分医疗开支,减轻物质和精神上的负担,能够有效降低农民"因病致贫、因病返贫"的比例,对缓解"因病致贫、因病返贫"具有重要作用。由于慢性病及精神病对于患者及其家庭收入的冲击是长期而深远的，新农合对于慢性病患者给予的保障力度更大，精神病患者的用药目录也可适当放宽。重大疾病保障试点的开展，有利于扩大农村医疗保障制度的覆盖范围，减轻重大疾病患者的负担。

（3）推进信息化建设

保山市卫生计生委为落实医疗救助精准扶贫工作，计划着力加强信息化建设。一是建设面向大众的网络医疗服务平台（健康大数据平台），提供在线预约挂号、诊间支付、检查结果查询、分级诊疗、远程会诊、家庭远程诊疗、健康管理、医护培训等面向公众的服务，提供方便、快捷、优质高效的医疗服务。二是进一步完善区域卫生信息平台建设，实现居民健康档案数据库和电子病历数据库互通共享，整合医疗机构的诊疗、检验、影像等临床信息，形成动态、连续的居民健康管理数据资源。进一步完善保山市公共卫生管理系统，加强季节性疾病及慢性病防治知识传播及预警，全面实现基本公共卫生服务均等化。三是建设区域影像中心系统、区域检验中心，构建覆盖全市的市、区县两级医学影像会诊与报告中心。实现以三甲医院为龙头的区域影像疑难会诊中心，以区县综合医院为龙头的区县影像报告中心，解决基层医疗机构影像专业人才匮乏问题。[①]

为构建"互联网+精准脱贫"体系，保山市扶贫办与中国移动保山分公司达成合作共识，双方签订《"互联网+精准脱贫"合作协议》，为贫困地区网络基础设施建设和电商扶贫提供支持和服务，不断拓展"互联网+"扶贫的合作领域，开创全市"互联网+精准脱贫"的新局面。

2017年上半年，施甸县全面启动推进家庭医生签约服务，并与分级诊疗等相衔接，组建了由家庭医生、社区护士、公共卫生医师3人组成的家庭医生团队，明确了县级医院的115名执业医师，对应指导联系各家庭医生团队，目前各乡镇签约工作正在有序开展之中。

将信息化建设与医疗服务结合起来，依托"互联网+"，使健康扶贫工作与时俱进，在新环境下有利于提高扶贫工作的效率。在基础设施建设

---

① 杨茂艳：《保山市卫生计生委出实招办实事抓实医疗救助精准扶贫工作》，http：//zswldj.yn.gov.cn/html/bs/2016/7/29/e00a0eb1-04fe-43f4-9f8c-cfa1af2617fe.html。

与公共服务尚处薄弱的贫困地区，利用信息化管理，不仅可以提高医疗服务的可及性，促进优质医疗服务资源下沉，还能提高对因病致贫户的瞄准性，根据不同的病种提供合适的治疗方案，减少不必要的支出。

2. 卫生方面

截至2017年8月31日，施甸县布朗族整族帮扶项目安装太阳能热水器110套；完成改厕7户，改圈9户；公厕一座正在实施；焚烧炉建设已完工，购买垃圾箱50个、垃圾桶50个、垃圾车5辆，20块宣传牌已到位，4个村环卫站正在建设当中。

木老元乡立界自然村美丽家园建设项目围绕"七改三清""自己的家园自己建"的工作思路，以着力打造全县提高城乡人居环境试点的工作目标进行开展。"七改三清一建"即改路、改房、改水、改电、改圈、改厕、改灶、清洁水源、清洁田园、清洁家园、建村级活动场所。项目以房屋风貌统一、人畜分离、基础设施、美化亮化、活动阵地等建设内容为主，总投资507万元。项目区共涉及改房27户49间，5880平方米，涉及改圈24户33间，1980平方米，涉及房屋拆除7户40间，800平方米，腾出土地8.5亩。

摆榔乡旅游中心集镇规划和供水厂方案设计已完成，正在进行前期规划；烟水配套工程、抗旱应急饮水工程、农田水利管池灌溉工程建设完成；这样也利于健康人力资本的改善；4个行政村农村电网改造工程完成，1个行政村正在实施；建成2个村4G基站和光纤入户等工程，4个村均已实现WiFi覆盖；鸡茨及塘连塘高标准农田水利工程建设项目已完成施工，大水沟高标准农田水利工程施工扫尾，大中小龙潭高标准农田水利工程实施方案处于修改阶段。

环境条件也是影响健康产出的一个因素。饮用水洁净与否直接影响人体的健康，灌溉水源的质量也通过影响作物来影响人体健康，因此各种水利工程的建设为当地村民的健康状况提供了保障。卫生的居住环境，减少了疾病传染的可能性，也有利于健康生活方式的培养和先进生产方式的推广，形成文明的村风民俗，让当地村民的思想更加开化，这样也利于健康人力资本的增加。

四 木老元乡和摆榔乡健康扶贫的比较分析

(一) 两乡的相同点

从整体上看，木老元乡和摆榔乡在因病致贫现状和健康扶贫措施方面大体相同。两乡都是保山市施甸县下属的民族乡，地形以山地为主，自然环境恶劣，资源匮乏，基础设施薄弱，群众整体素质偏低。

1. 因病致贫现状

两乡建档立卡户中因病致贫户的占比很高，目前没有发现地方病，因病致贫状况相似，差异一般存在于家庭之间。大致上可以将因病致贫户分为两类：一是家庭中主要劳动力健康状况不佳导致其劳动能力下降，劳动时间减少，影响家庭收入；二是家庭中主要劳动力为了照顾其他家庭成员，影响其劳动时间和其他可能的增收渠道，进而影响家庭收入。

家庭中越多人依赖体力劳动获取收入，遭受疾病风险的可能性越大。收入水平低下，加上健康投资意识薄弱，这样的家庭在遭受健康冲击时的抗风险能力很弱。更严重的是，对儿童健康投资的不足将使家庭的长期收入能力受到影响，导致贫困状态延续时间更久，脱贫难度变得更大。比如木老元乡×永军一家，家里两个老人身体素质都比较差，也没有读过书，很难与人交流；户主×永军小学学历，表达能力弱，其妻患有精神疾病，没有读过书，也不会与人交流。家里的居住环境和卫生状况十分差。两个小孩一个6岁，一个3岁，都体弱多病，身材瘦小。又如摆榔乡张×一家，女主人张×45岁，小学学历，患有侏儒症，身体瘦弱，只能承担少量的强度小的农活，且患有妇科病；其丈夫59岁，初中学历，常年在外打工，承担一家的生活负担。夫妻俩的儿子14岁，身材瘦弱，多次在学校里晕厥，到医院检查，医生诊断孩子营养不良，免疫能力差，身体虚弱，建议家长多注意孩子的饮食健康，休息充足。

在这两个代表性案例中，家中的孩子身体状况都不好，这必然会影响其今后的受教育过程，进而影响其获得收入的能力，形成恶性循环，贫困状态代际传递。家庭中长辈的收入状况、身体素质、受教育程度、生活习惯与态度等都会传递或影响到下一代。孩子先天能够继承的健康存量少，后天家长对其的健康投资不足，又不注意其饮食营养，忽视良好生活习惯的培养等，结果就是孩子今后的发展严重受限，无法扭转家庭的贫困状态。

2. **健康扶贫措施**

在施甸县的整体规划统筹下，两乡的健康扶贫实践也呈现出众多相同点。

①两乡为了提高基本医疗服务水平，扩大医疗服务的可及性，根据施甸县卫计局县乡医疗服务一体化建设试点的要求，都将卫生院全面托管给县级医院，加大对乡级医疗机构的投入。其中，木老元乡卫生院由施甸县中医医院托管；摆榔乡卫生院由施甸县人民医院托管。托管之后，卫生院的基础设施得到改善，医疗设备得到补充，医务人员增加且培训机会增多，科室划分更全面，并新建了中医馆。这样做的目的是优化资源配置，促进优质医疗资源下沉，提高基本医疗服务的可及性，减轻村民的医疗负担。卫生院联合学校一道开展的各种疾病筛查、预防工作等，都能在一定程度上改变村民面对疾病"小病拖，大病扛"的消极处理方式，促进村民健康投资意识的提高。健康扶贫与教育扶贫相互作用，对下一代的健康人力资本投资起到积极作用。

医疗服务投入一直被视为最重要的健康投资指标，因为当疾病来临之际，医疗通常是人们应对或化解健康冲击的最直接手段。而预防服务，包括预防科学研究、健康教育、营养干预、免疫计划等，其作用在于降低公共健康风险，作为公共产品，也是政府必须重视的投入领域。

②医疗保障制度方面，由于新农合方案由施甸县发布实施，两乡按同一标准践行。2016年末，木老元乡有5510人参加新农合，参合率97%；摆榔乡有6974人参加新农合，参合率99.6%。随着新农合制度不断创新完善，以前因城乡二元结构而将农村居民排除在福利保障范围之外的状况正在得到扭转。目前我国城镇居民医保与新农合正在整合中，统一的医疗保障制度将消除城乡制度分设、管理分割、资源分散等障碍。

政府投资于医疗保障制度的出发点，在于减轻疾病风险带给患者的收入冲击，即为了熨平患者家庭的消费支出。加强医疗保障，从经济角度看是防止人力资本退化,保护全社会的人力资源;从社会层面来看,是减少医疗卫生资源分配的不平等,增强社会凝聚力。

③两乡都在卫生基础设施建设方面做出了努力。水利工程建设,清洁能源使用,改厕改圈,垃圾集中处理,建立集中居住的搬迁点,人畜分离,以及道路、电网、移动网络和互联网基础设施的配套建设,使村民的生活、生产方式变得现代化,并且借助打造民族特色旅游乡镇的契机,整顿村容村貌,树立文明乡风,帮助村民养成良好的生活习惯,利于身心健康。

3. 健康扶贫工作存在的问题

医疗服务人员数量仍不足,科室划分不明,遇到人员出去培训的时候,更是忙不过来;政府没有精准识别因病致贫户,还未针对不同病种制定并实施不同的治疗方案。

(二) 两乡的不同点

虽然两乡的基本情况大体相同,但是由于在地理环境上存在差异,两乡在健康扶贫工作的效果上也有所不同。

木老元乡位于施甸县的最东边,面积76.6平方公里。地形大致为三山两凹,地势西高东低,区域内山高坡陡、河谷深切,平地不成规模。摆榔乡位于施甸县东南角,面积80.7平方公里,集镇的地势比木老元乡要平坦许多。其南与姚关镇相接,姚关镇历史文化底蕴深厚,同时也是交通要塞,过往的车辆很多,给姚关镇带来了外部的新思维,也带动着这里的人口流动。姚关是劳务输出的大镇,得益于此,人民的思想较为开化,这种民风也影响着与其接壤的摆榔乡。地势开阔平坦的地方,铺设道路的成本比山区要低得多,交通便利,有利于物资、人员和信息的交流,从而促进产业的发展。因此,摆榔乡发展产业的条件比木老元乡好得多。

产业的发展是因病致贫户提高抗风险能力的基础。

例如居住在摆榔乡鸡茨村的李××一家,家中有3口人,其中李××的母亲和哥哥都患有精神方面的疾病,只要病情发作就得入院就医,基本无劳动能力,生活上也需李××照料,属于因病致贫户。李××无法离开家外出务工,四五年前开始了烤烟的种植。在政府产业扶贫政策的帮助下，李××加入了烤烟合作社，并额外承包了6亩地，扩大了种植规模。平时他只需管理好烤烟，销售由合作社负责。种植烤烟的收益在农村还是很可观的，再加上养猪、养羊和打零工挣的钱，李××一家一年到头还有结余。按照现行标准，他们在2016年底已经完成了脱贫。

劳动力不足的因病致贫户，抗风险能力弱。要帮助其开拓其他增收渠道，提高收入，改变入不敷出的状态，必须依靠产业的发展。木老元乡平地不成规模，发展产业难度大，村民的增收渠道受限，抗风险能力难以积累；村民居住分散，集中建设现代化的生活、生产环境的难度也不小，健康扶贫工作的效果也不如摆榔乡。

（三）相关建议

健康是贫困人口接受其他方面扶贫救助的前提，但健康扶贫又不如其他扶贫方式见效快，因此各级政府应将健康扶贫摆在重要的位置，实现扶贫政策的合力最大化。

1. 医疗方面

（1）加大财政投入

政府应结合本地区实际，对乡镇卫生院的卫生资源进行合理配置。在投入正常经费的情况下，加大对贫困民族地区乡镇卫生院的投入，拨出专项经费，有针对性地改善卫生院的基础设施、医疗设备以及职工的福利待遇，为乡镇卫生院的发展奠定基础。

（2）加强人才队伍建设

首先要稳定现有人才。探索制定公立医院绩效工资总量核定办法，合理核定医疗卫生机构绩效工资总量，结合实际确定奖励性绩效工资的比例，调动医务人员积极性。结合实际，通过支持和引导乡村医生按规定参加职工基本养老保险或城乡居民基本养老保险，以及采取补助等多种形式，进一步提高乡村医生的养老待遇。加强乡村医生队伍建设，分期分批对乡村医生进行轮训。综合采取住院医师规范化培训、助理全科医生培训、订单定向免费培养、全科医生和专科医生特设岗位计划等方式，加强医疗卫生人才队伍建设。其次，吸引外部人才。保山市支持施甸县高等医学教育的发展，合理确定本地区医学院校和医学类专业招生计划。制定符合基层实际的人才招聘引进办法,落实贫困地区医疗卫生机构用人自主权。争取农村订单定向免费培养医学生,对长期在贫困地区基层工作的医务人员在职称晋升、教育培训、薪酬待遇等方面给予适当倾斜。

2. **卫生方面**

继续开展乡村人居环境整治,将符合条件的老住户集中迁移管理,人畜分离。加大村庄生活垃圾和污水处理、改厕以及绿化美化力度,推动城镇供水服务向农村延伸,大幅提高清洁能源、集中式供水普及率和污水集中处理率。加强特色村镇饮水安全巩固提升工程建设,全面推进集中式供水。提高广播电视和宽带网络覆盖率,加强环境卫生的宣传教育。

第九章

信息化扶贫实践

贫困地区电商扶贫已经显示出其对于扶贫工作的推动作用，电商扶贫也日益成为特困地区扶贫工作的重要途径之一。电子商务在农村地区的推广和运营仍处于初级阶段，发展很不成熟，但是潜力巨大。①

一 信息化多元治理理论

按照全球治理委员会的定义，治理是指"各种公共的或私人的管理机构管理其共同事务的诸多方式的总和"，治理并不必须由代表权威的政府和国际组织排他性地加以实施，私人公司、公司联合体和非政府组织都可以参与其中。为促进社会公共利益的最大化状态，民间组织和政府组织、公共部门和私人部门之间应当形成一种管理和伙伴的关系。

在我国农村精准扶贫工作中，引入信息化多元治理的理论基础，表现形式为信息分享互动合作。在扶贫治理的过程中，无论是政府还是一般性的扶贫社会组织，都不可能完全独立地解决所有问题，各种扶贫主体主要是通过对话、协商、谈判、妥协等集体选择和集体行动，达成共同治理目标，并形成资源共享、彼此依赖、互惠和相互合作的信息化机制和组织结构，建立共同解决公共问题的纵向的、横向的或两者结合的社会合作网络。多元化的信息治理主体参与、以解决问题为中心、高度弹性化的合作

---

① 王嘉伟：《"十三五"时期特困地区电商扶贫现状与模式创新研究》，《农业网络信息》2016年第4期，第18页。

网络的构建都在整个扶贫体系中共同支撑起了一个多层治理体系,在这个体系中,各个扶贫主体形成了一个相对稳定的互惠、合作关系结构。在我国具体的扶贫开发活动中,应当把财政扶贫、部门定点扶贫和非政府组织扶贫三种扶贫方式进行有机整合,构建一个信息化多元治理型农村扶贫体系。首先,应当由多元主体参与扶贫瞄准的决策。各个主体都能够对扶贫水准发表意见,参与评估和管理;其次,各主体之间职能范围明确清晰,相互制约又相互配合,在各自的职能范围内能够自主决策,但是每个主体的决策都以不破坏整体的政策约定为前提;再次,多元主体参与扶贫的目标应当明确,参与扶贫的目的是改善贫困农民的生存和发展环境,为贫困农民创造更多的发展机会,提高贫困农民自我生存和发展的能力,从而持续性地改变贫困农民资源短缺的局面,虽然在扶贫过程中各个主体有其自己的主观利益考虑,但利益获取的底线是不违背扶贫开发的根本宗旨。①

为了"消除数字鸿沟,构建和谐社会",国务院扶贫办于2008年初提出了信息化扶贫的理念,探索扶贫的新途径。信息化扶贫即对贫困地区辅助支持实行赠送、建设通信信息网络设备,建成农村信息服务站方式,用以提升人的信息价值意识,实现脱贫致富。信息化扶贫的目标单位是国家级贫困县,落实点在贫困的行政村建立信息服务站。②

信息化精准扶贫工作机制的提出不仅对扶贫实践有着重要的制度指导和价值导向意义,而且在技术层面来看,其本身代表着扶贫新政策在对象群体的确定和实现政策目标的途径上的日渐完善化和精准化的努力。从贫困研究的视角来看,信息化精准扶贫本身更是对扶贫工作在由特定区域扶贫转向特定群体扶贫这一转型过程中所暴露出的瞄准偏离现象新的解决方案。贫困人群大多数在偏远的山区,通信交通的不便利导致远在山区的贫困人群无法与其他地区进行有效的联通,少数民族的特色文化和产品也不能很好地形成经济规模,抓好电商、用好电商,使贫困人群不用出家门就

---

① 彭靖宁:《云南省昌宁县扶贫开发绩效研究》,硕士学位论文,云南大学公共管理学院,2015,第10~11页。
② 武莹:《信息化扶贫工程试点工作初见成效 运营模式仍需完善》,《世界电信》2009年第10期,第45页。

能让自家特色民族产品产生经济效益。

二 施甸县信息化建设情况

(一) 施甸县互联网建设的总体情况

当前施甸县 GSM、TD-SCDMA、4G-LTE 共在网用户超过 20 万户，100% 的实现"电话村村通"。全县有在网运行基站 743 个，实现全县无线网覆盖率达到 100%，交通干线、旅游景点、经济发达的乡镇等基本做到了无缝隙覆盖。光纤通 137 个行政村和 200 多个自然村，实现所有乡镇和所有行政村及人口相对集中的自然村有线宽带网络覆盖。广播电视人口综合覆盖率达 95%。项目建设主要是由中国铁塔公司、移动公司、电信公司和联通公司在施甸县实施互联网相关建设，共计划推进 18 项，总投资 7.76 亿元，2016 年计划投资 36109 万元，全部为企业自筹资金。2016 年 1~8 月完成投资 19707 万元。

具体存在以下三个方面的问题。第一，目前，4G 网络已覆盖县城、各乡镇及大多数行政村，偏僻的自然村及部分行政村网络覆盖还存在不足。第二，互联网建设投资渠道单一，信息化建设缺乏企业、资金、人才、技术支撑，IT 企业仅限于三大通信运营商和广电公司，几家运营商都属于央企，项目大多跟着总公司走，自主权有限，投入有限。第三，信息化在行政、企业方面管理体制中存在条块分割、职能不清、资源分散等问题，导致信息化推动乏力，信息产业发展滞后。

(二) 施甸县电子商务发展现状

电子商务作为国家战略新兴产业的重要组成部分，对于提升县域经济实力和提高商品竞争力具有重要战略意义。随着以互联网、云计算、物联网等为代表的信息技术的飞速发展，电子商务与实体经济深入融合，对生产、消费乃至人们生活带来深刻影响，为促进经济发展方式转变、保持经济创新活力，施甸县强力发展电子商务，通过努力，施甸县电商工作迈开了新步伐。2016 年 1~8 月电子商务交易额完成 3246 万元，其中电商销售额约 1600 万元，完成全年电子商务交易额的 75%。

1. **当前电子商务发展现状**

为加快施甸电子商务发展，积极筹措资金，在县工信局建设 300 平方米的县级电子商务服务中心，为企业及创业青年提供一个电商创业孵化平台。提供电商培训、开店指南、电商信息等电子商务孵化服务。目前已有一家企业入驻电子商务服务中心。制定出台政策措施。根据《中共保山市委保山市人民政府关于加快电子商务发展的意见》（保发〔2015〕12 号），施甸县出台了《关于加快电子商务发展的实施意见》（施发〔2016〕3 号）和《施甸县工业商务经济考核办法》（施办发〔2016〕88 号），为加快电商发展提出了思路、目标和措施。与 12 个县直单位、13 个乡（镇）签订了 2016 年电商工作目标责任书，为完成市级下达电商工作目标提供了保障。开展电商培训，实施"走出去，请进来"培训，接轨电子商务发展新形势。充分挖掘成功企业的经验做法，2016 年上半年邀请电商专业人士及团队对施甸县部分乡、村干部和有意从事电商的群众、个体工商户进行授课培训，营造全县发展电商的浓厚氛围，召开电子商务培训班 6 期，培训人员 1426 人次，完成全年培训任务的 35.65%。加大电商政策宣传，通过广播、电视、网络等媒体进行宣传。制作户外宣传广告、墙体广告、宣传标语等。鼓励电商企业积极开展经营活动，争取上级相关补助。

2. **电子商务发展中的问题**

首先，电商缺乏龙头企业带动。施甸县内的企业绝大多数规模偏小，生产能力不大，缺乏竞争优势，目前没有一家专业性电商项目代运营及顾问为一体的电商服务机构。电商零小散现象比较明显，大多数涉网经营企业规模较小，电子商务运营能力比较薄弱。其次，物流配送体系不完善。进驻施甸县的快递公司主要有中国邮政、申通、圆通、中通、韵达等，但这些公司在货物仓储及配送方面还存在一些不足，效率不高。再次，电商技术人才缺乏。电子商务行业快速发展与人才供应不足的矛盾突出，电子商务专业和顶尖人才一般集聚到大中城市寻求发展，施甸县电子商务技术人才稀缺。

3. **电子商务发展规划**

施甸县在中央到地方各级下发的关于加快电子商务发展的文件的指导

下，通过规划引领、重点项目、企业培育、政策扶持、环境营造、宣传引导等一系列措施，全力推动电子商务发展和应用，重点规划了以下几项工作。

（1）县、乡两级农村电子商务服务支撑体系建设

一是推进县级电子商务服务中心建设。电子商务服务中心建设由政府补贴，县邮政局参与管理和经营，帮助特色农产品商户开设网店，入驻网络销售平台，并为商户提供信用认证和创业贷款等支持。通过电子商务服务中心，为特色农产品经营户提供统一的货源组织、收购、订单处理、产品包装、包裹寄递等增值服务，为农民提供在村购物、售物、缴费等一站式解决方案，让广大农民享受电子商务带来的红利。完善场地、设备、资金、人员等方面的政策资金体系，加快建设培训中心、摄影中心、产品展销中心、仓储物流中心等配套基础设施。加强政府服务、普及应用、人才孵化、产品开发等功能拓展，成为集营销推广、产品溯源、品质监控、金融服务等为一体的一站式孵化支撑服务平台。二是加快建设乡（镇）电子商务服务所。建立覆盖全县13个乡镇的农村电子商务服务所，以政府补贴，政府牵头负责的方式，为全乡农村电子商务发展提供业务咨询、人员培训、技术支持、营销推广、物流解决的平台。

（2）农村电子商务培训开展多层次电商培训

在县、乡、村领导干部及相关政府工作部门人员中普及电子商务政策、理论等基本知识，提高基层政府对农村电商的认识和推广应用电子商务的能力，加大工作推进力度。为进入大型电商平台的涉农企业和合作社提供网上开店、市场推广、运营维护等培训。进行电子商务运营、实操等方面知识的培训，重点培训涉农组织、专业合作社、农村青年、返乡大学生、农村退伍军人等掌握"互联网+"运作模式与操作方法，提高他们接受互联网并从事相关业务的能力。

（3）电商精准扶贫体系建设

一是帮助贫困人群通过电子商务实现创业。积极探索扶贫事业新机制、新路径，整合各项扶贫政策资源，在免费培训、扶贫贴息、小额信贷、信息服务等方面为贫困群体、残疾人从事电子商务创造便利的创业条件。二是开展电商扶贫试点。分阶段、分批次引导施甸县部分乡镇开展电商扶贫工作，2016年重点选择木老元、摆榔两个乡镇开展电商扶贫试点，

对电商扶贫工作开展得好的乡镇给予一定资金奖励，之后在全县推广电商扶贫模式。

（4）建设电子商务产业园

为更好地抢抓电商时代的发展机遇，坚持政府搭台、市场运作、企业自主发展的原则，全力打造电子商务发展平台，以"互联网＋"的模式引领大众创业、万众创新，鼓励返乡创业，计划在施甸县喜路达财富广场（施甸大酒店后面）建设一个电子商务产业园。目前，正在与苏宁电器商谈入园事宜。

三 摆榔乡和木老元乡电子商务扶贫实践

（一）木老元乡电子商务扶贫开展情况

1. 木老元乡情况简介

木老元乡产业发展分为三个主要部分。首先，农业产业向规模化发展。近年来，木老元乡积极培育专业大户、合作社、龙头企业，通过入股、转包、分红等方式，有序流转农村土地700亩。由立体型气候所致，生态环境优越，农产品资源丰富，以气候带布局产业，成立了木龙源、阿本家禽、黑山羊等7个专业合作社，合作社向规模化发展。成立本地企业施甸县花濮蛮农产品有限责任公司，以"公司＋合作社＋农户＋基地"的产业化发展模式，着力打造"花濮蛮"品牌，建设现代化种养示范基地，推动高原农特产品发展；引入农业龙头企业万家欢集团建设集旅游观光、采摘、生产、加工和销售为一体的蓝莓园。引进施甸康宏农业科技发展有限公司，采取"公司＋基地＋农户"的运作模式，在安置点周边配套养殖小区和木耳种植基地，实现搬迁户户均有脱贫产业。引入云南省焦点网络科技有限公司进行整乡产业策划，以木龙源合作社为建设主体，建立占地18亩，年存栏蛋鸡5万羽的现代化养殖园区1个。其次，高原农特产品种类及产值情况。木老元乡具备天然、原生态、绿色无污染等产品优势。2015年末，蔬菜总产1477.8吨，实现产值236.5万元；核桃总产110吨，实现产值46万元；种植中药材大黄350亩，总产525吨，实现产值157.5

万元；生猪出栏 12370 头、存栏 10986 头，牛出栏 1327 头、存栏 3307 头，羊出栏 11100 只、存栏 11332 只；家禽出栏 151307 只、存栏 136145 只（其中：绿壳蛋鸡 63200 只），肉类总产 1526 吨。最后，带动农旅经济发展。结合木老元乡布朗民族特色，抓住消费者的消费习惯，借助当地独特的生态环境，已在龙潭村、哈寨村发展农家乐 2 户，利用节假日亲子游、黄金周组团游的方式，用烤全羊和山歌对唱、布朗族篝火打歌等民族特色鲜明的活动吸引大批消费者，并带动本地农特产品的二次消费。

施甸县木老元乡公路里程 50 公里，其中县道 30 公里、乡道 7 公里、村道 13 公里。移动电话用户 4112 户，固定电话 129 户，宽带 392 户。移动通信网络已经形成 3G、4G 基站双网运行，3G 网络已趋于稳定，4G 正在努力建设完善中。宽带网络实现"村村通"全覆盖，木老元乡政府驻地已实现 WiFi 全覆盖，4G 网络也已全覆盖各行政村。全乡除中国邮政外，暂无快递公司入驻。

2. 木老元乡"互联网+"体验馆建设、电子商务推进中存在问题和措施

建立木老元乡电子商务服务中心，充分发挥电子商务服务站的职能。对木老元乡农村电子商务服务站，统一形象标识、统一机构名称，通过主体企业依托第三方销售平台。由于乡里产业特点是特色性较强，产品在普通电商平台销售有局限性，立足现有资源优势，求专不求全，独辟蹊径，争取以特、优产品在行业电子商务交易平台中创立良好的口碑。建立"花濮蛮"企业店铺，做到线上线下双体验，通过平台展示，人员培训推动广大群众的网络购物、销售、网订店取、网订店送、缴费支付、取送货品等生活服务。将农村电子商务服务站打造成集商务、服务于一体的农村电子商务综合服务站。以花濮蛮农产品公司为推手，在淘宝网上建立企业店铺，并与云南购精彩签订了合作协议，推动农产品网上营销、加快企业电子商务发展服务"三农"的重要举措，截至 2016 年 12 月底电子商务交易额为 2 万元。

带动就业发展。支持企业参与农村电子商务公共服务中心建设，以"农村产品上行渠道"为工作重点，着力开展农特产品的品牌培育和研发；整合当地农村产品资源，提高农产品标准化水平，培育特色品牌。对返乡农民工、农村创业青年推广一系列便民、快捷的服务类软件。大力推广线上交易与线下交易相结合等新的发展模式，引导企业在产品推广与销售方面有所突破，带动全乡电商发展。

建立乡村两级物流配送体系。加强交通运输、商贸、农业、供销、邮政等部门的协调配合，建立农村物流服务网络和设施的共享机制，推进多站合一、资源共享。在木老元乡改造或建设1个仓储物流配送分中心，实现县对乡、乡对村统一配送、统一仓储，通过农村电子商务服务站点打通农村电子商务"最后一公里"。

全面开展农村电子商务培训。引导农村高等学校毕业生、返乡农民工、大学生村官、农村青年、致富带头人等参与农村电子商务，发挥引领和示范作用，扩大农村电子商务主体，重点开展互联网思维转变、电子商务基础知识、网络营销、客服设计等技能培训，通过培育不断充实木老元乡农村电子商务人才队伍建设。

存在的问题：第一，电商人才缺乏。开展农业电子商务，需要农民"卖家"精通电子商务技术，同时又要掌握一定农业知识和食品安全知识，了解农产品特点和市场行情，并能在网购客服中及时解答客户提出的问题，这是农村电商在产品"外销"上的最大的挑战。第二，产品数量有限，质量参差不齐。木老元乡农特产品是以生态为主，其产品的生长环境多为高海拔地段，无污染，养殖方式也多为野生、散养，没有现代化的种养殖基地，都是农家自产，由于受到种养殖技术影响，产品产量较低，质量参差不齐，给销售带来很大的困难，很多产品形成内销多外销少的局面。第三，农户缺乏产品标准化意识，很多产业难以形成抱团式发展。农户对产品购销环节认识不够，对按产品等级分类销售存在诸多意见，利益大者为先，没有抱团发展的意识，在购销环节中影响较大。第四，生态农产品容易在实际生产和销售的过程中发生同质化产品的竞争，如何发挥电商解决同质化竞争的问题需要进一步做出完善的解决方案。

建议措施：第一，木老元乡应将继续发挥本乡优势、扬长避短，找准工作的突破口和着力点，重点加大培训力度，培养电子商务主力军，营造电子商务发展的良好氛围。第二，加大宣传力度，充分利用微信、云岭先锋等平台，开展大规模的宣传造势工作。通过大量的宣传，普及电子商务知识，让贫困群众主动形成电商意识，学会用电商。第三，加快各村淘宝店铺客服招募,组织多期电子商务培训,重点培养技术型、商务型人才。加大对于电子商务人才的资金支持,吸引广大有志青年和外出务工人员返乡电商创业,创造良好的电商环境,发挥优质青年创业的积极性。第四,建成村级电子商务服务站,重点打造"品牌、创业",将有竞争力的特色农产品如白蜜、绿壳鸡蛋、羊角洋芋等主打产品通过"绿色生态馆"进一步加强包装整合,打造"花濮蛮"品牌,打通农产品上行渠道,全面实施综合示范工作,建立健全农村电子商务运营模式,推进电子商务进农村项目建设。

(二) 摆榔乡电子商务扶贫开展情况

1. 摆榔乡情况简介

摆榔乡支柱产业主要有烤烟、甘蔗、畜牧、林果业等;特色农产品有林下鸡、土鸡蛋、绿壳鸡蛋、生鸡枞、油鸡枞、蜂蜜、茶叶、竹笋、板栗、核桃、青豌豆、无筋豆、辣椒、红糖、黑山羊、豪猪、竹鼠干巴菌等。目前,摆榔乡拥有一个自建微商平台,物流网店有邮政所、申通快递作为支撑。

结合摆榔乡本地实际和不同受众的消费需求,内外结合构建多元化电商平台是大势所趋。一是活用"场外援助"。大中村借助省市驻村工作队员在电子商务方面的优势,以及对大学生回乡创业的支持,建立并运营销售土鸡、鸡蛋、鸡苗和蜂蜜等特产的微店"布朗珍品",通过微店、微信销售,实现收入8万元。县、乡政府很重视,电视台多次采访、宣传。尖山村借助移动公司打造云南高原特色农产品电子商务交易平台的契机,设立销售古树茶、鸡蛋等特色的彩云优品"尖山小店";全乡还依托县政府组织构建的综合服务平台开展"山货、特产"进平台等计划。二是积极"自力更生"。已成功开办"布朗山货"淘宝店、"彝族山货"微店,在乡为民服务站,4个村委会设立电子商务服务站,探索推介销售全乡土产、特产和民族服饰、花草鞋、葫芦笙及三弦等商品,为村民提供网购、快递等服务。三是摆榔乡及时成立电子商务工作领导小组,同时结合实际将电子商务平台构建和交易额任务细化到村,让村民初步形成电商意识。

2. 摆榔乡在电子商务产品开发、开展的过程中的问题和措施

第一，土特产量少、缺包装。为确保产品质量，现有的条件成熟的货物如土鸡、蜂蜜、古树茶多为手工制作，鸡枞、橄榄、酸笋为季节性商品，蓝莓、石榴、苹果等新植特色水果大部分处于育种期，尚未进入挂果期，核桃、松子数量零散，葫芦笙等缺乏包装和质量保障，豪猪刺、竹鼠皮毛等缺乏开发和包装，现有土特产的存量无法保证线上线下同时长期供货。

第二，民族特色类产品价格较高，受众人群有限。手工制作的民族服饰 500~600 元一套，且需提前预订，配色、材质、价格与网络已售产品相比不占优势；市场上的消费者会吹（弹）奏民族特色葫芦笙、三弦等乐器的群体较少。

第三，电商推广旅游设施不完善、进度慢。景点开发大部分仍在规划期，搬迁点建设、危旧房改造和乡村道路建设项目正在实施，旅游环线打造进度缓慢，旅游网络民族特色产品有待开发。

针对目前所发现的问题乡里采取的措施有以下三点。

第一，积极申请资金，培训电商人才。根据《云南省人民政府办公厅关于促进农村电子商务加快发展的实施意见》《云南省商务厅关于做好电子商务富民三年行动计划 2016 年项目申报的通知》，摆榔乡结合本地实际情况，科学合理地优化并申报全乡 2016 年电子商务项目实施方案，争取省级项目资金 10 万元，为全乡农村电子商务启动发展提供资金保障。在 2016 年 11 月末邀请保山宇腾电子商务培训公司到乡里举办"互联网+农旅结合"电商培训，帮助全乡有条件、感兴趣从事电商业的群众开拓发展思路、用好用活各类网络销售平台。

第二，以销促产，引导发展食品加工业。积极与中国移动对接，参与彩云优品"爱心扶贫"特产销售工作，力争 2016 年年内在"爱心扶贫"平台销售 5000 盒以上土特产。继续鼓励林下鸡养殖户增加林下鸡养殖数量及产蛋量，鼓励豪猪、竹鼠养殖开发豪猪刺、竹鼠皮毛及豪猪宴、竹鼠宴等特色农家乐产品，鼓励民间手工艺人将民族特色服饰、葫芦笙等民族特色商品按比例缩小或选择某一特点制售小摆件、钥匙坠、手串、项链等，节省制作成本之余降低购买门槛，让外地游客、本地居民在当地、网销平

台上都能够随意购买，方便携带。通过引进外来食品加工企业和引导有好厨艺、积极性高的本地经营户，依法依规探索扶持"油鸡枞、手工酱、肉罐头、卤制品、特色腌腊、生态坚果、盐霜醋"等食品加工产业，打好"绿色生态"及"纯手工"两张牌，延伸农产品涉及面、延长农产品产业链，为电子商务发展提供足够的产品库存。目前已有3户农户做相关前期筹备工作。

第三，以特引住，大力发展民宿旅游产业。推动尖山村、大中村先行先试，在易地扶贫搬迁安置点建成后，以"玩在野鸭湖、住在布朗山"为主题，固定每周六组织民族特色的篝火打歌会，结合实际在中心村附近设置"迷宫林、捡蛋场、吊床听风林、观景观星台、户外射箭场"等，开发民族农家饭、烤全羊、烤小猪、特色烤鸡、瓦片烧烤等特色美食，引导有条件的村民开设民宿、出租民族特色服饰、销售本地土特产品，以村为单位将上述内容打包成为"周边游、一日游、家庭游、情侣游、工会游"等产品并在淘宝、微店、微信公众平台上推广销售，积极承办团委、妇联2017年各类相亲活动，使县内外游客来到摆榔都能有得看、有得吃、有得玩、有得住、带得走。目前尖山村安置点公建部分已完成，古树茶体验馆已试运营，"小关、同心泉、千年古树茶、户外射箭场、滑草场"选点已初步确定，3户村民已带头做民宿、农家乐的前期筹备工作。

（三）两乡电子商务扶贫工作的建议

电商扶贫就是通过电商的形式帮助贫困的地区和家庭，使偏远地区的农产品，用电商的方式销售，促进和稳定扶贫项目的建设，使农民收入提升，同时参与和体验时代的发展和进步。目前的两乡电商扶贫，显然格局太小，程度太浅。

第一，加大资金投入，加大培训力度，培养本土电子商务主力军，吸引有志青年返乡电商创业。必须进行电商的基本功培训，包括平台建设、物流知识、包装规范、质量保障等。培养农村电商，使农村电商走上良性运行的轨道。

第二，充分利用微信、云岭先锋等平台，普及和宣传电商知识；建立健全农村电子商务运营模式。乡政府和党员发挥先锋作用，开拓创新电商扶贫工作。

第三，建立乡村两级物流配送体系，引入快递站，使乡村物流跟上电商的节奏，适应农产品保鲜快递的要求；实现县对乡、乡对村统一配送、统一仓储，使乡村物流成为脱贫新出路，推动乡村就业发展。

第四，网上销售是一对一的零售行为，要有严谨的质量审查制度，只有质量过硬了，才能打开销量。消费者的评价，影响着以后的销售可持续性和产品的销路拓展。必须重视网售产品质量。

第五，以工业品下行为牵引，带动农村电商基础设施的完善和发展。农村人口生产生活用品也可以通过电商运营经销，打开思路，创新电商脱贫之路。

第六，需要对扶贫政策进行改革创新。电商扶贫跨越了行业扶贫、专项扶贫、社会扶贫三大领域，明显具有综合性。所以，电商提出了政府服务的新命题，扶贫政策也要相应调整，如到户到人的政策如何体现在电商领域、电商发展所需要的基础建设能否纳入扶贫项目范畴、专项资金能否补贴给电商平台与服务商，还有电商人才培养、产业链整合等新领域，需要研究以什么名义、用什么项目来支持，等等。

真正将电商作为发展新动力、新基础设施、新常态下的新型经济业态来深刻思谋；不是作为一个单项工作、单一工程来推进，而是作为重要战略、中心工作，增强谋划的科学性、系统性。电商扶贫必须多部门协调、多领域联动、多要素聚集，重视优势资源的系统开发、电商主体的培育、电商服务体系的建设等。强化组织领导、统筹协调、政策支持、督促考核、宣传发动，不断提高电商扶贫精准度和实效性，让电商扶贫惠及更多贫困群众。推进农村物流体系建设，提升物流服务水平，电商人才要从培训向培养转变，让当地群众成为真正的脱贫主动者。

第十章

民族文化发展扶贫实践

摆榔乡和木老元乡是民族自治乡，两乡的主体民族是布朗族、彝族和汉族。布朗族是"直过民族"，布朗族是人口较少民族。在多年的融合和发展下，两乡的布朗族特色更明显。

一 布朗族人口发展状况

布朗族是我国历史文化悠久的人口较少民族之一，全国90%以上的布朗族人口主要分布在云南省的保山、临沧、普洱和西双版纳等地，是云南省特有少数民族之一。费孝通先生把阿昌族、普米族、布朗族等面临生存发展问题的民族，称为"小民族"。学界通常把1990年人口普查数据中人口在10万以下的民族称为人口较少民族，其特点是：人口数量较少，人口基本分布在边境一带，居住地域分散，但是有小片的聚居区域，经济社会总体发展落后。[1] 费孝通指出："小民族的生存状况是对国家政治文明的一种挑战，也是对人类基本权利的一种挑战""认真研究且做好人口较少民族的工作，不仅关系到我国边疆的地区的稳定和发展，对于睦邻友好的周边关系和维护地区稳定也有积极意义"。[2] 21世纪以来，党中央、国务院一直高度重视人口较少民族发展问题，2005年、2011年国家相继制定并实

---

[1] 王铁志：《人口较少民族研究的意义》，《黑龙江民族丛刊》2005年第5期，第104~112页。

[2] 何群：《环境与小民族生存》，《世界民族》2006年第6期，第37~42页。

施专项规划，重点扶持人口较少民族经济社会全面协调可持续发展。

(一) 布朗族源流

上古时期，我国西南地区活跃着"百濮""百越""氐羌"三大族群。到了唐代，"百濮"开始逐渐分化成今天的布朗族、佤族、德昂族三大民族。[①] 布朗族是我国西南历史悠久的土著少数民族，是云南最古老的民族之一，其先民最早居住在澜沧江两岸保山、大理、临沧、普洱一带，因不服哀牢人（傣族先民）的统治，逐步向南迁徙到临沧一带的深山中。如今，布朗族主要分布在保山、临沧、普洱、西双版纳等地，有本民族语言，西双版纳、思茅等地的布朗族兼通傣语，多信奉南传上座部佛教，保山市的布朗族主要分布在施甸县和昌宁县。

1. 布朗族历史

布朗族的历史可以上溯到商朝，但有文献可考的历史从汉代开始。据汉文献记载，东汉时期，最早出现在《尚书·牧誓》中的布朗族先民——"濮人"，便居住在今天的保山市、永平县、施甸县一带。在西晋时，永昌濮人中的一部分向南迁移到镇康、凤庆、临沧一带。唐朝时称为"朴子蛮"，元、明、清时称为"蒲蛮"。隋唐以后，文献记载有"濮人""扑子""朴子""扑""蒲满""蒲人"等名称，其分布更为广泛，唐宋时期，"扑人"受南诏、大理政权统治[②]；明朝设顺宁府，以蒲人头人充任土知府。后来原居于云南南部的部分蒲人发展为现在的布朗族。明代的《云南图经志书》《正德云南志》《明宣宗宣德实录》等史书里都有大量有关"濮人"的记载，清代以来，各地称布朗族为"蒲满""濮人""蒲蛮""黑蒲""裸濮"等，大多是"濮"的同音异体字，实为同族的他称，都是指今天的布朗族。

新中国成立前夕，布朗族已经有了自己的称谓。居住在施甸及保山、

[①] 俞茹：《追寻佤族、德昂族、布朗族的先民——"苞满"、"闽濮"的历史溯源》，临沧师范高等专科学校、沧源佤族自治县人民政府．中国佤族"司岗里"与传统文化学术研讨会论文集，临沧师范高等专科学校、沧源佤族自治县人民政府，2008。

[②] 郗春嫒：《社会变迁与文化传承——云南散杂居地区布朗族研究》，社会科学文献出版社，2013。

昌宁、永德等地的自称"本人""蒲满""花蒲满""满"等,居住在镇康、景东的自称"乌",居住在墨江、双江、云县一带的自称"阿娃""依娃",居住在澜沧的自称"翁拱",居住在西双版纳一带的自称"波郎""波巴郎"等。汉族称布朗族为"蒲满",傣族称布朗族为"腊",佤族称布朗族为"布恩",拉祜族称布朗族为"卡昔",彝族称布朗族为"蒲满"。新中国成立初期,党和人民政府为尊重布朗族大多数人民的意愿,统称为布朗族。①

2. 布朗族的神话传说

从古文史籍、神话传说的片段以及社会习俗可以看出布朗族的起源和发展。布朗族有很多关于人类起源的神话传说,如远古时,有人用烧红的铁锥钻入木头中,布朗族人便从木穴中钻了出来,由于木穴被铁锥烧黑,所以布朗族人的皮肤都变成了黑色。② 这些神话反映了布朗族曾经历过穴居野外的原始生活。当时,人们为了防御猛兽的侵害和躲避风雨的袭击,聚群而居,住在山洞或树洞里。保山市施甸县布朗族的神话说:远古时,大地洪水泛滥,万物全被洪水淹没,只剩下两兄妹钻进牛肚皮鼓里,任凭洪水漂流。洪水退后,牛肚皮鼓落地,兄妹俩从牛肚皮鼓里走出来,可是人世间的人类已经灭绝了,为繁殖后代,兄妹俩又找不到配偶,有位神仙便叫他们各占一个山头,各自拿一扇石磨,同时将石磨从山顶上滚下,如果两扇石磨合拢,便可以结婚,结果石磨合拢了。天神又叫他俩滚簸箕,簸箕也合拢了,此乃天之授意,兄妹俩只好成亲。婚后生下一个葫芦,他们便把葫芦剖开,从里面走出许多人来,就是布朗族、汉族、傣族、彝族等各族人民的祖先。③

(二) 布朗族人口发展

人口发展是指随着生产力的发展和社会生产方式的进步,人口数量、

---

① 谭高顺:《布朗族创世神话的哲学审视》,《曲靖师范学院学报》2008年第4期,第80~82页。
② 谭高顺:《布朗族创世神话的哲学审视》,《曲靖师范学院学报》2008年第4期,第80~82页。
③ 黄彩文:《民间信仰与社会变迁——以双江县一个布朗族村寨的祭竜仪式为例》,《云南民族大学学报》(哲学社会科学版)2009年第4期,第28~31页。

质量和结构及其与社会经济、环境等方面的关系不断由低级向高级运动的过程。人口发展包括人口数量的增减变化、人口素质的提高改善以及人口状况的变动等诸多方面，而成为与社会经济发展相协调的人口最高运动形式。

1. **人口分布状况**

我国布朗族人口90%以上分布在云南，作为云南的世居民族，主要分布在云南省西部及西南沿边地区。根据第六次全国人口普查数据和2010年云南省分县数据显示，我国布朗族人口的分布情况如表10-1和表10-2。

表10-1　2010年我国布朗族人口分布情况

单位：人

地区	人口	男	女
北 京	68	35	33
天 津	21	18	3
河 北	50	14	36
山 西	22	7	15
内蒙古	15	3	12
辽 宁	19	9	10
吉 林	9	4	5
黑龙江	12	4	8
上 海	133	80	53
江 苏	265	67	198
浙 江	300	107	193
安 徽	78	13	65
福 建	226	117	109
江 西	31	16	15
山 东	317	99	218
河 南	80	18	62
湖 北	36	10	26
湖 南	138	9	129
广 东	495	258	237
广 西	81	32	49

续表

地　区	小　计	男	女
海　南	120	65	55
重　庆	288	45	243
四　川	164	46	118
贵　州	49	16	33
云　南	116573	60117	56456
西　藏	4	1	3
陕　西	6	2	4
甘　肃	12	5	7
青　海	2	2	—
宁　夏	2	—	2
新　疆	23	11	12
全　国	119639	61230	58409

资料来源：全国第六次人口普查（国家统计局网站）。

从表10－1可以看出，我国布朗族人口分布相对集中于云南，有116573人，分布超过100人的有上海、江苏、浙江、福建、山东、湖南、广东、海南、重庆、四川这10个省市，还有极少量人口主要分布在其他内陆省份。

表10－2　2010年云南省布朗族人口分布情况

单位：人

地　区	小　计	男	女
昆　明　市	1142	504	638
曲　靖　市	117	47	70
玉　溪　市	114	53	61
保　山　市	9834	5042	4792
昭　通　市	21	12	9
丽　江　市	45	22	23
普　洱　市	15543	8144	7399
临　沧　市	40434	21277	19157
楚　雄　州	75	27	48
红　河　州	806	398	408
文　山　州	37	9	28
西双版纳州	47529	24160	23369

续表

地 区	小 计	男	女
大 理 州	708	329	379
德 宏 州	146	73	73
怒 江 州	12	11	1
迪 庆 州	10	9	1
总 计	116573	60117	56456

资料来源：《云南民族人口分县数据2010年》。

从表10-2可以看出，云南省的布朗族人口居住的相对分散，基本各个地州都有分布。其中万人以上的布朗族人口分布在普洱市、临沧市、西双版纳州。西双版纳傣族自治州勐海县的布朗山布朗族乡是我国布朗族最大的聚居区，约占布朗族总人口的65%，其余散居于双江、隆阳、施甸、昌宁、云县、镇康、永德、耿马、澜沧、墨江等县（区），此外，南涧、景东、景谷、景洪、勐腊等县（市）的山区亦有少量分布，主要聚居区的布朗族长期以来和哈尼、拉祜、佤族相邻，散居的布朗族与汉、傣、哈尼、拉祜等族杂居[1]；其次是保山市、昆明市的布朗族人口在千人以上；其余地州的布朗族人口都是在千人以下的。保山市的布朗族人口主要分布在昌宁县和施甸县。

2. 人口数量

人口数量是指一个地区或一个国家在一定时间内的人口总和，一般以人口普查的统计结果为依据，布朗族是我国人口较少民族，通过我国从1982年至2010年的人口普查数据可以看出我国布朗族人口数量的衍变情况。

表10-3 布朗族人口数量变化情况

单位：人

年 份	1982	1990	2000	2010
总 人 口	58473	82398	91882	116573
全国总人口	1003913927	1130510638	1242612226	1332810869

资料来源：全国历届人口普查数据（国家统计局网站）。

---

[1] 云南民族宗教网，http://www.ynethnic.gov.cn/pub/ynethnic/mzzc/mzgk/201506/t20150630_10695.html，2015年6月30日。

从表 10-3 可以看出布朗族人口与全国的人口数量相比，占比太小，而且从 1982 年至 2000 年，我国的布朗族人口都在 10 万以下，属于全国人口在 10 万以下的少数民族之一。从 1982 年至 2010 年这 28 年的时间里，全国的布朗族人口增加了 61166 人，增长的幅度较小。

3. 人口结构

人口结构反映一定地区、一定时点人口总体内部各种不同质的规定性的数量比例关系，主要有性别结构和年龄结构。人口的性别结构是指一定时点、一定地区男女两性在全体人口中的比重。中国已经成为世界上出生性别比失衡较为严重、持续时间较长的国家，其中最主要的汉族人口的性别比出现严重失衡。布朗族作为人口特少民族，通过长期与汉族杂居、散居，受其"重男轻女""传宗接代""多子多福"等封建思想的影响，性别比也逐年增长。

表 10-4　1982~2010 年布朗族人口性别比

年 份	男	女	布朗族性别比	全国性别比
1982	29442	29031	101.4	106.3
1990	42015	40383	104.0	106.6
2000	47534	44348	107.1	106.7
2010	61230	58409	104.8	105.2

资料来源：1982~2010 年全国人口普查数据。

从表 10-4 可以看出，我国布朗族人口性别比呈现增长趋势。在人口统计学上，一般正常范围在 102~107，高于或低于这个数字，都属于失衡状态，布朗族人口性别比虽然在逐年攀升，但是低于全国水平，而且目前仍处于正常的性别比范围内。

人口年龄结构是指一定时点、一定地区各年龄组人口在全体人口中的比重，它不仅对未来人口发展的类型、速度和趋势有重大影响，而且对今后的社会经济发展将产生一定的作用。新中国成立以来，受到国家计划生育政策的影响，我国布朗族人口从增长型逐渐转变为静止型人口，新生儿逐渐减少。

观察图 10-1 至图 10-3，纵轴表示年龄，横纵表示人口数量，横轴

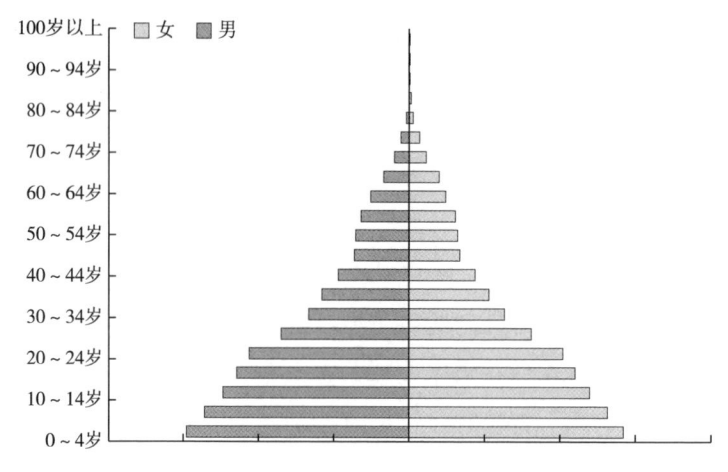

图 10-1　1990 年布朗族人口年龄和性别结构

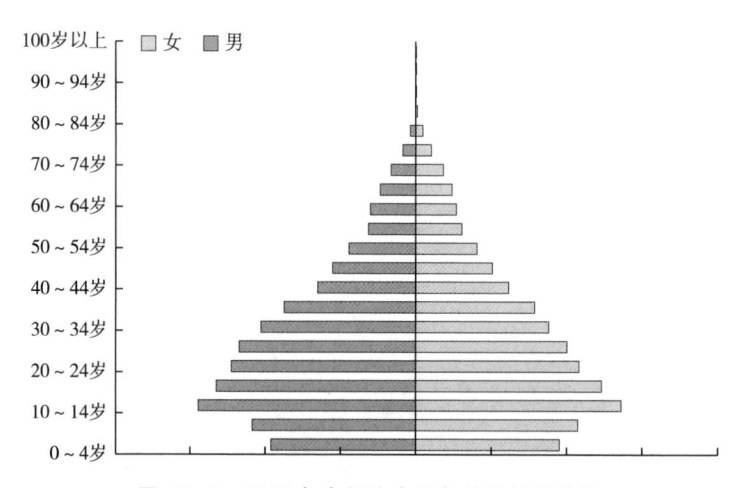

图 10-2　2000 年布朗族人口年龄和性别结构

的左侧表示男性人口，横轴的右侧表示女性人口，年龄组最小的放在底层，然后逐一将相邻各年龄组向上叠加。人口结构图可以有多种形态，但常见的人口年龄性别结构图有三类：人口增长型、人口静止型和人口减少型。以金字塔形为相对标准型，但并不是每一种人口结构图都呈现出底宽顶尖的金字塔形状。可以看出我国布朗族的人口年龄性别结构从 1990 年至 2010 年发生了很大的改变，按照人口金字塔类型，1990 年的布朗族人口属于增长型，呈现出底宽顶尖的金字塔形状，到了 2000 年时，布朗族人口的年龄性别结构逐渐形成"中间大，两头小"的人口格局，底部人口开始缩

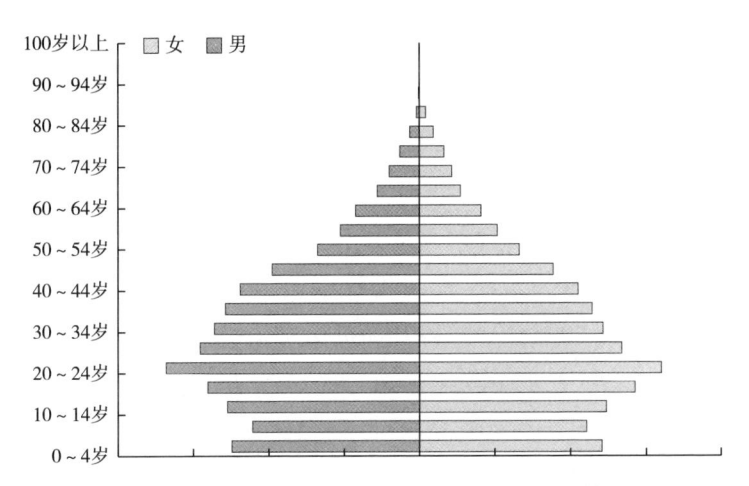

图 10-3 2010 年布朗族人口年龄和性别结构

资料来源：历次全国人口普查数据。

减，顶部人口开始增多，正在朝着人口静止型发展。2010 年布朗族人口的年龄性别结构继续保持"中间大、两头小"的人口格局，但是也可以明显地看出 0~4 岁的年龄人口增多，这个变化对于布朗族人口的健康、均衡的发展是有利的。这个人口结构是明显地处于"人口红利"阶段。

4. 人口文化素质

文化素质是人们认识和改造世界的能力，指人们在生产实践和社会实践中积累的生产劳动经验，以及在教育培训中学到的文化科技知识。衡量一个国家或一个地区的人口文化素质指标，主要是受各种教育的人口在总人口中的比重，人口的文化素质在物质文明和精神文明建设中占有重要地位，特别是在科技日新月异飞速发展的当代，人口文化素质的提高是促进社会经济迅速发展的条件。

表 10-5 布朗族各种文化程度人口

单位：人

年 份	高 中	中 专	大学专科	大学本科	研究生
1990	509	369	84	38	0
2000	1196	1282	334	119	4
2010	5083	—	2289	1528	46

资料来源：历次全国人口普查数据，2010 年无此项数据。

表 10-5 是 1990 年至 2010 年布朗族高中、中专、大学专科、大学本科、研究生文化程度人口的变化情况，1990 年、2000 年至 2010 年的布朗族高中文化程度的人口分别为 509 人、1196 人、5083 人；1990 年至 2000 年布朗族中专文化程度的人口分别为 369 人、1282 人；1990 年、2000 年至 2010 年大学专科文化程度的人口分别为 84 人、334 人、2289 人；1990 年、2005 年、2010 年大学本科文化程度的人口分别为 38 人、119 人、1528 人；1990 年、2005 年、2010 年研究生文化程度的人口分别为 0 人、4 人、46 人。从 1990 年至 2010 年这 20 年的时间里，布朗族人口高中至研究生各种文化程度人口的变化情况如下：高中文化程度人口增加了 4574 人，中专文化程度的人口从 1990 年至 2010 年这 20 年时间里增加了 913 人，大学专科文化程度人口增加了 2205 人，大学本科文化程度人口增加了 1490 人，研究生文化程度人口增加了 46 人。

一般而言，一个人所接受的教育程度越高，他选择工作的范围就越广、个人发展的机会就越多，也更容易迈向事业成功的台阶。而一个族群所有的高学历人员越多，这个族群成员中的社会和经济活动中取得成功者的比例也就越大，族群作为一个整体在社会和经济事务中的发言权和影响力也就越大。可以看出，随着社会经济的发展和国家政策的扶持，布朗族人口的受教育程度和水平有了较大的提高，对于布朗族的社会经济发展将产生积极效应。

(三) 施甸县布朗族人口状况

施甸县作为国家级贫困县、滇西边境山区片区县，县内聚居着怒江河谷和枯河谷流域的低热河谷和高海拔冷凉山区的木老元、摆榔、姚关、酒房 4 个乡（镇）11 个村（居）委会。聚居区是集民族、山区、贫困"三位一体"的特殊贫困地区。2015 年总人口 344418 人，其中：农业人口 282150 人，占总人口的比重达 81.92%；非农业人口 62268 人，占总人口的比重达 18.08%。有少数民族 26 个，少数民族人口 27776 人，占总人口的 8.07%。布朗族主要聚居在施甸县两个民族乡，即木老元布朗族彝族乡、摆榔彝族布朗族乡。2015 年末，两乡共有布朗族人口 1160 户 5001 人，是该县布朗族最为集中的聚居区。

表 10-6　2010 年全国、云南省、保山市及所辖县的布朗族人口数量

单位：人

地　区	小　计	男	女
全　国	119639	61230	58409
云南省	116573	60117	56456
保山市	9834	5042	4792
隆阳区	239	101	138
施甸县	7602	3915	3687
腾冲县	39	16	23
龙陵县	25	11	14
昌宁县	1929	999	930

资料来源：《云南民族人口》2012 年。

从表 10-6 可以看出，布朗族人口在保山市所辖的 5 个县域（区）中都有分布，其人口分布最多的当数施甸县，故此施甸县享有"金布朗之乡"的美誉。

表 10-7　布朗族、彝族各阶段受教育人口占 6 岁及以上人口比重

单位：%

	未上过学	初　中	高　中	大学专科	大学本科	研究生
全　国	5.00	41.70	15.02	5.52	3.67	0.33
布朗族	14.27	18.86	4.70	2.12	1.41	0.04
彝　族	14.30	22.38	5.76	2.36	1.37	0.05

注：数据来源于国家统计局官方网站，并根据第六次全国人口普查统计资料计算得出。

二　精准扶贫与布朗族民族文化的传承与创新

扶贫供给主体（政府）通过对扶贫主体（布朗族）的民族文化特性的深刻把握，开展对优秀布朗族民族文化及其资源的传承与创新发展工作，在精准扶贫的政策机遇下逐渐改变了布朗族发展过程中隐含的贫困文化，促进扶贫中的"马太效应"朝着积极的方向发展，促进了布朗族民族文化的传承与创新发展。

中国作为一个多民族的发展中国家，除汉族外，还有55个少数民族。少数民族在历史上对国家的发展做出过很多积极贡献，我国社会主义现代化建设目标的实现也离不开少数民族，但由于历史、自然和社会等各方面的原因，我国的少数民族普遍存在严重落后于其他地区的现象。目前，党和国家对少数民族地区的发展尤为关注，2012~2015年，国家安排中央预算内投资55亿元，用于帮助边境地区和人口较少民族聚居区的基础设施建设、群众生产生活条件改善和社会事业发展。同时，中央财政安排少数民族发展资金145.9亿元，专项支持推进兴边富民行动、扶持人口较少民族发展以及开展少数民族特色村寨和少数民族传统手工艺品的保护与发展。习近平总书记到云南调研时强调"全面实现小康，一个民族都不能少"。在2016年制定的"十三五"发展规划中，对少数民族和民族地区的发展制定了目标[1]，旨在促进民族文化繁荣发展和民族团结的巩固。2017年国务院提出：要加大对民族地区发展支持力度，深入实施兴边富民行动，保护和发展少数民族优秀传统文化，扶持人口较少民族发展，推动各族人民在全面建成小康社会进程中实现共同发展繁荣。[2] 党和国家在举国上下全力开展精准扶贫的工作中，十分重视少数民族特别是人口较少民族的扶贫工作。

布朗族作为我国人口较少民族，西南地区历史悠久的古老少数民族，云南省特有民族、跨境民族、世居民族，拥有丰富多彩的物质方面和精神方面民族文化，同时，也是集"贫困、民族、山区"等特点于一身的民族。云南省保山市施甸县的两个偏远山区民族乡木老元乡和摆榔乡聚居着大量的布朗族人，社会经济条件落后，但是拥有独特的民族文化。近年来，施甸县政府在推进特少民族布朗族精准扶贫开发工作中，将其扶贫、脱贫策略和布朗族民族文化资源有效地联系起来，对木老元乡和摆榔乡的布朗族大力开展"整乡推进，整族帮扶"的精准帮扶工作，其主要通过对

---

[1] "十三五"规划中少数民族和民族地区发展的主要目标：民族文化繁荣发展，少数民族优秀传统文化得到传承弘扬，文化事业加快发展，公共文化服务体系基本建成，文化基础设施更加完备，文化产品日益丰富，文化产业持续壮大，文化发展成果惠及各族群众，少数民族特色文化活动广泛开展，各民族共有精神家园建设成效显著。

[2] 国务院扶贫开发领导小组办公室：《国务院关于落实〈政府工作报告〉重点工作部门分工的意见》，http://www.cpad.gov.cn/art/2017/3/28/art_1461_61561.html。

布朗族民族文化资源的传承、开发和创新来帮助布朗族人民摆脱贫困,促进当地的民族文化得到更好的发展。

(一) 扶贫与民族文化的相关理论回顾

在我国,少数民族人口大多居住在地理位置偏远和自然条件较特殊的地区,这些地区基础设施薄弱、经济要素水平低,制约了当地经济、教育和社会文化的发展,一般处于较贫困的状态。在这种条件下,丰富的民族文化资源和较为贫困的生存状态之间形成了矛盾,成为扶贫的难点。[①] 目前我国学界关于少数民族文化与扶贫之间的研究主要有以下几个方面。

精准扶贫就是为了抵消经济增长减贫效应的下降而必须采取的措施,是我国当前扶贫开发,特别是针对人口较少的少数民族地区贫困人口到2020年摆脱贫困的重要指导思想。我国少数民族的特点是人口较少且拥有独特民族文化特色的族群,对于少数民族贫困问题的帮扶首先需要对其民族文化的内涵精准把握,从而更好地精准施策,精准帮扶。

1. **少数民族文化传承、涵化与创新理论**

少数民族文化传承,是把少数民族在长期的历史进程中形成的物质文化和精神文化保护、传递和发展下去,其旨归在于民族文化的发展、民族精神的传承。对于每一个特定民族与国家来说,它的文化是其自身民族性存在的方式,是民族特性的守护神,文化传承不只是简单的文化元素传递与保存,更是多元文化交织下的文化发展、文化认同和文化融合,并最终走向多民族及多元文化的融合共生。民族文化涵化(acculturation)是指由两个或两个以上不同文化体系间持续接触、影响而造成的一方或双方发生大规模文化变异。产生文化涵化的前提条件有两个,一是文化接触,二是文化传播。作为条件之一的文化接触,是指相互、持续地接触。文化各异的民族群体之间接触时间越长,面越广,交往越深,相互采借的东西就会越多,他们的文化相似性就会越大。涵化的另一前提是文化传播,它是指由一种文化向其范围之外转移或扩散,引起他们文化的互动、采借以及整

[①] 林耀华主编《民族学通论》(修订本),中央民族大学出版社,1997,第397页。

合过程。在不同文化的持续接触中,文化传播不可避免,而且也只有通过大量的相互传播,涵化才能最终实现。① 文化涵化可能会出现以下几种情况:一是接受,即通过接触、选择、采取,接受某些文化成分。二是适应,即把接受过来的各种文化成分同自己传统文化体系的部分或全部协调起来的过程。由于协调的方向不同,其结果或是接受他文化的影响,逐渐失去本文化的特点而成为他文化一部分的过程,它在民族问题上,就是所谓民族同化;或者是在两种文化的接触交往中,发生双向的调适,产生与各自原有文化特征均不相同的新特征,从而形成一个新的单一文化,它反映在民族问题上,就是所谓的民族融合。三是抗拒,即在涵化过程中,由于政治上处于支配地位的文化压力太大,变迁发生过猛,许多人不易接受,从而导致排斥、拒绝、抵制或反抗现象。②

民族文化创新,是指一种创造性活动,其价值诉求要达至的是文化发展的与时俱进,以文化的创新和创造推动文化的发展和进步。③ 文化是民族发展的重要动力,任何民族的文化通常表现为对多种文化因素的集合体,当中存在先进的文化和落后的、腐朽的文化之别,对一个民族的发展既有积极的推动作用,也有可能成为阻碍民族发展的保守性力量,并不是所有的民族文化对民族历史的发展都具有无条件的积极和肯定的意义,民族文化创新的重点并不是对传统文化的继承和复兴,而是对传统文化的改造和新文化的创造,这种创造性活动所追求的不仅是传统文化的香火越燃越旺,更追求文化延续的与时俱进。

2. 贫困文化理论

贫困文化是指贫困人口具有自我维持的文化体系。1946 年,美国学者艾利森·戴维斯在《社会下层工人动机之研究》一文中最先指出,贫困人口由于长期生活在贫困之中,结果形成了一套特定的生活方式、行为规范和价值观念体系的"贫困亚文化",这使贫困人口安于现状,并认同自己

---

① 张欣:《少数民族地区文化扶贫中的政府作为》,《理论探索》2013 年第 6 期,第 71 ~ 74 页。
② 李红伟:《民族文化创新与产业链研究》,博士学位论文,中央民族大学,2013。
③ 林剑:《论民族文化的创新》,《江海学刊》2015 年第 6 期,第 41 ~ 46 页。

的社会角色和社会地位。一方面,贫困人口与主流经济和文化相隔离;另一方面,贫困人口安于现状,不愿意改变自身地位的境况使贫困不断被再生产出来,从而代代相传。后来,美国著名社会学家与人类学家奥斯卡·刘易斯(Oscar Lewis)依据对墨西哥5个家庭(其中4个家庭为贫困户)的民族志个案研究,将在社会权力体系中处在弱势地位、饱受贫困压力的部分人为了应对贫困而选择被动和消极的生活态度归结为一种亚文化,即"贫困文化"(Culture of poverty),认为这种文化对其成员产生一种具备独有样式的、特殊的社会影响和心理影响。[①] 刘易斯对"贫困文化"从4个层次上加以说明:全社会的角度,社区的角度,家庭层次的角度,个人层次的角度。从全社会角度看,穷人脱离了社会生活的主流,不能与广大社会融为一体,不能参与广泛的社会活动、社会机构中来,他们处于一种自我封闭的或孤立的境地,他们之所以不能参与广泛的社会活动有多种原因,如受地理环境、资源匮乏的限制,社会经济制度、种族歧视的限制,个人品质的限制等;不能参与广泛社会活动,便加剧了他们的贫困状况。从社区看,主要体现为一种贫民窟的特殊文化现象。贫民窟的居住拥挤、条件差,但是由于租金低,大多数贫民家庭只好聚居于此,在生活方式、价值观念上交互影响,加速了贫困文化的发展。这里的儿童所接触的"小伙伴群体"持有相近的价值观,他们交互影响,加强了脱离社会主流的观念,形成了贫民窟特有的社区意识,与其他社区的人在感情上区别开来并存有隔阂。哈佛大学社会学家罗伯特·桑普森在一个研究项目中也指出造成邻里陷入并无法摆脱"贫困陷阱"的原因,是与社群中人们行动和思考的一种共同认识相关的,关注社区文化,即关注人们彼此共享的价值观念,比评估现实贫困水平更有解释力。[②] 从家庭层次看,贫困文化体现在特定的家庭关系方面的是家庭结构松散,很多穷人家庭经济拮据导致儿童中途辍学,穷人的孩子文化水平低、职业训练差,这使他们更难进入高技术行业。总之,在此种特定的家庭环境中,贫困文化现象延续或者代代相

[①] 〔美〕奥斯卡·刘易斯:《贫困文化:墨西哥五个家庭一日生活的实录》,丘延亮译,台北巨流图书公司,2004,第107~127页。

[②] Patrica Cohen,"Culture of Poverty Makes a Comeback," *The New York Times*, October 17, 2010.

传。从个人层次看,贫困文化虽然是一种群体模式,但它要通过个人的思想、态度、行为表现出来。作为贫困文化典型代表的个人,通常知识缺乏、眼界狭隘,只关心眼前利益和个人的事情,没有社会感。他们的生活无计划,有强烈的及时行乐倾向,自我控制能力弱,易冲动、相信"宿命论",有自暴自弃或自毁倾向。刘易斯认为,从根本上来说,贫困的重负是社会资源分配不平等造成的,是被强加在这些社会成员身上的,它因此构成了一种亚文化,处于贫困文化的人具有强烈的边缘感、无助感和附属感,他们似乎是自己国家中的局外人。因此,想要消灭贫困,首先必须改造贫困文化,只有使穷人抛弃了贫困文化,接受了新文化,贫困才有可能真正走向消亡。有学者认为这一理论带有某种"受害者有罪论"的色彩,因为贫困人口并不是一些甘于贫困的人口,是社会没有提供公平的、平等的发展机会。[1] 我国少数民族的贫困问题,一直以来人们习惯于从历史上、从政策上、从自然环境上找原因,但是其实还有最重要的文化因素,文化在社会学上的传统含义是指社会成员所获得的一切知识、思想、价值观、态度、行为方式等主观因素,同时也包括伦理、艺术、语言、礼仪、宗教信仰、禁忌、居住习俗等因素。

3. 贫困"马太效应"

马太效应(Matthew Effect),指强者愈强、弱者愈弱的社会现象,来源于圣经《马太福音》中的一则寓言:"凡是少的,就连他所有的,也要夺过来。凡是多的,还要给他,叫他多多益善。"[2] 社会学家从中引申出了"马太效应"的概念,用以描述社会生活领域中普遍存在的两极分化现象。在此主要比喻现今社会的贫富差距,社会不同群体或个人之间,富的更富、穷的更穷的经济社会现象。

新古典增长理论的"趋同假说"解释了"马太效应"。该假说认为,由于资本的报酬递减规律,当发达地区出现资本报酬递减时,资本就会流向还未出现报酬递减的欠发达地区,其结果是发达地区的增长速度减慢,而欠发达地区的增速加快,最终导致两类地区发达程度的趋同。另一种观

---

[1] 佟新:《人口社会学》,北京大学出版社,2012,第218页。
[2] 《马太福音》25:29。

点是,当同时考虑到制度、人力资源等因素时,往往会出现另外一种结果,即发达地区与欠发达地区之间的发展,常常会呈现"发展趋异"的"马太效应"。落后地区的人才会流向发达地区,落后地区的资源会廉价流向发达地区,落后地区的制度又通常不如发达地区合理,于是循环往复,地区差异会越来越大。对政府而言,如何在经济发展中避免贫富差距越拉越大的马太效应,是一个很重要的政治课题。

我国在少数民族地区的扶贫开发也存在这一奇怪的现象。由于少数民族大多聚居在偏远、自然条件相对恶劣的地区,信息闭塞、交通不便,经济发展水平远远落后于发达地区,政府为了尽早让他们脱贫致富,不断实施扶贫安居工程,异地安置,将他们安置在交通通信方便的地方,配备统一的住房和生活设施,试图拉近他们与现代文明的距离,但是许多少数民族居民在安置点待不长久,就又纷纷悄悄回到原来的住处。[①] 比如鄂伦春族习惯于渔猎、放牧生活,由于国家出于对生态环境保护的政策考虑,劝说他们放弃沿袭已久的传统生活方式,远离森林、上交猎枪,由国家提供相应的补贴维持日常生活。而他们由于脱离了传统的生活方式,终日无所事事、酗酒现象严重,往往是补贴、救济金一发就用来买酒,很少有人用这笔钱创业,从而成为"扶不起的阿斗",扶贫效果大打折扣。[②] 因此,在民族地区开展扶贫工作,通过充分调研精准了解少数民族的民族文化习性,精准帮扶少数民族的脱贫工作,才能避免不利于扶贫成果的"马太效应"。

(二) 施甸县布朗族传统民族文化特点

施甸县是仅次于西双版纳、临沧的布朗族聚居县区之外的、有大量布朗族聚居的地区,约占全部布朗族的 7%。施甸县的布朗族主要聚居在木老元、摆榔的两个民族乡的 12 个民族村,聚居特点是大分散小聚居于高寒偏僻落后的贫困山区,而且贫困面积大,贫困程度深,此外还有一部分散布在仁和、姚关、酒房、太平等坝区,调研主要考察的是聚居于木老元乡

[①] 刘丽君:《扶贫开发视角下的少数民族传统文化保护研究》,《法制与生活》2009 年第 32 期,第 299~302 页。

[②] 同上。

和摆榔乡的布朗族。

木老元布朗族彝族乡的布朗族占总人口的 48.2%，此外，在木老元乡还分布有一定数量的彝族人口，各民族具有各自独特的民族风俗文化。摆榔彝族布朗族乡的布朗族占总人口的 32%，彝族占总人口的 38%。彝族和布朗族两个少数民族聚居地相对集中，都拥有各自的民族语言，拥有各自独特的民族风俗文化。世代聚居在木老元乡和摆榔乡的布朗族在长期的历史发展和社会生产生活的过程中，形成了独特的民族生活习惯和特色文化。

1. 传统的衣、食、住、行、生计和语言的特点

木老元乡和摆榔乡的布朗族在衣、食、住、行、生计模式和语言上的独特性是区别于其他民族的主要方式，具体情况见表 10–8。

表 10–8　施甸县布朗族传统衣、食、住、行、生计和语言特点

服饰	女性传统服饰：以蓝青色、黑色为主体颜色，配以其他花色，衣裤色彩跳动较大，袖口、衣领、裤脚多以彩色布条装饰，或丝线绣花，花色较为艳丽，有"花蒲蛮"的雅称。 男性服装：一般是上身穿白色对襟衣，外套青布褂。头上缠黑布包头，包头末端用红线穗装饰。下穿大腰宽腿布裤，脚穿火麻草鞋。 小孩服饰：包头，斜襟内衣，对襟外褂，围腰，长筒裤。衣服以红绿为基色调，袖口、裤脚、衣领绣有艳丽的花布条，包头外缠有亮片和各色珠子
食	饮食以偏好酸辣为主，主食为水稻和玉米、荞麦等；菜肴相对较丰富，瓜果蔬菜，山上的野菜、野生动物都是餐桌的重要食材。饮食制作特色，有年猪饭、酸猪肝、酸蚂蚁、土蜂等；茶和酒在生活中占据重要的地位
住	早期住房是以茅草屋为主，现在两乡布朗族村寨传统的住房结构是干栏式的竹木结构的两层瓦房，上层有正堂、卧室、晒台等，下层一般作为仓库、圈养牲畜的地方。屋内中央设置火塘，火塘边是家人吃饭、待客的地方，夜晚则在火塘四周安置床铺，依然具有较为明显的民居风格
行	过去基本不通车路，只有蜿蜒曲折的狭窄山路，出行的主要方式就是靠步行；运输物件就是人背马驮
生计	以种植旱稻、玉米和豆类，畜养牲畜等传统农业为主，生产条件落后。
语言	布朗族语言属于南亚语系，孟高棉语族布朗语支，无文字，习汉文，有自己的语言，族内人口之间的互相交流是使用本民族的布朗语

施甸县布朗族传统的衣、食、住、行、生计和语言属于传统的方式，生产生活方式比较落后，与现代化文明社会的发展之间存在很大的差距。

2. 传统风俗文化资源和宗教信仰特点

施甸县木老元乡和摆榔乡的布朗族有着非常丰富的民俗文化资源和宗教信仰，独具特色的民族风情在他们传统的生活中处处体现，信奉万物有神，崇拜祖先的宗教信仰使其民间信仰活动十分频繁。

（1）传统习俗文化资源

布朗族传统的风俗文化是以音乐舞蹈为主的民族文化，布朗族是一个能歌善舞的民族，在布朗族的风俗文化当中体现了相当丰富的音乐舞蹈元素。

表 10-9　施甸县布朗族传统习俗文化资源情况

山歌	山歌是当地布朗人情感交流的重要载体。山歌从其唱腔及唱词中可分两大类："上歌山歌"是布朗人千百年来，一辈辈口传身教的山歌套路；"花花山歌"又称跑马山歌，歌词由歌手即兴创作并随意发挥。调子是布朗族在村寨或家里演唱的曲子，布朗人有"在家里不能唱山歌"的传统，调子歌词短小精悍，曲调含蓄优美，音程跳度大
音乐舞蹈	布朗族称舞蹈为"支乔"或"打歌"。逢年过节，大家围场踏跳。夜幕下，点燃篝火，在天井中央摆上桌子，桌下置一只大公鸡，桌面上摆上一个猪头，然后把三炷香插在猪鼻心上，待一切布置就绪后，由歌头发起倡导，芦笙、三弦、笛子一起奏响，人们便立刻踏着音乐的节拍，一边舞一边唱，独唱、男女二人对唱或领唱或众人和声，形式多样，不拘一格。打歌的音乐主要是表现某些动物形态特征，有的表现生产生活的一个侧面。舞蹈音乐轻松、活泼，节奏平稳以四分之二拍为主，透出一种原始古朴的阳刚之气
乐器	主要有葫芦笙、竹口弦、大筒、小号、唢呐、羊角号、小三弦等十多种特色乐器。葫芦笙最有代表性，其音色优美、音质纯正、发音柔和、音响独特，是布朗族先民口传身授与实践的产物，常作为打歌伴奏乐器
婚礼婚俗	婚姻实行一夫一妻制，1949 年前的布朗族不得与外族通婚，即族内婚，近血缘也不能通婚。婚姻习俗是服饰文化与宗教信仰文化的综合体，新娘服饰精巧美丽，不系围腰，红色外衣长至膝下，袖、领口处刺有花朵，所配饰品繁多，有银链、银镯、耳环、帽坠、戒指等，而且胸前还挂有一面镜子与一把剪刀以"避邪驱灾"。在婚庆过程中，还有新郎"挂红"祈福、新娘手撑黑伞挡邪、迎亲途中祭山神、放响炮"三出四进"求吉祥等风俗。婚姻习俗充分体现了"歌为媒，乐为伴"的特征。迎亲"吹打"贯穿了整个婚庆过程。迎亲队伍由新郎、伴郎、伴娘和月老夫妇及唢呐手组成。吹手根据婚礼的进程吹奏不同的曲调："迎亲调""出门调""过山调""进门调"等。"打歌"是隆重的、欢庆新婚的晚间传习俗活动，打歌活动设有"歌头"，"歌头"除了率领打歌外，还得供奉天地神灵，祈佑平安吉祥。当暮色降临，芦笙、竹笛、三弦一齐奏响，布朗人开始跳起民族舞蹈，围圈而坐，边唱边舞

续表

丧葬	丧礼用特定的乐器，吹打出特定意境的乐调，来表达情感和寄托。这些特殊的乐调贯穿下葬的全部过程，有"合棺调""上路调""下葬调"。人们随着乐调的起伏，感知亲人逝世的悲伤。他们相信灵魂不灭，先人的灵魂实际上是这个家族的神灵。所以，在安葬好老人之后，布朗族人紧接着要进行祭奠三天。此外，每年的农历腊月二十四日，叫作"献坟"或者"上坟"。农历六月的二十三、二十四这两天，即"火把节"，第一天称为"请神"或者"接神"，第二天就是"送神"。有一个比较独特的制度就是，布朗族人的村寨都有公共墓地，死者必须按照其生前的长幼尊卑和年龄顺序依次分级来安葬，最长者要安葬在最高处，然后依次递减，最下一级安葬的是年龄最小的死者，而非正常死亡的人，是不允许安葬在村寨公共墓地的

布朗族是一个独具风情、文化底蕴浑厚的少数民族。布朗族人大多能歌善舞，传统婚丧嫁娶习俗也具有很强的仪式感，这些都是布朗族值得传承和开发利用的宝贵文化财富。

（2）宗教信仰活动

施甸县布朗族信奉万物有神，崇拜祖先，其民间信仰活动十分频繁，一年之中每个月都有村寨祭祀活动，这些宗教祭祀活动可分为两大类。

一类是因长期受周边汉、傣、彝等民族的节庆活动、宗教活动和民间习俗所影响而进行的祭祀活动。如农历二月和十月的供观音，六月的火把节祭火神，七月祭祖、腊月送灶君等。这些并不是布朗族的传统民俗活动，而是在布朗族和汉族、彝族等其他民族长期的杂居生活影响和文化适应过程中逐渐形成的。另一类是布朗族原始的祭祀活动，主要有接木龙、祭火、祭刀、祭色（指守寨之主、地界之主）和以祭"五谷大神"为主要标志的农业祭祀活动。

表10-10 施甸县布朗族原始祭祀活动及仪式

接木龙	是布朗族最隆重的祭祀活动。每年的正月初二这天，各村寨的父老家长村民都齐集村外的龙井边焚香烧纸，设案杀猪祭祀，吹奏唢呐、笛子、三弦、芦笙，燃放鞭炮，举行接木龙仪式。晚饭后，全村男女齐到主事人家进行"打歌"活动
祭刀	为了纪念邓子龙将军和布朗先民在靖边卫国战争中的胜利，同时也为了纪念传说中那把失窃的神刀，布朗族每年的六月二十三日都要在木老元举行祭祀宝刀的活动，祭祀时还要刀、打歌

续表

舞　龙	为了避免农作物遭受恶风暴雨的灾难，每年正月初二就杀鸡宰猪、吹打、跳舞敬献两位传说中的黑龙，劝告它们不要再行暴作恶，要保佑百姓平安。舞龙祭龙是施甸布朗族最盛大的活动，在农耕劳作之暇，以舞龙的形式自娱自乐，庆贺安居乐业，歌颂太平盛世，一方乡土文化，世代相传不衰
跳　会	是布朗族群众原始的祈福祭祀活动，每年农历二月初七，木老元乡哈寨、新地基、旱谷山、下哈寨、水沟脚五个村的布朗族群众就在当地的五个头人的带领下，聚集在德赛寺举行跳会活动。节日的早上，全村的群众都吃斋纪念祖先。中午，男女老幼都身着布朗族的节日盛装，打歌庆祝节日。祭祀活动在广场上设置两个神坛，一个祭祀祖先，一个供奉天地。五个头人身着长袍，头戴头冠，引导群众歌舞祭祀。每一个参加活动的布朗族男女老幼都要迎接神水，驱除病魔。在祭祀结束时，四村五寨来参加活动的群众跪拜祖先和天地，以保一年四季平安、五谷丰登、六畜兴旺。跪拜结束后，就是布朗族群众最喜爱的歌舞——打歌

布朗族的原始祭祀文化的背后都附带有生动活泼的故事传说，而且是一种以农业祭祀为主、全民参与性比较强、仪式感比较强的祭祀活动。布朗族由于其自身的生产力水平落后，没有抵御自然灾害和风险的能力，所以通过这些风俗活动来祈求风调雨顺，庇护人们安康。接木龙、祭谷魂、祭色等祭祀活动产生于原始的刀耕火种年代，是山地民族靠天吃饭惧于自然的结果，祭祖、祭刀、供祖则体现了布朗族的祖先崇拜和敬老爱幼的道德观。可以看出，布朗族的信仰和本民族的生活生产息息相关，它反映了山地民族滞后的经济基础和朴素的思维方式。

3. 传统的民族文化心理特点

民族文化心理，是指一个民族在日常生活中所表现的并以精神文化形式积淀下来的集体性的心理走向和精神状态。它根植于民族的文化传统中，在岁月更替和历史变迁中又随着时代的发展而不断地创新，是一个民族的社会文化在传承变迁中内化、积淀在其民族心理中并以各种形式表现出来的人生态度、情感方式、伦理道德、思维模式、审美情趣以及价值取向等所构成的一种特殊的文化心理环境。[①]

世居在施甸县木老元乡和摆椰乡的布朗族在其长期的自然环境和社会环境的制约和历史文化的积淀过程中，形成了自己的民族文化性格，主要

---

① 李浪：《公关心理学》，吉林文史出版社，2006，第2页。

表现为热情好客、能歌善舞,但是也形成了生性胆小、怕出远门、怕生人、循规蹈矩、安于现状的民族心理。

案例:当我们到下老元的一个受访户家做访问时,全家人都表现出害羞、害怕和戒备的心理。我们围坐在他家黑乎乎的火塘周围进行访谈,他低着头很有礼貌地为我们倒了茶水,但是对于我们这样一群陌生人,男主人只是低着头、问一句答一句,没有任何眼神上的交流,他的老母亲和妻子儿女都在门外悄悄张望,透露着担忧的眼神,当我们抬头想和他们进行眼神交流时,他们便害羞地躲回门外。问一些家庭情况及有没有参加乡里的扶贫项目时,男主人表示自己家里虽然穷,但是也不想参加乡里的扶贫项目,觉得这些扶贫项目对自己家庭的脱贫致富也不会有多大帮助。他的人生经历中,从未离开过木老元乡到其他的地方打过工,因为担心出去会被骗,即他的生活、劳动半径基本没有超过木老元乡这个范围。从这些细节,明显感受到该贫困户对外部世界的认知度低、排斥和害怕的心理。在回乡政府的路上,随行的工作人员介绍说:"在过去,当地的布朗族生性胆小、怕出远门、怕生人,这些住在山上的布朗族到县城赶集都自卑地不敢说自己是布朗族,因为说了别人会看不起自己。"木老元乡党委书记王冰凌介绍说:"有的贫困户对政府的这些帮扶工程完全不信任,从内心就排斥,所以只能从村里的一些思想先进的带头人入手,在帮扶工作中,解决他们的思想意识问题也成了他们扶贫的重点和难点。"

布朗族由于长期处于封闭的大山中,抗拒外来事物,习惯成自然,有些布朗农户并未意识到自己处于贫困之中,也不会想着通过努力奋斗走出大山去改变自己的生活,而是习惯于一直以来的循规蹈矩、安于现状的生活态度,所以村里的民族经济、社会文化教育等各方面一直发展不起来。落后的生活状态导致他们在区域内与外界产生了隔离状态,形成了生性胆小、怕出远门、怕生人的性格特点,而这些性格特点是他们的贫困文化造成的,这样发展下去的后果就是他们只会变得越来越贫困,从而更加无法融入现代社会。

4. 传统布朗族文化中的贫困文化形成及特点

布朗族传统的民族文化是多种文化元素的集合体,其中有先进的文化，促进了布朗族向前发展；也有腐朽落后的文化，形成了布朗族的贫困亚文化，成为阻碍布朗族现代化发展的保守性力量，其中有多种因素导致贫困文化的产生。

(1) 自然地理环境因素

实地调研真切地感受到当地自然地理环境的封闭性。从施甸县城到木老元乡要大约2小时的车程，从平敞的县城到山高坡陡的山区乡，要当地常年往来的老司机才敢上路。这段乡村道路还是土路，晴天尘土飞扬，雨天泥泞坑洼，地势坡度大导致道路蜿蜒曲折也给第一次坐车进乡的我们留下了深刻的印象，可以想象在没有修通这段公路之前，布朗族人出行有多么艰难，只能沿着蜿蜒曲折的羊肠小道步行或者骑马，花费大半日的时间才能到县城赶集。很多老辈的布朗人一辈子都没有离开过木老元乡和摆榔乡，对外面的世界一无所知，封闭的地理环境在客观上约束了布朗人走出大山见世面的机会，长期的隔离状态使布朗人对外面新鲜事物不知不解，形成了封闭的心理模式，严重影响了布朗族的发展。

(2) 民族语言因素

语言是人们相互交流的工具，是民族文化的基本载体。但语言既可以增强一个民族的凝聚力，也可能阻碍这个民族的发展，具有辩证的关系。对于人口规模较大、民族文化历史悠久的大族群，民族语言的广泛运用，有保护、传承和发展该民族文化的积极意义。对于人口规模较小、语言应用范围小的族群，除了有以上作用以外，从其社会和经济发展的角度，学习汉语的积极意义是比较明显的。两乡的布朗族共有5003人，是施甸县布朗族人口最集中的地方，毕竟人数极限，要形成具规模和影响的民族文化不易，加上其落后的经济条件，封闭的环境条件，掌握汉语就成为其融入外界环境、发展社会经济的重要基础。过去两乡的布朗族农户大多数不会汉语，日常用语基本都是布朗语，说汉语的能力差，读写基本不会，限制了与其他民族人口的交往与学习活动，无法与外界进行沟通与联系，成了他们贫困文化产生的原因。

(3) 原始宗教信仰因素

木老元乡和摆榔乡的布朗族有许多原始宗教信仰，是有神论者，布朗人认为生产生活是受到鬼神控制的，日常生活中有不少鬼神祭祀活动，也是导致他们谨小慎微、胆小的心理模式的原因之一。他们通过祭祀来祈求风调雨顺、吉祥安康，缺乏理性的科学思维。

（4）文化教育水平因素

由于偏僻落后，过去的布朗山寨群众不重视教育，他们认为孩子上学耽误了家庭劳动，是浪费钱财。另外，按照布朗族的传统婚嫁习俗，十六七岁就应该结婚生子组建家庭，上学会影响他们的传统婚嫁的时间习俗，所以人口的受教育程度比较低。千百年来，村里的大人、小孩秉持相似的价值观，相似的性格特征和处事方式，贫困文化在族群内扩散和代际传递。据调查，现在两乡的布朗族人已基本按法定年龄（男22岁、女20岁）结婚，偶有稍微小1~2岁结婚的。

总之，布朗族的贫困文化根源于他们封闭落后的自然地理环境、不发达的汉语交流水平和低下的文化教育水平等。诚然，对于布朗族的扶贫工作就需要从物质文明层面和精神文明层面双管齐下，通过物质层面改善他们的传统落后的生活环境，从精神层面改善不利于族群发展的落后的精神文化，修正他们的文化自卑心理等消极心理因素，增强民族自信心。

5. **扶贫中的"马太效应"**

扶贫中的"马太效应"从消极的方面是指社会上大多数人并不具有足以变强的毅力，马太效应就会成为逃避现实拒绝努力的借口。落后的生产、生活方式和思维模式、开放程度，教育文化的落后导致思想普遍保守，综合素质的低下使得他们缺乏多样化的谋生技能。人与人之间或社会群体之间所存在的马太效应，使得他们缺乏积极进取的发展决心。

当地布朗族因为长期处于贫困、封闭和落后的生活情境中，他们并不觉得自己生活很差，每个家庭的生活处境都差不多，普遍认为在这样的大山里，再怎么努力也没用，他们没有积极进取的发展决心。在调研的过程中我们了解到，参加当地政府组织的扶贫项目的往往是少数能人大户，很多布朗族贫困家庭并未参加政府目前针对他们开展的这些扶贫项目，询问他们为什么不参加政府的扶贫项目，他们大多数人的回答都是说没钱，这样的理由反映出他们拒绝努力的消极心态，缺乏脱贫致富的坚强毅力，长期以来形成的贫困文化使他们很难改变传统的生活方式。按照常规程序，在当地政府组织的多种扶贫项目中，没钱的家庭是可以加入某一个合作社或者贷款来发展的，总之是有很多途径的，这并不是因为当地政府工作人员的宣传不到位，而是因为部分布朗人不愿去冒风险，宁愿穷点也希望活得安稳。这充分体现出他们尚未形成努力脱贫的心态。

（三）精准扶贫对布朗族民族文化发展的作用机制

近年来，在国家精准扶贫政策的驱动下，施甸县政府对木老元乡和摆榔乡布朗族大力开展"整乡推进，整族帮扶"的扶贫攻坚工作，有效地促进了当地民族文化的发展。

1. 改善布朗族生活条件

当一个民族的自身发展动力不足时，就需要更多的政府行为、社会力量的介入来帮扶少数民族脱贫致富，与社会协调发展。近年来，在精准扶贫的背景下，施甸县政府相当重视对木老元乡和摆榔乡的特少民族——布朗族的脱贫工作，政府通过改善布朗族的生活条件，从而增强了他们与外部世界的联系，缩小与外部世界的差距，具体情况如表10-11所示。

表10-11 布朗族生活条件的改善情况

衣	随着现代化社会的发展，当地布朗族的传统服饰文化逐渐消退，很多年轻人不愿意穿，觉得自己的民族服饰很落后，穿上会被外族人笑话。其实，木老元乡和摆榔乡的民族服饰具有其丰富多彩的内涵，从小孩、老人、年轻女子、中年妇女到男性，其服饰都具有不同的风格和装扮形式，是一笔宝贵的民族服饰文化财富，近年来，当地政府对布朗族服饰采取大力保护的政策和态度。 1. 帮扶其参加云南省少数民族服饰展，并在展览中获奖。 2. 组织相关人员对布朗族服饰进行科学合理的改良，使之便于穿戴、适于劳作，又不失其本色。 3. 利用省、市、县、乡各级举办的大型文艺活动为契机，给布朗服饰一个展示的舞台。在木老元乡和摆榔乡中小学将该民族服装作为校服，并向全县推广，以此扩大布朗服饰的影响力。 4. 将布朗服饰作为工艺品，成为施甸的地方特产，销往外地，提高布朗服饰的知名度。 5. 2005年6月把布朗族服饰列入县级保护名录。 6. 在乡镇的文化站内展览布朗族民族服饰，让更多的人了解布朗族民族服饰文化
食	1. 当地政府的帮扶干部根据布朗族的饮食卫生习惯特点，对其进行厨房卫生和食品安全教育，家家户户都接入现代化的自来水管。 2. 乡里结合布朗族的饮食文化特色，组办厨师培训班，鼓励布朗人参加培训班学习做菜，创新布朗族食物的口味，提高其菜品的口味和外观，同时帮助其提升生活技能。在2015年1月还成功举办了施甸县首届"金布朗"美食烹调大赛，弘扬民族特色饮食文化，大力打造"文脉施甸金色布朗"民族文化品牌，挖掘整理民俗民间饮食文化

续表

住	布朗族传统的住房结构功能区划较弱，传统的土木结构的房屋牢固性较差，无法适应当地长期阴雨绵绵的气候环境。近年来，政府通过异地搬迁扶贫、原址拆除重建、生活功能区改造等工程来改善当地布朗族的住房结构和条件
行	政府对布朗族村间公路进行硬化，修缮较为平整的村间公路来改善当地的出行条件
生计	通过产业扶贫来帮扶布朗族改善单一的传统生计，通过帮扶其种植中草药及经济果林、畜牧扩大化养殖、养绿壳蛋鸡，利用当地的资源优势养殖土蜂蜜等方式来扩充布朗族的生计模式

近年来政府通过对布朗族衣、食、住、行、生计方式等多方面进行了个性化扶持。从服饰上，政府通过对布朗族服饰文化的宣传、扶持来使更多的人了解、喜爱布朗族的服饰，这一系列社会行动增强了布朗族的文化自信；政府通过对布朗族饮食文化的培训，使他们能做出更多美味的食物，提高其生活品质。

案例：木老元哈寨村的YSH家，年近40岁的YSH和86岁的老母亲相依为命，一进他家，YSH就忙着拿瓜子水果招呼我们去堂屋坐下，堂屋虽小，没有什么家具，但是基本的物件还是摆放整齐，参观厨房的时候看到厨房里锅碗瓢盆也收拾得干干净净，还用上了现代化的炊事工具电磁炉、电饭煲，通过了解得知这些都是对他家结对帮扶的干部买来给他家的，用电煮饭烧菜这些也方便，不用上山去背柴还省时间，起到减轻家庭劳务的作用，几个月前，在帮扶干部的对接下，他参加了乡里组织的厨师培训项目以此来增强自己的生存技能。对于这一年来发生在他家及他身上的这些变化，他满心欢喜地说，现在自己做的饭菜也更好吃了，村里有人家搞红白喜事都喜欢让他去掌勺当主厨。其实，在木老元乡和摆榔乡，近年来经历这样一些改变的布朗族贫困户不在少数，政府通过改善他们的传统生活条件，增强他们的生活质量，拉近他们与现代文明的距离。

在住的方面，木老元乡和摆榔乡传统的布朗人主要居住在山高坡陡、地质灾害频发和交通不便的山区，他们的住房功能性较差，没有独立的厨房、卧室、卫生间。2015年施甸县开展"整乡推进、整族帮扶"工作以来，对木老元乡和摆榔乡布朗族的人居环境进行细致考察，把一些地质灾害滑坡点、不适宜人居住的布朗族村寨整体进行异地搬迁，对一些居住条件相对较好的村寨中的贫困家庭的破旧住房，鼓励他们原址拆除重建。在调研异地安置点住房时看到，两个乡的安置房的主体框架已经建盖完成，进入墙体粉刷和装修阶段，通过实地调研可以明显地看到两个乡的异地安置房的住房设计是不一样的，木老元的安置房是钢架结构两层小洋楼，房屋设计遵从木老元传统的居住习惯，一进门就是客厅，两边分别是卧室，卫生间设计在室内隐蔽的角落，楼上的住房结构和楼下的一模一样。安置房里有独立的厨房、卫生间、卧室，厨房里有内接的水龙头，抽油烟机排气筒，卫生间里使用的是冲水马桶，还有淋浴洗澡的设计。房屋的外墙采用布朗族最喜爱的黑色、红色、蓝色、黄色为墙体主色调。房屋的开门方向也是按照布朗族传统习惯进行设计，安置点负责人向我们介绍说，木老元集镇安置点住房的堂屋门就换过三种款式，布朗族喜欢家里的堂屋门是从里向外打开，认为这样才能守住家财，如果堂屋门是从外打开的就会漏财。之前，安置点的施工方前两次拿来的堂屋门都是从外向里打开的，当地布朗族人都不满意，直到第三次换成内开的大门，布朗族人口才点头同意安装。在采访工地上的布朗族搬迁户时，大家都对目前的新住房表示非常满意，期待能快点入住，并认为自己住上城里人住的小洋楼，缩小了与城里人的差距。

　　从这几个案例中，可以看出当地政府在对布朗族人口进行帮扶，通过对布朗人的生活硬件设施的改善、住房的现代化结构改造，让布朗族人民享受到更好的生活硬件设施，改变他们的生活面貌，激发他们对美好生活的追求和向往。

　　在出行方面，政府通过道路硬化等工程帮助布朗族人解决出行难的问题，现在木老元乡和摆椰乡的布朗族村寨，80%以上的家庭都有摩托车或者其他机械交通工具，两乡的乡政府所在地都有了摩托车销售店铺和修理店铺，从这些方面可以看出这些地方交通工具的普及。现在的布朗族人去县城或者乡上赶集赶会都很方便，当天去就能当天回，还能购置很多好吃好玩的东西回家。交通半径的扩大，使布朗族群众的社会生活交往圈扩大了，增加了他们与其他民族群体、个体交往的机会，增长了见识。

　　在生计方面，政府通过多样化的产业扶贫来增加布朗族的生计方式，扶持布朗族人民养殖绿壳蛋鸡、种植中药材、种核桃、种植羊角洋芋、养野生土蜂蜜、在家养牛和猪羊等产业，在木老元乡的绿壳蛋鸡养殖大户就是下木老元村的一户布朗族人家。哈寨村是木老元乡的一个贫困村，这几年来国家先后投入 2000 多万元资金，改善了村里的水、电、路，引导村民在种养殖方面发展特色产业，村民杨自忠告诉我们，过去这沟边田脚都是树头菜，村里根本没人理会它，通过乡里带动发展产业后，这不起眼的树头菜现在成为村民们名副其实的"摇钱树"，现在村里有养鸡的，有种树头菜的，有种中药材的、养羊的，农户都逐渐富裕起来了。通过政府的产业扶持，木老元乡和摆榔乡的布朗人中逐渐出现了一些致富带头人，他们的家庭收入增加了，并且影响和带动着村寨中的其他农户改变传统的安于现状的思想，追求最大化的经济利益，在这样一个过程中，布朗人树立了发展意识，生活条件的改善使他们觉得自己也可以发家致富。摆榔乡的布朗族也通过参与政府开展的种植经济果林、养绿壳蛋鸡、生猪养殖、养竹鼠等产业扶贫项目来增加家庭收入。

2. 传承布朗民族文化实践

近年来，政府对布朗族开展的精准帮扶，在使布朗人民的物质生活水平得到提高的同时，民族文化也得到更好的传承。

饮食文化的传承。乡政府通过了解收集布朗族的饮食文化，牵头组织一系列的布朗族美食烹饪培训和竞赛等各种活动来挖掘布朗族民间美食，一是保护和传承布朗族美食，增强村民对本民族美食的热爱；二是开发和宣传，吸引更多的人了解布朗族美食，促进布朗族饮食文化的传承与发扬光大。

民俗歌舞文化传承。按照政府规划，木老元乡在 2016 年建了布朗族文化传习馆，目前主体工程已经完工，正在做室内布展。在摆榔乡的乡政府所在地的鸡茨村的文化站内展示布朗族、彝族传统的民族服饰、生活用具等，这些活动都促进了布朗族的民族文化传承。木老元哈寨村的 YSH 是村里的打歌能手，芦笙、三弦样样精通，在村子组织成立了 12 人的打歌队，平时有节庆喜事他就组织村民一起打歌，乡政府为他申报布朗族文化传承人，给他购买了音响等物件。摆榔乡鸡茨村的李队长在村里组织了 19 人的彝族打歌队，2016 年保山市纪委还给这个打歌队 5000 元的资金用于购买服装、乐器。

宗教信仰文化传承。施甸县文化馆通过研究布朗族的信仰仪式，提出恢复布朗族的"接木龙"及祭刀活动，培养一批骨干队伍、民间传承人，保护信仰仪式的民间特色和活力；将信仰仪式中的"吹打"调、舞蹈及文化、历史背景以图文、曲谱、舞谱等方式建立完整的档案资料；将布朗族的信仰仪式通过艺术加工搬上舞台，编创了《砍山》《找火》《祭谷魂》《将军情》等一系列布朗族歌舞节目并搬上舞台，得到了观众的广泛赞誉。

民居文化传承。无论是异地扶贫搬迁还是原地拆除重建，政府都坚持秉承布朗人传统的民居特色。在木老元乡政府所在地的异地扶贫搬迁安置点，共规划安置搬迁户72户，安置点依山就势，充分考虑地形地貌，避免深挖方高填土，保证边坡安全。安置房采取统规联建的方式，功能满足现代生活需求，建筑风格突出原住民族布朗族特色，让群众搬家不离故土。在建筑风格上，建筑师们充分利用了布朗族民族服饰上的文化元素，在房檐、山墙端头等细节上借用了布朗族图腾形象和大黑大绿、大青大红的基本色调，屋面设计则采纳了施甸传统"三丘田"风貌，总之，房屋式样无论外形还是内部结构，都彰显了布朗族风貌，保持了施甸传统民居风格。

3. 布朗民族文化涵化

布朗族民族文化涵化主要表现在布朗族和当地汉族、彝族融合发展，因为两个乡的布朗族都是和其他民族（主要是彝族）混居、杂居，在这个过程中彝族逐渐适应了当地布朗族的民族文化和生活方式。比如说摆榔乡大中村的彝族人口和布朗族人口大约各占一半，村里的彝族人是从楚雄州的双柏县迁移过来的，这么多年来与摆榔乡世居的布朗族人和睦相处，并逐渐适应了布朗族的民族文化特点，形成了民族文化涵化。比如说楚雄州双柏县的彝族人自古以来流行跳左脚舞，穿具有彝族特色的服饰，但是现在居住在施甸县摆榔乡大中村的彝族并不会跳左脚舞，而是融合了布朗族的传统民俗文化，像布朗人一样擅长打歌，每年彝族火把节的主要庆祝方式就是点火把进行打歌。

4. 促进民族文化创新发展

当地政府在推进"整乡推进，整族帮扶"等扶贫开发工作过程中，充分考虑到了布朗族民族文化遗产的优势,把各方面的扶贫项目与布朗族的民族文化旅游和民族山货充分地结合起来,促进了布朗族的民族文化创新发展。

创建民族文化旅游点。木老元乡和摆榔乡政府都规划了依托于布朗族文化的民族文化旅游工程。木老元乡以"哀牢古濮,金色布朗"为目标定位建设特色民族文化旅游环线,建设万亩映山红布朗山歌会等旅游景点,把哈寨村打造为民族文化旅游村,如今的哈寨村,民居墙体上都绘画着生动的布朗族风情民俗、山歌、故事等,建设具有民族文化特色的景观广场。木老元乡政府附近的街道墙壁上装饰着布朗族元素的图案,乡政府对面有布朗族文化广场。摆榔乡历史悠久、地域文化丰富、民族风情浓郁,曾被云南省政府冠以"摆榔民族歌舞之乡"头衔。在民间流传着许多传说和丰富多彩的民族歌舞。彝族的"丁朗刻木"传统孝道风俗更为传奇,唱山歌、打歌、吹唢呐等活动是他们最为喜爱的民族歌舞,每年农历六月二十五"火把节"是主要的传统节日,人们用赛马、打歌、斗牛等节目来庆贺。境内有远近闻名的天然溶洞——仙人洞,洞中溶石岩壁多窟,有仙人田、仙人柱、仙人宫等景点。18个沙塘串联而成的"褡裢儿"塘,可以感受浓郁的彝族风情文化摆榔龙上天抱树。位于山坡顶的摆榔乡大中村集镇安置点正被规划为布朗族文化旅游小镇,当地政府通过整合布朗族的民族文化景点和传说,着力打造布朗族的民族文化旅游,实现创新发展。

打造布朗族山货及农特产品。在省、市、县政府的帮扶下,摆榔乡和木老元乡利用当地的资源优势,着力打造布朗族特色山货产品,实现了民族产业的创新发展。木老元乡山高谷深,但雨水充沛、物种丰富,适于多种粮食作物和经济作物的生长,在其独有的气候条件下,孕育了该地独具特色且深受消费者青睐的白蜜(俗称冬蜂蜜)、绿壳蛋鸡、鱼腥草、羊角洋芋、重楼、树头菜等农特产品,施甸县花濮蛮农产品有限责任公司以"公司+党支部+合作社+农户+基地"的模式,实行统购统销的方式把这些原汁原味的绿色产品整合起来,打造木老元生态布朗山货品牌,实现了布朗族民族产业的创新发展。在摆榔乡,政府依托万家欢集团实行"公司+基地+合作社+农户"的创新经营模式,在小白龙产业发展基地规划种植蓝莓、高蜜汁苹果来发展农特产业。此外,为推进民族特色文化建设，寻找脱贫致富的创业之路，2017年摆榔乡文化广电服务中心邀请云南保山市隆阳区刺绣工艺师施有珍、杨桥英到摆榔乡文化广电服务中心开展为期两天的刺绣培训，采取专业理论讲解、实操训练等方式，对刺绣工艺及技能操作、刺绣图案设计、色彩搭配、艺术审美等多种刺绣技能进行指导，提高学员的刺绣技能，培养更多懂政策、有技能、会经营的少数民族刺绣致富带头人，促进摆榔乡农村妇女增收致富，将妇女从家庭中解放出来，发挥脱贫攻坚中妇女"半边天"的作用，真正发挥民间艺术的主导作用，走出一条刺绣文化产业新模式。

(四) 民族文化调研相关结论

1. 精准扶贫下贫困文化逐渐消失

布朗族贫困文化产生的主要原因就是封闭的自然环境和落后的社会经济生产能力，在政府的精准帮扶下，布朗族的生产生活条件逐渐改善，封闭的思维习惯逐渐转向开放的思想意识，在这个过程中贫困文化逐渐瓦解冰消，民族经济和文化得到更好发展。

2. 扶贫中的"马太效应"朝积极的方向发展

罗伯特·莫顿认为"马太效应"是任何个体、群体或地区，在某一方面（如金钱、名誉、地位等）获得成功和进步，就会产生一种积累优势，就会有更多的机会取得更大的成功和进步。从积极的方面来说，一个人只要努力，让自己变强，就会在变强中受到鼓舞，从而越来越强。态度积极、主动执着，那么你就获得了精神或物质的财富，获得财富后你的态度更加强化了你的积极主动，如此循环，才能把马太效应的正效应发挥到极致。千百年来，居住在木老元乡和摆榔乡的布朗族人民一直生活在贫困之中，他们的生产生活方式都遵循族内的传统，不愿意接受外界的支持和帮助，政府和社会力量对他们的干预基本无法达到很好的帮扶效果，形成扶贫"马太效应"中的消极影响。如今在精准扶贫的扶贫政策下，这种"精准滴灌"的帮扶措施促使一部分贫困的布朗族家庭的经济得到很好的发展，生活水平得到很大的提升，这一部分家庭的改变带动和激发了越来越多的布朗族贫困家庭重新理解政府的帮扶举措，那些已经先富起来的家庭带动了更多的家庭的发展意识，增强了他们的发展动力，这个过程就促使扶贫中的"马太效应"朝着积极的方向发展。

3. 布朗族的文化传承意识逐渐增强

通过政府对当地民族文化的重视和保护，布朗族的民族文化得到传承发展。布朗族的民族服饰、歌舞活动和传统民居这些在他们过去的生活中最普通的元素如今都成为他们的荣耀和光彩，甚至给他们带来一定的经济收入，这使他们开始重视自身所拥有的独特传统文化，在各种传统节日重新穿起了自己的民族服装，打歌活动也更加频繁地出现在各种场合。在吹拉弹唱、乐器制作、刺绣等方面都有一技之长的布朗人逐渐意识到自己掌握的这门手艺的珍贵，有意识地主动去申请民族文化传承人。在精准扶贫的发展机遇下，木老元乡和摆榔乡返乡创业的年轻人增多了，这些年轻人有了更多的机会接受本民族文化的熏陶，成为新一代的民族文化的传承人。

4. 布朗族与彝族之间的文化涵化，促进族群之间的和谐相处

木老元乡以布朗族人口为主，彝族杂居在内，摆榔乡彝族人口稍微多于布朗族人口。虽然两个民族享有不同的民族文化和民族习惯，但是这两个民族居住在同一方水土，经过长期的相互交流、适应，形成了民族文化的涵化发展，迁居而来的彝族适应了布朗族的民族文化，促进了两个族群之间的和谐相处。

5. 布朗族文化创新发展，增强了民族文化的发展能力和民族自信心

通过扶持布朗族的民族文化旅游和民族特色山货，丰富的民族文化资源得到充分的开发和利用，建成了民族文化旅游小镇，开设了布朗农家乐。原先不受待见的布朗族山货经过整合包装成为受市场欢迎的民族特色产品，布朗族的民族文化得到创新发展，很多布朗人家庭可以利用自身的资源优势和当地的产业发展优势来增收致富，这在一定程度上增强了民族文化的发展能力和民族自信心。

（五）民族文化发展的相关建议

各地政府在少数民族扶贫开发工作中，可以借鉴施甸县布朗族"整乡推进、整族帮扶"的工作理念，通过对民族文化及特点的深入了解，用对症下药的方式从各个方面进行帮扶，以解除少数民族的弱势群体地位，消

除贫困文化，创新扶贫方式对贫困民族进行帮扶。

经过政府的大力帮扶行动，为布朗族的生产生活发展打下了坚实的物质基础，木老元乡和摆榔乡的布朗族人民的生产生活条件大大提高，发展经济能力大大增强。但是，布朗族的贫困是千百年历史积淀形成的，对他们的扶贫势必不是一年两年就能完成的，而是一项阶段性和长期性的工程，在不同的时期和阶段需要不同的扶贫理念和措施，当前，当地政府在实施各项扶贫活动中都紧紧围绕布朗族的扶贫致富，并在很多扶贫项目中充分地融入布朗族的民族文化元素，那么未来的发展更应该充分利用布朗族这一特少民族的民族文化优势大做文章，结合当地民族文化优势进行发展，相关建议如下。

1. 发挥布朗优秀文化的市场潜力，加强对民族文化旅游小镇的打造和宣传工作

借助布朗优秀文化，将摆榔定位为"民族文化生态旅游"小镇，借助姚关推进城乡一体化的发展契机，将摆榔融入其发展圈，依托姚关市场发展摆榔集镇，将摆榔建成姚关的第二市场。将摆榔大寨子村建成民族特色村寨，把摆榔集镇周边的农田发展成生态农业观光旅游区。其中：利用好小白龙水资源优势，建成梯田水面，实行种养结合，既发展经济，又可带动旅游发展；把摆榔凹低洼区域建成水面，发展观光旅游区，依托摆榔的生态环境优势和民族文化特色，将其打造成"城市后花园"的旅游小镇。木老元乡有姜寨林场、四大山牧场、有麂子、岩羊等野生动物，山地自然风光秀丽优美、布朗民族文化古老传奇。可以围绕以"休闲农业观光"为载体的乡村旅游建设，依托现代农业产业化，唱响"金布朗"旅游品牌，扩大以"花濮蛮"为品牌的绿色优质农产品的影响力，深度挖掘布朗族文化旅游创意产品，充分迎合游客对绿色优质安全的健康饮食和文化消费需求，塑造木老元"哀劳古濮、金色布朗"的旅游形象品牌，打造具有浓郁民族特色的自然村，全面融入施甸县以善洲林场、姚关、摆榔、摩仓林场为环线的旅游大格局中，打造雪山青草生态公园、哈寨民俗体验区、5000亩映山红保护观赏区、布朗风情旅游集镇及布朗农家乐山庄。

调研中看到，两个乡都致力于朝民族文化生态旅游的方向发展，而且也已成雏形，但是一味投入而忽视宣传也很难吸引游客的到来，所以在这一阶段政府应该重视旅游开发的宣传工作，可以请专家针对木老元乡和摆榔乡的民族文化旅游特色制作一系列的宣传片，通过电视广告、自媒体等多种方式进行传播，撰写一些宣传软文，通过广播、手机微信等方式进行传播，让更多的外地朋友熟悉木老元和摆榔两乡的民族特色旅游，从而吸引更多的外地游客来游玩，打出名气和口碑，为当地的布朗族人民增加经济收入。

2. 建议相关部门开展乐器制作、演奏培训等民族文化培训班

音乐是民族的灵魂，是最能体现民族精神的元素，布朗族是一个热爱音乐的民族，也是一个音乐元素浓重的民族，在调研中了解到，很多能吹拉弹唱的布朗族文化传承人都是从自己的父亲、爷爷或者是亲戚那里学会的，可如今的布朗族年轻人大多数不会本民族的乐曲制作和演奏，他们缺乏从父辈那里学习的机会，有的是不愿意学习。布朗族的音乐从乐器的制作、乐曲的创作和弹唱、乐器的演奏、舞蹈这几大板块是自成一体的，现在的布朗族年轻人大多数只会打歌，能掌握他们民族音乐的这几个板块的人很少，这不利于民族文化的传承和发扬，不利于民族文化旅游的发展，故此，建议当地政府的相关部门开展布朗族民族乐器制作、演奏和创作的培训班，通过这种培训平台让年轻人能集中起来学习本民族的音乐的乐器制作、乐器的演奏、乐曲的创作和唱法，使民族音乐得到传承和保护，加强精神文化建设，创造民族活力。

3. 加大非物质文化遗产保护的资金投入，促进民间资本与民间力量保护文化遗产

木老元乡和摆榔乡的布朗族拥有丰厚的文化底蕴，其打歌活动、乐曲的弹唱都是宝贵的非物质文化遗产，对这些非物质文化遗产的保护是促进这个地区旅游经济发展的重要内容，而非物质文化遗产的保护工作需要一定的资金作保障，在当地的走访调研中发现，布朗族的非物质文化遗产的保护仍然存在一些不足，所以建议县委县政府能保证财政支持力度，加大对非物质文化遗产的投入，建立专项资金。同时，可以仿照意大利吸纳民间资本和民间力量参与文化遗产保护的方式，也吸纳民间资本入驻木老元乡和摆榔乡，实行独具特色的"领养人"制度，将当地的部分文化传习

馆、文化古迹、遗址、景点等逐步租让给私人资本管理，但当地政府仍掌控所有权、开发权和监督保护权，"领养人"对文化遗产有使用权和一定的内部改造权，但须对其进行日常维护，这种"领养人"制度使当地的非物质文化遗产有了固定的维护人和较稳定的资金支持，使很多文化遗产得到有效的保护和传承，并逐步在民族文化旅游产业中开发与利用。

第十一章

贫困与扶贫典型案例

一 布朗族

案例 1

地点：施甸县木老元乡水沟脚村　　时间：2016.9.10　下午 2∶30
采访对象：AYS　　　　　　　　　采访人：张晓倩
扶贫须扶志，脱贫靠主动

1. 受访家庭基本情况

9 月 10 日下午两点半，我们来到了施甸县木老元乡水沟脚村的一户人家。驱车循泥土路抵达，循泥土台阶而上，就来到一个小院。站在院子中间，前面是一排木板瓦房，后面是用土坯墙瓦顶建成的小小一间房间，院子侧边是砖石围成的猪圈。整体来看，家庭卫生状况较杂乱，整体印象较差。户主名叫 AYS，布朗族，他说着当地方言拿着小板凳邀请我们在主屋门前坐下。AYS 本人较为清瘦，如今 40 岁，穿着不合身的略显宽大的衣服，但整个人显出一种沉稳的气质。问到受教育状况时，才了解他本人初中毕业，这种受教育程度比村里其他同龄人都高，但如今眼患白内障，且无法矫正，也无法干重活。与其妻育有一男一女，共同照顾年迈的母亲。具体情况见表 11 - 1。

表 11-1　AYS 家庭基本情况

家庭成员	出生年份	民族	汉语掌握情况	受教育年限+学历	婚姻状况	健康情况
夫	1976	布朗	日常会话简单读写	9年，初中毕业	已婚	较差，眼患白内障
妻	1982	布朗	日常会话简单读写	6年，小学毕业	已婚	良好
女儿	2004	布朗	日常会话简单读写	6年，小学六年级就读	未婚	良好
儿子	2006	布朗	日常会话简单读写	4年，小学四年级	未婚	良好
母亲	1943	布朗	能听懂，表达有限	文盲	丧偶	生活基本自理，腿脚不便

2. 受访家庭经济状况

AYS 家中有 13 亩地，其中 6 亩旱地，主要种植苞谷，山林 7 亩，种植杂木，还有两棵核桃树。参与村里食用菌种植产业，种有两个大棚。养鸡200 只，由政府提供鸡苗、鸡棚进行养殖。摩托车一辆，电视机一台，手机一部。

AYS 家 2015 年总收入近 3 万元，人均月收入 500 元。主要收入来源于种植香菇，一年可以种植 5 季，收入 1.8 万元。除此之外来源于他妻子外出打工，帮忙种玉米赚钱，一年可以收入 7000 元。另外，种植的核桃树每年可以赚 2000 元。

AYS 家 2015 年支出近 2 万元。在生产性支出方面，AYS 家 2015 年购买化肥花费 1000 元，购买种子和农药花费近千元，自己种植的 3000 斤玉米全部用作喂猪的饲料。在生活支出方面，2015 年购买粮食大概花费 3600元，自己看病花费 2000 元，人情送礼花费 2000 元，电话费支出 360 元，电费支出 20 元。在子女的教育费用上，由于子女还处于义务教育阶段，子女的教育支出主要用在吃饭上，两个孩子 2015 年大概花了 3000 元。可以看出，尽管处于义务教育阶段，国家和政府为其子女教育承担了大部分的费用，但是 3000 元这个数目在贫困家庭的支出中占比仍然很大。关于子女能否继续非义务教育阶段的教育，AYS 表示没有能力承担。

3. 受访家庭的婚姻生活状况

AYS 于 2003 年 27 岁时结婚，基本是适婚年龄成婚，结婚请客花费 2000 元，给女方家庭的彩礼费用数额较少，具体数额已记不清。夫妻俩年龄相差 6 岁，在农村社会中属于结婚年龄和年龄差都比较正常的情况，并且 AYS 本人在农村地区学历较高，说明 AYS 在当时属于婚姻市场上优势地位的人。谈及现今的感情生活，AYS 也认为如今夫妻俩感情较好，婚姻生活稳定。

4. 受访者对扶贫的看法

AYS 认为，家中致富困难的主要原因在于缺少资金，其次是赡养老人的负担比较重。另外，因为自己生病，他认为家里的劳动力也不够用。近五年来，其家中获得过民政局临时补助的救济粮 50 斤，政府补助的鸡苗，还参与过乡上统一组织的农业生产培训。因此他认为政府帮助解决了临时性困难。但是从访谈中也可以看出，他除了参与政府组织的香菇养殖的合作社，对于政府正在进行的很多很好的扶贫项目并不是很了解，并且也没有主动关心的意愿，大多数时候是在被动地接受政府给予的帮助。了解到的政府扶贫的项目主要通过村干部到家宣传的方式被动接受。AYS 家里有一位政府结对帮扶的领导，他谈到这位领导给予了他很多的帮助，比如经常慰问了解家中的困难，帮忙想办法解决，也帮忙协助安迁。但是当聊到希望具体得到什么样的帮扶时，他想了好久，回答不出来。当谈到他对未来的期待或打算时，他依然沉默了一会儿，还是回答不出来："没有本钱，就没有想过……"对于未来他还是比较迷茫的。

5. 评述和建议

AYS 家中致贫原因主要存在以下几个方面。①养育子女和赡养老人负担重。尽管义务教育制度为子女的学业提供了很大的经济帮助，但由于子女住在寄宿制学校，仍需要负担一定的生活费和交通费，对于农村贫困家庭来说，这仍是一笔不小的开销；另外，家中年迈的母亲需要照顾，尽管老人每月可以领取养老保险金，但是据 AYS 所说，养老保险金基本只够老人零花。②缺乏脱贫意识，这也是最根本的原因。望着 AYS 家略显凌乱的院子，我在想，作为村子里文化程度较高的 AYS，在家中没有重大疾病拖累并且政府积极给予帮助的情况下,为什么就不能脱贫呢?看着访谈记录我想明白了,从 AYS 的言谈中我发现,他自己没有主动脱贫的意识,从对子女的教育到希望政府给予什么样的支持以及未来的规划打算等方面,都没有任何思考,他从潜意识里就认为自己会永远停留在贫困状态。

对于像 AYS 这样的劳动力充足、身体健康的贫困户家庭来说,尽管正值壮年,面临上有老下有小的双重负担,在一定程度上造成其经济上的困顿,但是,经济上的困顿毕竟只是一时的,最重要的是从 AYS 的言谈举止中流露出被动的"等、靠、要"的想法,这才是造成此类家庭贫困的真正原因。因此,尽管政府做了很多工作,当贫困户自己对于脱贫没有强烈渴望,没有主观能动性时,这样的脱贫也是不可持续的。只有真正唤醒贫困户的主动脱贫意识,并且让他们相信,只要付出努力,主动寻找脱贫方法,就可能得到幸福生活。这样的脱贫,才不仅是经济上的脱贫,更是思想上的脱贫。要唤醒贫困户的主动脱贫意识,首先最关键的是要让他们打开眼界,看到另一种生活的可能性。可以通过向他们受过教育的子女宣传脱贫的好处和方法,再让其子女做通父母的思想工作,也可以把脱贫事务放手一部分给农民自己,让他们学会主动参与。总之,对待不同的家庭对症下药,调动其积极性,政府、社会的扶贫才能"事半功倍",而非陷入"一扶就脱贫,不扶又返贫"的循环。

案例 2

地点:施甸县木老元乡水沟脚村　　时间:2016.9.10　下午 3:30
采访对象:AZL　　　　　　　　　采访人:张晓倩
授人以鱼,不如授人以渔

1. 受访家庭基本情况

9月10日下午3点半,施甸县木老元乡水沟脚村的 AZL 家里,水泥地铺成的院子干净整洁,院子边上整整齐齐罗列着兔笼、猪圈,喂养的两只刚刚满月的小狗活蹦乱跳。

户主 AZL,50 岁,布朗族,小学毕业,2016 年突患疾病,无法干活。家中3代5口人:妻子(45岁,布朗族,文盲)、大女儿(18岁,医学专科半年因贫困辍学在家)、二女儿(12 岁,小学六年级)和母亲(71 岁,文盲,身体较差)。家中整体整洁,女主人衣着较好,并戴有首饰,夫妻两人给人勤劳能干的印象。

表 11 -2 AZL 家庭基本情况

家庭成员	出生年份	民族	汉语掌握情况	受教育年限 +学历	婚姻状况	健康情况
夫	1966	布朗	日常会话简单读写	6 年,小学毕业	已婚	很差,无法干活
妻	1971	布朗	日常会话	文盲	已婚	良好
大女儿	1998	布朗	日常会话简单读写	10 年,医专半年辍学在家	未婚	良好
二女儿	2004	布朗	日常会话简单读写	6 年,小学六年级	未婚	良好
母亲	1945	布朗	能听懂,表达有限	文盲	丧偶	较差,患有风湿病、高血压,刚做过手术

2. 受访家庭经济状况

从住房就可以看出,AZL 家中住房条件较好,是砖墙瓦顶,共有 5 间。拥有总耕地 10 亩,旱地 5 亩(种植玉米),山林 3 亩(种植扫帚苗),种植核桃树 2 亩。猪 6 头,鸡 40 只,兔 8 只。除此之外,他们家中拥有的电器数量也较村里其他家庭多,拥有摩托车 1 辆,电视机 1 台,洗衣机 1 台,电冰箱 1 台,手机 3 部。夫妻两人不是主要靠种田收入,而是靠去县城里砍甘蔗收入,一年能收入 2 万多元。主要致贫原因在于,2015 年丈夫突患重病,家中重要的经济支柱倒下了,光是治病就花费了家里几万元的存款。大女儿也因此不能继续读书,而是回来待在家里帮忙干零活。

3. 受访家庭的婚姻生活状况

受访者于 1998 年结婚,结婚时花费的具体数额已记不清,但夫妻两人目前感情稳定,尽管丈夫突患重病,可以看出,在丈夫未患病之前,丈夫一直是家中的主心骨,家中各项事务主要是丈夫来管,妻子善良温柔也爱干净，配合丈夫把家庭经营好，是一个和谐快乐的家庭。

4. 受访者对扶贫的看法

在谈到对政府相关扶贫项目的看法时，受访者评价较高，表示现正积极参与政府组织的养殖合作社，并从中获益，也曾于2014年获得过低保金。

在谈到家中致富的困难时，女主人认为主要的困难在于2016年丈夫生病导致劳动力不够，希望政府能帮忙解决劳力不够、缺乏技术技能的问题。家中有结对帮扶的对象，目前最希望得到的帮助是大女儿的非义务教育阶段教育问题。

5. 评述和建议

从整个院子的布置以及女主人的穿着打扮中可以看出，这家人的条件在村子里算是比较好的。夫妻两人勤劳能干，尽可能地为子女提供受教育机会，整个家庭的精神面貌也比较好，主动脱贫意识也比较强烈。最主要的致贫原因在于：①夫妻两人都没有一技之长，靠干体力活赚钱，一旦两人中的一人生病了，家庭的经济压力就会格外大；②家中赡养老人和养育子女的负担较大。

访谈结束后，我们询问了乡里的领导，发现这样外出务工的家庭还有很多。农民们都意识到，如今自己种地并不赚钱，只能维持基本温饱，因此不管是去县城还是省市，外出务工才能给家里带来更好的条件。但是这样的务工，所从事的也只是简单的劳动，非但不能照顾到子女，而且异常辛苦，容易生病、受伤。

贫困的原因既有宏观结构上的制度性的原因，也有个人行为的原因。对待像AZL家这种有脱贫意愿和行动的家庭，一方面在制度上，政府要尽可能地为农村提供更多的产业，以产业带动经济，为农民致富创造良好的制度环境；另一方面在产业发展的同时，农村与产业相适应的人力资本也要相应发展起来，培养村民的技术，吸引更多的农民即使留在乡村也能赚钱，而不用长期外出务工。从政府方面来说，对这样的家庭应该提供技能培训，并且在培训的过程和培训结束进行持续性的跟踪，对培训的效果进行评估，才能起到事半功倍的效果。

案例 3

地点：施甸县木老元乡下木老元社区一组　　时间：2016 年 9 月 10 日 15：00

采访对象：户主 LZX 的母亲　　采访人：刘可可　井奕杰

乐观，一户家庭的精神信仰

驱车十几公里，翻越盘山公路，来到大山深处的下木老元一组。无暇欣赏周围的美景，一直沉浸在盘山公路的紧张气氛中，下车后平复好紧张的情绪，满怀信心地开始小组的访谈任务。在村小组组长的带领下，爬上一段陡坡，我们向村民家中走去。

远远地看到一位穿着民族服饰、赤着脚的中老年妇女，站在自家土坯墙的庭院门口，村小组组长带着我们径直走进了她家。她得知我们的来意后，赶紧招呼我们坐下，使我们感受到了她的热情好客。

家庭成员构成：我们访问的是户主 LZX 的母亲，50 岁，高中，布朗族，早年丧偶，30 多岁时拉扯两个孩子长大，还要照顾老人，生活的重担可想而知。但这位坚强的母亲并未退缩，把两个孩子抚养长大，大女儿出嫁了，嫁到了不远处的村上。这位母亲在生活的重压之下，身体不太好，患有支气管炎，脚也曾经受过伤，平时在家里照顾孙子和做些家务。其儿子今年 29 岁，小学毕业，幼时因为生病，耳朵聋了一只，平时听人说话不是太清楚。儿媳 28 岁，小学毕业，和其丈夫关系很好，育有一个大女儿 8 岁，上小学一年级，小儿子 3 岁。在我们访谈中，受访者小孙子一直在旁边走来走去，天真活泼可爱，家庭氛围融洽和睦。

表 11-3　LZX 家庭基本信息

家庭成员	出生年份	民族	汉语掌握情况	受教育年限+程度	婚姻状况	健康状况
母亲（受访者）	1966	布朗	能听懂，表达困难	高中	丧偶	脚疼，支气管炎
户　　主	1987	布朗	熟练	小学	已婚	耳朵聋了一只

续表

家庭成员	出生年份	民族	汉语掌握情况	受教育年限+程度	婚姻状况	健康状况
配　偶	1988	布朗	熟练	小学	已婚	健康
孙　女	2008	布朗	熟练	一年级	未婚	健康
孙　子	2013	布朗	不清楚	未上学	未婚	健康

生活生产状况：其家庭状况不太好，有3间约100平方米土坯墙瓦顶的房屋。当地政府为每家每户安装了自来水，平时做饭都是用柴，偶尔也用电。家里有电视机、电饭锅、摩托车、三轮摩托车和2部手机，家庭设施较为简单。家里耕地数量较少，共8亩，4亩旱地，4亩水田。家中也搞养殖业，养了2头牛、40只鸡，鸡苗是政府免费提供的，通过家庭养殖副业来增加收入，贴补家用。

收支状况：2015年家中毛收入约1万元，主要是靠儿子儿媳帮别人打零工、干农活及自家种地的收入。自家主要种植玉米和甘蔗，一部分自用，一部分用于销售，收入不多。5口之家，家庭开支较大。生产支出每年化肥约1200元、种子500元、农药200元、农具20元、电费200元、水费100元。生活支出主要在交通和通信上。家里的两辆摩托车由于儿子儿媳需要外出帮人干活，一年油费约1500元，2部手机通信费约1500元，孩子上学支出约600元，村里人情送礼约600元，医疗基本是去山上采些草药自用。每年除去开支，纯收入剩不了多少。

兼业状况：种完自家的地，农闲时节，其儿子和儿媳会在本村或本乡周围，做一些小活，像帮人干农活、打药、烤烟等。帮人做工没有时间限制，有人找就去做，没人找就闲着，收入也不固定，大约每月1000元。我们访谈的当天，其儿子和儿媳外出帮人干活去了。当被问及致富困难时，她向我们说到，自家不懂技术，又没有资金支持，也不懂一些相关产业，抚养孩子负担重，致使自家致富困难。但在精准扶贫的政策下，在当地政府和产业的带动下，贫困状况定会改观。

教育、社保状况：家庭虽然贫困，但非常重视孩子的教育。每年给孩子约600元的支出，除了100元用来买书本、练习册外，基本其他的都用来买零食了。家里倾尽所有支持孩子上学，"只要孩子愿意上学，就会一直支持下去",这基本是这里村民的一个共识,不愿孩子再像自己一样吃苦受穷。家中也享受了新型农村养老保险和新型农村医疗保险,只不过还没到 60 岁,并没有享受到每月能领取养老金的待遇。其家庭并没有享受到低保,在一旁的村小组组长解释道,由于贫困户太多,低保户数有限,因此只能轮流享受,2015 年她家享受到了,一年每人 1400 元左右,她家 5 口人,2015 年一共有 7000 多元,因此 2016 年没有了,轮到其他家庭了。少数民族重点贫困地区,能否将低保范围扩大,使每个这样的贫困家庭,都能享受到应有的福利,而非轮流享受,切实帮助贫困户渡过生活难关。

娶妻状况:当被问及村子里的年轻人娶妻困难吗?在一旁的村小组组长,向我们介绍说挺困难的。他说道,现在小姑娘上学读书读走了,还有一部分外出打工,交通不便、环境闭塞和贫困,都是娶妻难的原因。他接着说道,村子里有四五百人,未娶妻的有 30 多人,40 岁以上的也有 10 人左右。在一旁的县政府的工作人员说,李纪恒书记来这里考察,下车时看到村子里满眼的男青年,做了一首打油诗,"山清水秀环境好,只见阿哥不见嫂"。可见,这里的娶妻问题还是比较严峻的。

调研感悟:当地政府的扶贫力度还是比较大的,施甸县木老元乡帮扶挂钩全覆盖,贫困户和非贫困户都包括在内。我们访谈的这户是贫困户,属于建档立卡户,属于重点的帮扶对象。我们了解到,村里为实现脱贫致富,规划了 561 亩水果种植园,农户可以耕种,由公司提供技术和产品销售,帮助其致富。在政府政策的帮助下,我们访问的这户人家下一步要进行危房改造项目,即将动工,由政府提供 5 万多元的资助,剩下的部分自筹也可贷款。家里养的鸡,也是由政府免费提供的鸡苗,约 40 只。这些政策使村民获得了实实在在的好处,在这些政策的帮助和扶持下,通过他们的辛勤努力,未来的日子会越来越好。

比贫穷可怕的是看不到希望。在访谈中,这位母亲爽朗乐观的笑声,感染着我们。她年轻时丧偶,还要照顾自己两个年幼的孩子和年老的父母,岁月在她身上无情地流逝,经历了生活的磨难后,一切显得那么平常,脸上透露出的平淡,一切显得那么乐观向上。贫穷只是暂时的,而乐观的态度和精神是永恒的!具有乐观主义的精神是被人打不倒的。在政府的支持和帮助下,在不久的将来,他们家也会加入生产合作社,也会进行房屋改造，也会进行家庭养殖，他们会获得相应的技术，来改善自己的生活，实现自己的发家致富梦！有希望，有奔头，有未来，有支持，又乐观，我们坚信这户人家在不远的将来定会实现脱贫致富梦！

案例 4

地点：施甸县木老元乡下木老元社区一组　　时间：2016 年 9 月 10 日
15∶40

受访者：LYH　　　　　　　　　　　　　采访人：井奕杰、刘可可

教育，从改变孩子命运开始

离开家户，拾级而上，穿过一段陡坡，我们来到另一户人家。户主正在新建房屋，搞一些装修工作，看到我们来访，连忙招呼我们坐下，并倒茶和拿出瓜子糖果，热情好客溢于言表，我们备受感动。

家庭成员构成：户主 LYH，家里 5 口人，夫妻和两个孩子，还有母亲，一起生活，是一个典型的布朗族家庭。LYH 41 岁，小学毕业，身体不太好，前几年患有白血病，一直在吃药看病。妻子 39 岁，初中毕业，身体健康，平时在家做家务，做零活。母亲 65 岁，没有读过书，身体健康。大儿子 16 岁，在施甸一中读高二，小儿子 15 岁，读初二。

表 11-4　LYH 家庭基本信息

家庭成员	出生年份	民族	汉语掌握情况	受教育年限+学历	婚姻状况	健康状况
母　　亲	1951	布朗	能听懂，表达困难	文盲	丧偶	健康
户主（受访者）	1975	布朗	一般	小学	已婚	白血病
配　　偶	1977	布朗	一般	初中	已婚	健康
大　儿　子	2000	布朗	熟练	高二	未婚	健康
小　儿　子	2001	布朗	熟练	初二	未婚	健康

生活生产状况：家里的房子刚建好，正在装修，共 7 间，约 200 平方米砖混结构建筑。政府危房改造补助了 51500 元，其余的有一些自己的积

蓄和向亲戚借款,还有政府的贴息贷款。家庭设施比较简单,有电视机、电冰箱、电磁炉、摩托车和3部手机。家里有10亩耕地,主要种玉米和豌豆。家中也搞养殖业,共有1头牛、6头猪和30只鸡,用来贴补家用。

收支状况:2015年家里收入1万多元,主要收入来源是种植蔬菜和平时打零工。家庭主要支出是孩子上学和户主看病,孩子读高中每年约1万元,户主看病也花不少钱。虽然孩子考上高中时,乡、村里鼓励孩子读书,奖励了2000元,但每年的学费仍是一笔不小的开支。

兼业状况:农闲时就在本村、本乡附近打工,做一些简单的农活,除草、打药等,并不是天天都有活干,有人找时就去,一个月收入也不稳定,约1000元。致富最重要的困难就是没有资金,没有技术,也没文化,孩子上学负担重,并且自己还要看病(白血病)。

社保状况:家里享受了新型农村养老保险,老人每月能领取98元的保险金。虽然享受了新型医疗保险,但是大病报销比例很低,希望能提高报销比例,不能让其因为生病而陷入贫困。大病医疗项目,针对贫困户应该全覆盖,所需资金由财政兜底,贫困家庭自身抵御大病的能力较低,更容易因病致贫。孩子读高中,仍是一笔不小开支,希望能减免费用。学校应根据贫困家庭学生的实际情况,适当减免教育费用,保障贫困家庭孩子的受教育权,不能因贫困而辍学。

调研感悟:因病而陷入贫困是令人绝望的,还好他的两个孩子在努力读书,通过读书来改变自己的命运,来使家庭摆脱贫困。对于其家庭因病致贫的遭遇,我们是否可以建立相应的机制,来保障其看病的权利和使其家庭免受贫困的困扰。在精准扶贫的背景下,可以有针对性地提高其看病报销比例,减免孩子读书学费(高中),提供一些生活补助,让其安心读书,以后为家庭摆脱贫困做出贡献。这都是一些可以探讨的举措和机制。

似乎我们并未绝望,可以在贫困中看到希望,看到他们乐观的态度面对生活,看到他们的孩子在一步步通过努力学习来走出大山,改变自己的命运,改变家庭的生活,当然,还有政府一系列的扶贫措施,在背后支撑着这个家庭。心若在,梦就在!有希望,才会有未来!在他们家中,我们在孩子身上看到了家庭的未来!

二 彝族

案例 1

地点：摆榔乡鸡茨村　　　　　　　　时间：2016.11.18

采访对象：户主 ZXZ　　　　　　　　采访人：井奕杰

特点：异地搬迁（拆除重建），产业扶贫（养牛、林下养鸡），妻子因病致贫

鸡茨村位于摆榔乡东边，距离乡政府 8.4 公里，东邻大中村，南邻姚关镇大乌邑村，西邻甸阳镇，北邻木老元乡。全村面积 18 平方公里，辖 6 个自然村 7 个村民小组，农户 328 户 1310 人。少数民族 781 人，占 59.6%，其中彝族 358 人，占 27%；布朗族 423 人，占 32%。最高海拔 2434 米，最低海拔 1700 米。常年气温 16～32°C。常用耕地面积 2820 亩。村下设党支部 1 个，下设党小组 4 个，党员 44 人，其中少数民族党员 23 人，妇女党员 10 人。主要有粮食、烤烟、畜牧、林果等产业。2013 年末实现全村经济总收入 968 万元，农业总产值 1509 万元，人均纯收入 4075 元。近年来，通过积极争取项目资金全力实施项目建设，村内道路基础设施改善明显，农业基础设施建设得到加强，新农村建设成效明显。

ZXZ 家的房屋是由一间泥砖瓦房和自建的二层砖结构小楼构成，没有大门，院子里都是土路，鸡圈和牛圈由泥土和树枝搭建起来，显得比较脏乱。户主家人的衣着还是非常干净。该户的房屋建筑面积有 200 多平方米，家里有农用拖拉机、电视机、收音机以及手机等。目前户主一家 4 口人，全家人都有新农合，妻子患有子宫癌，每年都要自费支出 1 万多元（报销后的支出，每次报销总花费的 40%），妻子的病前前后后已经支出 6 万多元，但是还没有治好。户主是全家唯一的劳动力。该户家庭向亲戚朋友借了 10 多万元，是给妻子治病和做手术以及家庭支出所借下的。户主平时主要打理自己家的耕地还有山林以及照顾养殖园区 500 只鸡，农闲时在本村

打短工,都是一些体力劳动,一般一天100元,一个月1000~1500元。最长也就不超过一个月。妻子在家养病。平时孩子的饮食起居也是户主亲自照顾。该户家庭参加了产业扶贫当中的异地搬迁和养殖牛和林下养鸡项目。已经收到政府的5万元盖房补贴和养殖补贴。目前家里最大的困难在于如何还贷以及解决妻子疾病的后续治疗问题。

1. **家庭结构**

表 11 – 5 ZXZ 家庭构成和户籍情况

家庭成员	夫	妻	子女1	子女2
姓名	ZXZ	××	×××	×××
性别	男	女	女	男
出生年份	1974	1978	2000	2006
民族	彝族	彝族	彝族	彝族
汉语掌握情况	汉语听说	汉语能听说	听说读写	听说读
受教育年限	小学毕业	小学毕业	高中一年级	小学二年级
主要职业	务农、打工	无	学生	学生

2. **家庭经济和生活状况**

ZXZ家中有农田3亩旱地,山林十几亩,若干只鸡,3头牛,其中2头水牛是自己买的,1头是政府补贴的,地里主要种植烤烟。2015年全家毛收入2万元左右,其中主要的收入来源是烤烟和饲养家畜,其次是打工。2015年全家支出在2万元左右。主要包括买化肥、买种子、买农药、电费、水费、买粮食的费用、供养孩子的生活费、妻子的医疗费。大女儿在县城读高中,一年花销在1万元左右,小儿子在村里小学一年花销一两千元。一年下来,基本保证收支平衡,没有结余。户主是1999年结的婚,当时结婚花了1万元左右,同时给了女方5000元的彩礼。婚后感情生活一直很甜蜜,除了妻子的疾病给户主带来伤痛以外,夫妻之间感情稳定。

3. **参加家庭扶贫项目以及挂包帮干部扶贫效果状况**

该户是建档立卡户,参加的扶贫项目是产业扶贫中的养牛、林下养鸡的项目,该村的扶贫项目主要是产业扶贫(养牛和林下养鸡),建档立卡户根据自家的实际情况，数量由自己的能力来决定。该户挂包帮的干部定期也会来家里询问情况，并提出了多发展养殖业和种植业的建议，特别指出核桃抚育 5 亩 60 株的修枝割冠，提出了具体的帮扶内容，这对户主的帮助是很明显的。

4. 家庭存在问题

目前家里最缺的是劳动力，另外收入来源单一化也是家庭贫困的一个原因。妻子的病情虽然有所好转，但是花销依然很大，同时孩子的教育支出每年也占了很大比重，但户主还是非常支持和重视自己子女的教育问题。户主自身也学习过木工的手艺，但是因为家里有病人需要照顾，不能出去打远工，只能局限在村里。

5. 评述

ZXZ 的家在鸡茨村算是一个比较典型的家庭成员因病致贫的例子，鸡茨村对于建档立卡户的扶贫项目基本涵盖了产业扶持（林下养鸡和牛）和异地搬迁。ZXZ 本身有木工的技术，但是家里只有他一个劳动力所以限制了他外出打工的范围。他本身对贫困并不害怕，但是现实生活中所有的压力都压在了他的肩膀上，他现在希望坚持下去，做好政府帮扶的扶贫项目，争取按期完成脱贫目标，把自己的孩子培养成人才，他也就放下了心，自己的苦和累也是值得的！

该户家庭的户主是一个比较有能力的人，在政府还没有大力发展扶贫项目推广之前，他就在想办法尽快地致富，如果妻子没有患上这么严重的癌症，自己的家庭也许就不会被高额的医疗费所困扰。我问他，家里最大的开销是给妻子做手术以及术后恢复的花费吗？他回答道："家里这几年几乎把所有挣来的钱都给媳妇看病用了，还借亲戚朋友 10 多万元，大女儿现在已经上高一了，也非常懂事，平时假期回来也主动帮我干农活和喂养牲畜，闲的时候也在村子里找一些零工赚点生活费。好在妻子花了这么多钱以后算是把命保住了，后续的医疗休养费用不会很高了，现在国家正在大力帮我们脱贫，我就更加有信心了，这次我承包了林下养鸡的 500 羽鸡苗，要好好地放手大干一场。" ZXZ 的这番话让我体会非常深刻，首先，他没有任何的抱怨，他总是在想怎样去解决现在他所面临的困难。其次，他做事情是非常主动的，他的家旁边就是村政府，只要他有时间就会去村政府找干部聊天，聊一聊最近生活上得到的改变和扶贫项目实施的进程。他还会木工活，在村里属于一个"土专家"，村里谁家需要帮助，他也会很主动热心地去帮忙。如果村里有技术技能培训，他也积极地参与。总之，在他的身上我看不到"等、靠、要"的想法，他总是在想办法借助外力去改变自己现在的状况，这种精神是值得其他贫困户学习的。我在他的身上看到了一个朴实农民身上好的品质，我也坚信他能通过自身的努力获得最后脱贫的成功！

6. 建议

政府要将最新的农村大病医疗保障的具体情况普及给当地的村民，让他们及时了解到自己亲属的大病报销比例到底是多少。这种因大病致贫的村民对于最新政策了解得不够全面和深入，也会间接地导致贫困的发生。同时建议社会上的一些福利机构关注这些因大病致贫的贫困群体，建立社会帮扶体系。

案例 2

调研地点：保山市施甸县摆榔乡摆榔村　　时间：2016 年 11 月 19 日

受访者：ADS　　采访者：韦思琪

1. 家庭基本情况

ADS 家一共 3 口人，分别是户主 ADS 和他的两个子女，均为彝族。受访户家里凌乱不堪，卫生环境差，提起这一受访户，村里的干部都是无奈地摇头，这是一户让政府非常头疼的兜底户，户主智力有点问题。

表 11-6　ADS 基本信息

家庭成员	出生年份	民族	汉语掌握情况	受教育年限+学历	婚姻状况	健康状况
ADS	1956	彝族	日常会话	文盲	丧偶	智力低下
儿子	2001	彝族	日常会话　简单读写	小学三年级	未婚	健康
女儿	2010	彝族	日常会话	学前班	未婚	健康

2. 家庭经济状况

住房：家里一共有住房3间，属于质量较好的砖混结构住房，是政府14年前无偿为他家盖的，家庭卫生环境肮脏混乱，没有厕所，没有厨房，住房外面有两间较新的养殖圈舍，但是没有养殖牲畜。土地：家庭总耕地两亩，主要种植玉米，家里没有生产工具，2015年，云南中烟公司给了户主家200只鸡，结果养一个星期就被他全部拿去卖给别人了，政府免费给了他家2头仔猪，养了两个星期也是被户主卖了。家庭耐用消费品：有电视机一台。2015年全家全部毛收入为21000元，主要收入是政府每年给他家2万元的社会兜底户补助，再加上家里种的玉米卖出去获得1000元。2015年全家的生活费支出主要是衣食住行的支出。

3. 家庭受教育情况

ADS是文盲，没有上过学，他的大儿子上到小学三年级就辍学回家，现在在家里和父亲居住在一起，有时干农活，没农活就在村里玩耍。小女儿现在在上学前班，家庭成员受教育程度低，子女在校学习成绩差，无心向学。

4. 家庭婚姻生活状况

ADS 1998年结婚，当时结婚没有请客费用，只是领了结婚证，给妻子家的彩礼为1000元，妻子已经去世8年了。

5. 社会保障及政府帮扶情况

ADS因为他自身属于低智力人口，没有接受过文化教育，家里一直是村里最困难的一户，他本身没有任何技能，这么多年都是在政府的救济中生活，每年有政府发放的100斤大米、2万元救济款，有良种补贴150元。家庭维持主要靠政府每年给的2万元生活保障金。

6. 评述和建议

好逸恶劳终究贫，这在ADS身上得到了充分的体现。ADS家的贫困问题一直是当地政府头疼的问题。家里住房倒塌没钱盖，政府无偿帮他家盖了住房，他也不好好爱惜这个家，家里到处杂乱不堪，至今都没有安装门窗。政府扶持他发展产业，帮他盖了猪圈，给他4头猪，他养几天就拿去卖了换钱花。政府扶持他家50只蛋鸡，他也是养几天就拿去卖掉。家里没有任何经济产业，生活全靠各种社会保障和补助。他沾上好赌博、喝酒等恶习，平时有点钱就喜欢在村里炫耀，把钱全拿去赌博、喝酒，这是他贫困的根本原因。

智力低下，也是他贫困的一个原因。以前他父亲在世的时候在村里也是属于"脑子不好使"，智力低下的人，他现在还是这样，因为智力低，他就没有能力去发展家里的经济，只懂得贪图享乐，没有正常人的生活意识。

对于这样的社会兜底户，建议"扶贫先扶智"，重点帮扶其后代。从他的子女入手，通过政府的对口帮扶政策，让他的小孩能够接受良好的教育，开阔眼界，吸收先进文化和思想，来改变家庭的发展命运。ADS的大儿子，小学三年级因厌学就辍学，而今已经15岁，政府和学校应该到家里走访，做思想工作，让他回学校继续完成学业，政府可以在教育费用上给予他家扶持，读书期间给予他生活费补贴，学习成绩提升的话给予一定的物质奖励。小女儿目前在上学前班，政府已经给了很大的扶持力度，他家小女儿在校的学杂费生活费全免，未来需要学校和政府对他家的子女教育问题给予更多的关注和扶持，牢牢抓住教育扶贫这根线。

案例3

地点：施甸县摆榔乡鸡茨村　　时间：2016年9月9日　下午3：00~3：30
采访对象：ZXZ1　　　　　　采访人：晏月平　毕忠鹏

1. 受访家庭的基本信息

配合我们调研的ZXZ1正好是该户的户主，因为他们家在山顶上，走上去比较远，会影响我们的调研进程，因此就没有去ZXZ1的家里，就在路边做了调研，整体来看受访对象的穿着一般，根据他对家庭的描述，他的家庭状况也是一般。他们家共4口人，都是彝族，他和妻子在1999年结婚，对于当时的花费和彩礼钱他已经记不得了，但因为家里的贫穷，他说当时结婚还是挺困难的，还调侃差点就娶不到媳妇了。ZXZ1是1974年出生的，他妻子是1979年出生的，两个人都接受过教育，上到小学四年级，汉语讲得比较流利。ZXZ1本人比较健康，但是他的老婆患有癌症，并且已经做过了手术，对于我们关于手术的费用及术后的身体状况等问题，不知是受访者不理解还是不想回答，我们没有得到更进一步的有效回答。他们家有两个小孩,大的是女孩,1999年出生的,现在高中在读,小的孩子是男孩,2006年出生,现在正在读二年级,两个孩子都非常健康。

表 11-7 ZXZ1 家庭成员构成

家庭成员	出生年份	民族	汉语情况	受教育年限	婚姻状况	健康情况
夫(户主)	1974	彝族	流利	小学四年级	已婚	健康
妻	1979	彝族	流利	小学四年级	已婚	患有大病
女儿	1999	彝族	流利	高二在读	未婚	健康
儿子	2006	彝族	流利	二年级在读	未婚	健康

2. 受访家庭的经济状况

ZXZ1 的家庭一共有 4 间住房,宅基地的面积大概 120 平方米,房屋主要是土坯墙瓦顶结构,现在他们家正在盖新房,在和我们谈论的时候可以看出 ZXZ1 对于住进新房的期待,总是露出开心的笑容。所盖新房质量结实,是钢筋混凝土结构,一共 4 间,新房不像老房子人畜同住的,在新房中人畜分开居住,也有厕所,厨房做饭的主要燃料还是柴火。ZXZ1 家有旱地 3 亩多,林地 30 多亩,家庭收入的主要来源是旱地种植烤烟所得,毛收入大概为 1 万元。家庭的主要生产工具除了锄头和铁锹外还有一辆耕地机,家中养了 1 头猪和 2 头牛,其中猪是过年时的消费品。家庭耐用消费品主要有 1 台电视机和 2 部手机,除了烤烟所得之外,ZXZ1 2014~2015 年去过缅甸打工,主要是在建筑工地上做木匠和泥瓦工,总收入大概 1 万元,出于他的妻子身体的原因,很多事情都是 ZXZ1 一个人做,他也说到他们家的劳动力不足。2015 年的家庭支出在 2 万多元,其中孩子上学花费了 3000 多元,生产性支出包括购买化肥、种子和农药,花费在 5000 元,生活支出包括衣、食、行和人情送礼花费在 18000 元,所以对于孩子的非义务教育阶段的教育的花费,本来就入不敷出的家庭难以负担。

3. 社会保障和精准扶贫工作的情况

在我们的访谈问题中,ZXZ1 对于政府的扶贫工作是在村民大会中得知的,也知道村里的村民为了脱贫致富开展的养殖业,问到他是否愿意做养殖,他的回答却是不想,说想出去打工,问及原因的时候,他说没有资金，也没有得到技能的培训。ZXZ1家享受了养老保险和医疗保险的保障，他说他妻子的手术费用就是通过医疗保险报销了不少。也有专门的结对帮扶对象，在过年时也得到了政府的棉被和年货的帮助。看到政府对于扶贫工作的重视，ZXZ1对于政府的扶贫工作充满信心，相信在村民和政府的共同努力之下，他们定能脱贫致富，ZXZ1在家庭压力如此大的情况之下，仍然能够笑对人生，可见他性格中的坚韧。对未来的打算，ZXZ1讲得很实在，希望将房子盖好，家人身体健康，通过打工和烤烟挣钱改善家庭的生活条件。

4. 评述和建议

如上所述，该户家庭是一个典型的核心家庭结构，夫妻双方加上两个未婚的孩子，夫妻双方年龄的差距较小，民族成分是一样的，结婚的时间也比较长，婚姻非常稳定，这对于他们的家庭来说是一个稳定的发展上升的时期，也就是说从家庭的结构上来说非常稳固的，这是有利于家庭发展的。但是，我们同时也看到了该户家庭遇到的困难，一是他们家现在正在盖房子，缺乏资金和劳动力，难以支付起盖房子的钱；二是其妻子患有大病，尽管做过手术，但是还是需要长期的药物和其他的治疗，虽说农村医疗能够报销不少的费用，但是从上述的家庭经济情况来看，入不敷出的家庭也还是难以为继的；三是他的大女儿现在正在读高二，是比较关键的时期，如果能够考上大学接受更高层次的教育不仅有利于他女儿自身的发展，也会带动其整个家庭的发展，但是，这一阶段的教育是非义务教育，学习的费用对于这个家庭来说，还是一笔不小的开支。尽管这些困难压在这个家庭唯一的劳动力即ZXZ1的肩上，但他给我们的印象是朴实、勤劳和坚强，有着积极乐观的生活态度，对于未来的打算也很明确，这些都是值得肯定的。

我们认为上述的几点是该户家庭致贫的主要原因，也是该户脱贫致富工作中的重点，与户主的访谈之中我们能够看到户主的积极态度和脱贫的决心。所以建议在脱贫的工作中，一方面对于该户在盖房中给予适当的补助，缓解该户眼前的压力，另一方面从长远来看，该户家庭的大女儿已经在读高中，小的孩子在读小学，人们都说"知识改变命运"，在这个家庭应该会有很好的体现，教育应该一直伴随这个家庭，对于这两个孩子的非义务教育阶段的更高层次的教育应该给予资助，帮助这个家庭渡过难关，之后通过教育反哺家庭以更好、更快地帮助这个家庭脱贫。

三　汉族

案例 1

地点：木老元乡大地村　　　　　时间：2016 年 11 月 17 日

采访对象：户主 RCL　　　　　　采访人：井奕杰

特点：异地搬迁（拆除重建）、产业扶贫（养猪、牛）

大地村面积 20 平方公里，距离木老元乡政府驻地 22 公里，距离施甸县城 35 公里。2015 年村辖 24 个自然村，14 个村民小组，全村户数 511 户，人口 2005 人。其中农业户 454 户 1883 人，非农业户数 57 户 122 人；少数民族有布朗族、彝族、傈僳族、白族、壮族、苗族等 6 个，共 688 人，占全村总人数的 34.3%，其中布朗族 587 人。有建档立卡户贫困人口 164 户 486 人。总耕地面积 2770 亩，农村经济年总收入 1322 万元，人均纯收入 4372 元。

RCL 家的房屋是把原来的房屋拆除重建，两层的小楼已经修建好，院子也十分整洁，当天整个院子在晒玉米，有一个铁大门。牛圈和鸡圈是分开的而且都是用水泥砌的新墙，显得很有条理。户主及家人的衣着朴实干净。新房面积大概有 300 平方米，屋内有电视机、摩托车、洗衣机、电磁炉和手机等，以及沙发茶几等家具。内部的墙体是经过粉刷过的。自费买了太阳能和修建了浴室。现在 RCL 岳父岳母跟他们一块居住。岳父岳母有养老保险，全家人也有新农合等医疗保障。该户重建房屋得到政府盖房补助款 5 万元，以及养牛补贴 5000 元，但是同时借了 5 万多元商业贷款。家里人都非常健康，暂时没有老人大额的医疗支出，目前如何还贷款也是该户家庭最大的困难。户主主要在外省修建高铁，最远的去过河北省。一般每天收入在 120 元左右，月收入在 3500 元以上，最长的一次在外面打工将近 8 个月。妻子在家主要是务农和饲养牲畜，岳父身体还算硬朗，平时也帮助女儿下地干农活。岳母在家饲养牲畜。该户家庭参加了拆除重建和养牛项目以后，家庭面貌发生了很大改观，以前出去打工攒钱盖房子，现在政府已经补助盖房，减轻了一点压力，但还是需要自己外出打工继续赚钱还贷款。

1. 家庭结构

表 11-8　RCL 家庭构成和户籍情况

家庭成员	夫	妻	子女
姓名	RCL	××	R××
性别	男	女	女
出生年份	1990	1992	2010
民族	汉族	汉族	汉族
汉语掌握情况	汉语听说	汉语听说	听说读
受教育年限	小学毕业	初中毕业	正在上小学
主要职业	打工	务农	学生

2. 家庭经济和生活状况

RCL 家中有农田 2 亩旱地，1 头牛，10 多只鸡，种玉米。2015 年全家毛收入为 4 万~5 万元，其中主要的收入来源是打工，其次是种地和饲养家畜。2015 年全家支出 3 万多元。主要包括一些化肥、种子、电费、农药、水费、买粮食，供养孩子的学费、伙食费以及学习用品费。此外，交通、人情送礼以及通信费用也是相当大的开支，一年有七八千元。主要的经济来源是靠外出打工来补贴家用，目前女儿还小，学费开支也不大。家里老人小病支出新农合一般就可以报销，非常方便。当年结婚花了 2 万元左右，因为是上门女婿，就没有给女方彩礼。婚后生活幸福。

3. 参加家庭扶贫项目以及"挂包帮"干部扶贫效果状况

该户家庭是建档立卡户，参加的扶贫项目是异地搬迁（拆除重建）和产业扶贫中的养牛项目，该村的扶贫项目主要就是搬迁（异地或者重建）和产业扶贫（养牛和猪），建档立卡户根据自家的实际情况，数量由自己决定。该户"挂包帮"的干部也会定期来家里询问情况，同时提供一些建议，但是同样也是实用性不是很强。2016 年针对他家的实际情况，该干部提出了种植玉米 2 亩，发展养殖母猪 1 头、水牛 1 头。而且最新的扶贫政策都是村干部到家去宣传或者定期召开村民大会来通知，村民可以时时刻刻了解到最新的扶贫政策动态。

4. 家庭存在问题

目前家里最缺的是资金支持，耕地面积太少也是限制经济来源的一方面，另一方面有效劳动力的缺乏也是家庭贫困的一个原因。老人年龄越来越大，可能不久的将来会在养老医疗方面有较大的支出。孩子教育的支出也会随着年龄的增长而增加。考虑在一两年内会要二胎，所以开销也会进一步加大。

5. 评述

RCL的家庭条件在大地村算是一个相对不错的，因为他平时基本在外地打工，而且他还有修建高速铁路的技术。大地村对于建档立卡户的扶贫项目基本上涵盖了异地搬迁和产业扶持（养猪和牛），该户家庭同时也参加了这两个扶贫项目，户主还很年轻，他并没有认为现在的生活过得不幸福，而且认为自己以后的生活会更加美好，同时未来几年还是主要通过外出打工来还清债务，总体上说主动脱贫的意识已形成。

这一户家庭代表了农村新一代青年农民对于贫困的新认识，笔者采访户主时问他，他们这一代偏远贫困农村地区的"90后"青年对于家庭贫困有什么样的看法，他说道："现在手机信息这么发达，我们不会再像老一辈农民一辈子安安心心地在家种地，我们需要到外面去看看新的世界，一般只要肯吃苦、肯努力，一定能赚到钱，之前攒钱是为了娶媳妇，现在媳妇也娶了、孩子也有了，接下来的打算就是努力赚钱把自己家的房屋重新修整一下，等过几年有钱了，准备要二胎！"接下来我又问了他一个问题，他们村跟他情况差不多的年轻人是不是也和他有同样的想法，他回答道："村里年轻人的想法都差不多，不过每家的情况也不一样，反正现在村里年轻人，想通过在家种地挣钱的人是越来越少了，家里的耕地一年的收成也就那么多，还非常辛苦，能出去打工的就出去了，每个月都有收入。像我还会一些修高铁的技术，在外面总体上挣钱要比在家多。"

短短的几句话也已经显示出新一代农村青年的普遍心理状态，在他们眼中，赚钱的思路以及想法已经和自己父辈有着明显的差别，他们利用现代的一些信息手段，去了解外面的世界、外面的生活，这也是一种进步，但与此同时,偏远农村的青壮劳动力也出现了"空心化"加剧的状态,本来偏远贫困地区的青壮劳动力就非常缺乏,这样对于政府所提出的扶贫产业的具体实施也会带来一些不小的压力。

如何用贫苦地区的产业扶贫项目,吸引本村外出打工的劳动力回流,这也是政府部门需要思考和解决的问题,贫困地区的发展还是需要有本村劳动力的支持,只有这样扶贫的最终目的才能实现。

6. 建议

①当地政府要做好支持本地青壮劳动力在家创业、创收的工作,引导本地青壮劳动力主动参与扶贫项目,激发本地青年的创业热情。青壮年是村里脱贫的中坚力量,不能把这股力量有效地拧成一股绳,对于本村的长远扶贫效果以及发展都会起到不良的作用。年轻人外出打工虽能解决一时的生计问题,但是不能解决一个家庭一辈子的问题,切实有效地在家里就业、创业,不仅有利于本村脱贫工作的有效展开,而且能帮助他们在家就能创收,这是一种双赢。

②脱贫攻坚是一个系统的庞大工程,政府需要解决的不仅仅是贫困家庭吃饱饭的问题,还有社会保障、社会医疗、社会养老等各项民生保障。村里年轻人接受新鲜事物速度较快,对他们加强技术技能培训,提高他们专业技术的水平和能力,有利于他们的长期发展。除此之外,因为村里的年轻人平均受教育年限都很短,引导他们对于子女的教育培养也是脱贫攻坚要做的一项重要内容,只有从娃娃抓起,培养他们的脱贫意识,这样才会彻底脱贫。

案例2

调研地点:施甸县摆榔乡尖山村　　调研时间:2016年11月19日
受访者:YKC　　　　　　　　　　采访人:孙佩雯

吃过早饭,我们驱车赶往尖山村。车行在蜿蜒的山路上,沿途植被茂密,可以看到村民们种植的各种作物。尖山一组和二组所在的地方,民居依山地地形而建,错落有致,民居之间的道路多为水泥地。有的村民在院子里种了花,花开了,伸出墙头,成为秋日的村庄一景。

尖山村所处的地带易发生山洪、滑坡和泥石流等自然灾害,易地搬迁扶贫工作正在这里如火如荼地进行,村头房屋的外墙上张贴着防御山洪灾害的相关知识,还有很多装修方面的广告。

1. 受访家庭基本信息

与前面的受访对象不同,YKC 家属于脱贫户,于 2015 年脱贫。他有一个年迈的母亲,与妻子育有一子。

表 11-9　家庭成员基本信息

家庭成员	出生年份	民　族	受教育程度	婚姻状况	健康状况
母亲	1936	汉族	文盲	丧偶	腰疼
YKC（户主）	1972	汉族	初中毕业	已婚	健康
妻子	1979	汉族	小学毕业	已婚	健康
儿子	1998	汉族	高中一年级	—	健康

YKC 的精神面貌很好,人也很热情好客。我们去采访时,他家里有客人,他招呼我们坐下,拿出山里产的核桃招待我们。在我们交谈的过程中,他使用方言,偶尔与朋友和村干部交谈几句,院子里充满欢声笑语。

YKC 的母亲已经有 80 岁了,没有患什么大病,只是有时候会腰疼。平时从药店购买缓解腰疼的药,这个费用是不包含在新农合报销范围之内的。家里的农活由他和妻子一起承担。儿子今年 18 岁,2015 年去了山东临沂打工,在工厂里当工人,到目前为止快两年了。谈到儿子,YKC 笑说他不爱读书,高中上了一年就自己跑出去打工了。

2. 受访家庭经济状况

YKC 家的院子整理得干净整洁,住宅有两层,每层各有三间屋。木质的门窗,上层的玻璃窗擦得干干净净。家里有 1 辆摩托车,1 台电视机,1 台洗衣机,1 台旋耕机。每个人都有 1 部手机,80 岁的老母亲也不例外,有 1 部老人机。

他家之所以能在 2015 年脱贫,主要得益于种植烤烟的收入和 YKC 外出打工的收入。YKC 家租了 8 亩地,加入了烤烟种植专业合作社种植烤烟。这几亩地的年租金在300元左右。烤烟成熟后，根据叶片的质量进行分级，由烟站负责统一收购，最好级别的烟叶能卖到每斤13元多。他家一年下来，总共能产1吨左右的烟叶，算下来是一笔可观的收入来源，为YKC家的脱贫做出了很大的贡献。家里还有一部分收入来自YKC在外打工的儿子，他每月工资3400~3500元，主要花费在自己的生活上。

除此以外，YKC家的烟地上还套种着小麦，年产一两千斤，成熟后主要用于喂猪。家里养了十一二头猪，除了一头是政府下发的以外，其他的都是自家出钱购买的。这样一来，家里全部的收入加起来，一年有三四万元，已经超过了当地的收入贫困线。家中一年的支出为一两万元，据YKC介绍，生产成本所占开支的比重是最大的。

3. 案例评述

这一户是此次调研中我们遇到的唯一一户已经脱贫的农户。对比其他贫困农户，他们家之所以能够脱贫，可以归纳为以下几点。

第一，户主YKC性格乐观开朗，对待周遭的人热情友善。从他的精神面貌，与我们交谈时的语气，还有整洁干净的院落、住宅，可以看出他是一个悉心经营家庭、热爱生活的人。访谈结束时临近中午，YKC还热情地留我们吃饭。在扶贫工作中，各级政府经常强调"扶贫先扶志"，所谓"扶贫先扶志"就是要首先改变贫困地区干部和群众的精神面貌，振奋他们自力更生、艰苦奋斗的精神。只有精神上先脱贫，才会有动力在物质上脱贫。这一点在YKC的身上体现得淋漓尽致。

第二，参与经济回报较高的产业使他家的脱贫有了保障。烤烟种植业是省时省力、经济效益回收快而可靠的"短平快"产业，云南省内的民族山区尤其适宜种烤烟，对于巩固和振兴广大少边穷民族地区的"三农"经济，优化其社会经济形态，发挥了明显作用。这类产业的引进以及生产合作社这种运作方式的推行，使得农户能够真正地参与产业发展，提高收入。

第三，外出务工增加了家庭收入，也打开了村民的眼界。虽然YKC的儿子高中没有毕业就外出打工了，我们在此不做鼓励，但是这也从侧面反映了劳务输出对于脱贫的重要作用。劳务输出有利于缓解农村剩余劳动力的问题，同时可以解决农民的增收问题。

案例 3

地点：施甸县木老元乡龙潭村龙潭小组　　时间：2016 年 11 月 17 日
　　　　　　　　　　　　　　　　　　　　　下午 3:00~4:10
采访对象：ZYS　　　　　　　　　　　采访人：毕忠鹏

1. 受访家庭的基本信息

表 11-10　ZYS 家庭成员构成

家庭成员	年龄	民族	汉语状况	学历状况	婚姻状况	健康状况
母亲	78	汉族	流利	文盲	丧偶	患重病
ZYS（户主）	56	汉族	流利	小学六年级	已婚	健康
妻	55	汉族	流利	小学六年级	已婚	健康
大儿子	28	汉族	流利	初中毕业	离异	健康
小儿子	24	汉族	流利	初中毕业	未婚	健康

（1）医疗与养老

如表 11-10 所示，该户家庭共由 3 代 5 口人组成，家庭结构较为简单，全家都是汉族，且受教育程度都不是很高，除户主的母亲患有重病之外，其他人都很健康。全家人都参加新型农村合作医疗，户主母亲看病时也报销过，但忘记了报销额度是多少，报销多少也不记得。平常看病一般是在村卫生所，大病会到县城医院看，一年看病大概要花费 2000 元。目前全家一共有 4 人在缴纳 100 元/年档次的养老保险，户主母亲现在已经在领取 70 元/月的养老保险金，这种额度的养老保险金难以满足老人的日常开销。同时户主的母亲享受低保，已经享受了 7 年，每月能够领到 168 元，这在一定程度上缓解了该户家庭养老的压力。

（2）婚姻状况

户主与其妻子是在 1988 年结婚的，当时结婚婚宴的花销在 800 元左右，彩礼 200 元，夫妻二人的婚姻关系非常稳定。大儿子结过婚，但是后来离异了，在问及离异的原因时，户主避而不谈。小儿子未婚，现在在哈寨村村委会担任信息员。

(3) 住房状况

进入 ZYS 家并不像访问上一户一样，他家没有院子，因为盖房子的原因，在住的房屋门口还堆了一堆沙，看上去不是很整洁，但是 ZYS 的穿着比较干净，对于我们的访谈也很积极、热情。ZYS 家目前有三间住房，虽是水泥结构，但上面的顶是铁皮结构，应该是因为盖房子搭的暂住的地方。新房还没有盖好，据 ZYS 说建好会有 6 间房，两层，有独立的卫生间，也有厨房，是钢筋混凝土结构，功能划分比较齐全。

2. 受访家庭的经济状况

（1）硬件设施

在生产工具方面，除了一些很简陋的锄头、铁锹等工具之外，只有 1 辆农用车用来日常的运输。家庭耐用消费品主要有摩托车 1 辆、电视机 1 台、洗衣机 1 台、手机 4 部，基本上能够满足日常的使用。

（2）种养殖情况

该户家中有耕地 7~8 亩，主要是旱地，基本上用来种植玉米，除了家庭消费很少一部分之外，大部分的玉米主要是用来喂鸡。另外还有 12 亩林地，没有种植果树之类的其他经济作物。该户 2014 年加入合作社之后开始进行养殖，之前养殖兔子，没有什么经验，导致了亏本，在进行养殖培训之后开始养鸡，目前家中养鸡 700 只，主要是绿壳蛋鸡，鸡蛋由花濮蛮公司按层次统一收购，均价 1 元/个，鸡苗由合作社提供防疫过的鸡苗，养殖过程中的防疫工作主要是在兽医站的指导下，自己进行防疫。另外养了 2 头牛，其中项目牛 1 头，4 头猪，其中项目猪 1 头，羊 25 只。

（3）收支情况

2015 年该户家庭的主要毛收入有，鸡和绿壳鸡蛋的销售 10000 元/年、羊销售 4000 元/年、大儿子务工 8000 元/年、小儿子工资 10000 元/年、养牛补贴 5000 元/头、养猪补贴 1000 元/头，总收入 38000 元。

2015 年家庭主要支出有，生产支出包括化肥 2000 元、农药 200 元、种畜 5000 元、电费 500 元/年、种子（玉米种）500 元、饲料 8000 元，生活类支出包括粮食（米）2000 元/年、还新建住房贷款 50000 元、医疗费 2000 元、人情送礼 1000 元、通信费 2400 元，总支出 73600 元，从收支情况来看该户家庭入不敷出，尽管该户的收入来源很多，但是因为去年贷款盖房子了，导致收入和支出难以平衡，如果剔除还贷款，该户在满足日常的开支外还能结余 10000 多元，也能够看到该户家庭的情况在逐步好转，一步步地摆脱贫困。

3. 政府精准扶贫工作的情况

在访谈过程中了解到该户对于政府正在开展的扶贫工作主要是通过参加村民小组会议了解到的，其次是通过帮扶干部到家宣传了解到的，对于这些扶贫项目通过访谈，感觉该户家庭是比较清楚，态度也非常积极，对于政府的扶贫项目是充满信心的，对于这些项目和社会保障也很满意，对于脱贫是非常有信心的，也能够看到该户家庭对于生活积极向上的态度。从其对于这些工作的态度及对于我们调研的态度能够感受到该户家庭对于未来充满希望，思想观念开始转变，想要脱贫，想要改变生活质量。除了拥有积极的心态之外，该户还积极地参加扶贫项目，尽管在 2014 年加入合作社开始养殖兔子失败了，但是户主并未丧失信心，而是通过合作社参加养鸡培训，开始养殖绿壳蛋鸡，目前养殖了 700 羽绿壳蛋鸡，鸡舍有 2 间 296 平方米，承包山林面积 3000 平方米。由合作社提供鸡苗和前期的防疫，政府补助项目中提供了鸡舍并且每只鸡补贴 18 元，后期自己管理，采用自销加合作社统一收购的方式，有了经验后，养鸡获得成功，也保证了家庭中稳定的收入。

4. 评述和建议

该户是典型的养殖大户，有好的项目为其脱贫提供了基础，但是其家庭中勤劳、节俭的品质则为他们家脱贫提供了保证，好的项目如果不好好管理，也难以达到预期的效果。尽管该户目前的发展看似一帆风顺，但是对于该户来说，笔者认为目前存在一个问题。一是，缺乏资金，难以扩大规模。在开始参加项目时，鸡舍是由政府免费提供的，后期如果想扩大养殖规模，需要由自己出资建设，因为他们开始都是由政府补助，贷款一方面额度比较低；另一方面是由合作社来统一贷款，所以到农户这里贷款资金很有限。二是，产品同质竞争恶劣，扰乱市场，压低价格，影响收入。加入合作社养殖的绿壳蛋鸡，鸡蛋是由花濮蛮公司分层次统一收购，进行包装，这样有了自己的品牌价格自然高，但是周边村寨农户的鸡蛋没有包装，直接拿到市场去卖，会形成一种价格竞争，压低价格，导致了养鸡农户的收入变少。

对于农户难以贷款、资金来源少的问题，应该在政策许可的范围之内，在考量农户的品质之后，有层次、有条件地给予这些养殖大户适当的贷款，一方面帮助这些农户扩大规模，形成规模效应，在好政策的帮助下，加快其脱贫的步伐；另一方面发挥这些农户的积极性和典型作用，以带动其他贫困户通过发展产业来实现脱贫。对于同质竞争问题，各个村寨的合作社应该达成共识，共同协商，形成统一的规范，然后由花濮蛮公司统一收购、加工和销售。如此，不仅可以形成一定规模，对于后期如果做深加工，也方便管理。

四　双民族家庭

案例1

地点：摆榔乡鸡茨村民委员会　　　　时间：2016年9月9日
　　　上鸡茨村　　　　　　　　　　　下午4:00
受访对象：YJB　　　　　　　　　　 采访人：韦思琪、徐涛

YJB家位于摆榔乡鸡茨村民委员会上鸡茨村，距离村委会0.3公里，距离乡政府8.4公里，距离县城15公里，属于山区。YJB家是上鸡茨村最贫困的家庭之一，主要是住房条件差，家庭成员疾病多。对于该受访户，比较遗憾的有两点：第一是没能进入他家亲自看一下居住环境，只能根据村民口头描述；第二是没能亲自接触YJB的家人，只能通过他的哥哥YJY和与YJB的电话沟通来获取对他家庭情况的了解。

1. **家庭基本情况**

表11-11　YJB家庭成员简况

家庭成员	出生年份	民族	汉语掌握情况	受教育年限、学历	婚姻状况	健康状况
YJB	1979	彝族	流利的普通话	9年，初中毕业	已婚	亚健康
YAJ	1984	汉族	流利的普通话	6年，小学毕业	已婚	疾病
YZL	1953	彝族	能使用汉语交流	3年，小学	丧偶	疾病

2. 家庭基本情况

（1）家庭住房情况：家中有房屋4间，占地面积210平方米，房子是70多年前就修建的农村老式土基房，是祖辈传下来的老房子。住房位于鸡茨村半山坡的滑坡点，属于地质灾害区，现在被鉴定为危房。

（2）家庭财产拥有情况：有旱地8亩，主要是山地；有14英寸彩电1台、手机2部、摩托车1辆，屋中无像样家具。

（3）家庭收支情况（2015年）：入不敷出。

收入：YJB夫妇外出打工年收入3.5万元；家里的8亩地由哥哥家租用，每年付1400元地租；老母亲每月领低保66元；年收入约3200元。

支出：家中老人因胃炎分别在保山市医院和施甸县医院住过院，支出2万元；人情送礼支出1000元；YJB夫妇在广州打工租房支出4800元，看病医疗支出8000元。

（4）家庭参保情况：全家人都参加了新型农村合作医疗、新型农村社会养老保险。

3. 家庭成员情况

YJB家一共三口，2012年，33岁的YJB与YAJ结婚，双方均属于初婚，至今未生育小孩。夫妻结婚以后与哥哥嫂子一家分家，带着老母亲从原来的大家庭中分离出来组成现在的小家庭。

YJB：彝族，今年37岁，初中毕业后没再继续上学，在村里面跟着别人盖房子，做过一段时间的工地小工。2005年，他跟着朋友初次去广州的一个皮鞋厂打工，后来辗转去过上海等地，并在外地与妻子相识结婚，现在和妻子在广东东莞的一家玻璃厂打工，常年都是在外省打工。

YAJ：汉族，今年32岁，临沧市凤庆县人，小学文化，2011年在上海一家工厂打工时与YJB相识，2012年嫁给YJB。

YZL：彝族，今年63岁，YJB的母亲，由YJB赡养。因YJB夫妇常年在外打工，家中房子破落危险，遂搬到大儿子杨金元家中居住，目前食宿尚能自理，平时帮着大儿子家照管牲畜，打扫家里卫生；但是日常生活主要开销由YJB负责。

4. 家庭生活状况访谈

在了解了上述一些基本情况之后，接下来主要围绕YJB家的贫困问题进行访谈,受访者有 YJB 的哥哥 YJY(实地访问)、YJB 本人(电话访问)。

(1) YJB 家庭面临的困难是什么?(回答者:哥哥 YJY)

住房:弟弟家的住房是老房子,又常年不在家,年久失修,现在住着很危险,所以老母亲才搬来我家住。这些年在外打工也没攒到钱,最大的困难就是没钱盖新房,也正是因为他家的住房问题,才被评为村里的贫困户之一。

疾病:YJB 的老母亲 YZL 患有胃炎,2015 年住了两次院,一次去保山市医院住了一个多星期,回来又在施甸县医院住了一个星期,除了医保报销外,YJB 支付了 2 万元治疗费用。现在就是每天都需要吃胃药,就在村里的卫生所拿药,有时候胃疼得实在难受就在卫生所输两天液,差不多一个月去输一次。

YJB 本人有腰椎间盘突出,常年需要去医院拿药吃,2012 年 YJB 和妻子结婚后,便和妻子在家种庄稼,照顾老母亲。这边的田地都是山地,种庄稼需要很好的劳动力,但 YJB 的身体又干不了重活,也就种不好庄稼,挣不到钱,年底又去广东那边进工厂,去做一些轻体力活。

妻子 YAJ 和 YJB 结婚 4 年,一直想要小孩,但是怀不上。两人都到医院做检查,由于 YAJ 患有妇科疾病,所以一直无法怀孕,夫妻俩现在在广州那边边打工边看病治疗。

(2) YJB 外出打工这几年没挣到钱吗?(回答者:YJB 哥哥)

"他的钱都被女人骗走了",哥哥认为弟弟这么多年还是这么贫困是因为他在外面交了女朋友。YJB 第一次打工是在广州的一家皮鞋厂做皮鞋,在厂里处了女朋友,摆榔当地人,两人在一起多年。"那几年 YJB 过年也不回来,也没往家里寄过钱,打工挣的钱都花在那个女人身上了。2010 年,家里叫他们回来结婚,YJB 一点积蓄都没有,女方嫌他穷就把他甩了,白白在外面苦这些年"。YJB 的哥哥说那年过完年 YJB 就跟他的表哥们去了上海的工厂打工,当时 YJB 已经有 32 岁,在厂里认识现在的妻子 YAJ,两人在一起一年,2012 年的时候回老家办酒席结婚。妻子 YAJ 身体也不好,俩人一直没有小孩,现在都还需要一直看病吃药。

(3) YJB 和妻子 YAJ 结婚以来的生活状况如何?(回答者:YJB 本人)

2012 年两人相识,自由恋爱结婚。妻子是临沧市凤庆县人,结婚的时候给对方家的彩礼是 4000 元。结婚办酒席总共花了 4 万多元，家里本来就贫困，当时把家里的 3 头牛卖了，又向自己的姐姐借了 1 万多元才结成婚。结完婚在家种了一年烤烟没挣钱，就和妻子出来打工，把欠姐姐的钱还清。

目前 YJB 和妻子在东莞的一家玻璃厂打工，两人感情稳定。YJB 每月工资有 3200 元，有时候效益好能拿到 3700 元左右，妻子每个月 1800 元工资。两人在外面自己租房子住，租金每月 400 元，加上生活费、俩人看病买药的支出，俩人每个月正常开支 1500 元。年收入 3 万多元，但这两年母亲住院，加之自己和妻子想要小孩，一直在接受治疗，花费也多，挣的也只够家庭开销，要是家里没什么大病小事，一年还是能攒三四万元。

（4）作为村里评选出来的贫困户、政府结对帮扶的对象，谈一下自己的想法、对未来的规划是什么？（回答者：YJB 本人，时间：2016 年 10 月 20 日）

贫困问题：在他看来，家里从父辈那一代开始就很贫困，没办法。自己结婚晚，没攒到什么钱，家人身体状况也不好。

住房问题：有建新房的打算，但是目前没能力。2015 年听说村里面搞搬迁，地基自己选，每户补贴 5 万~8 万元，结果地基批不到，钱也没给。

对扶贫项目的认识：夫妻俩虽然常年在外打工，但平时经常和哥哥通电话了解村里的情况。2015 年村里搞精准扶贫，哥哥帮他报了名，但是他认为对他的家庭来说并没有发生改变，认为扶贫的效果一般。YJB 说，结对帮扶的工作人员前几天还给他打过电话，问他有什么困难，需要政府为他做什么，他就觉得现在家里的房子住着危险，但目前也没能力改变。

对未来的打算：第一，想好好在外面干几年，攒够钱回家盖房子；第二，希望在那边能把妻子的身体调理好，生个小孩；第三，以后回家做点小生意，他说自己也不可能一直在外面，毕竟老母亲还在家，回家也不会去种田地，想往养殖业上发展。

希望政府给予的帮助：回家盖房的时候希望政府能把地基批下来。

5. 评述

通过对 YJB 家的多方面了解，我主要从以下几点进行简单评述。

(1) 未结婚前，家中无主心骨，缺少家人对 YJB 的管护和规划

YJB 在结婚之前，与父母、哥哥居住在一起，是一个大家庭。据了解他的家庭从上一代开始就算村里比较贫困的。父母文化水平低，平时做事没什么计划，也没有能力管教他，哥哥后来有了自己的新家庭，没花太多心思在他身上。他初中毕业后外出打工挣钱，年轻不懂得储蓄，家人都是各管各的，没有主心骨来管这个年轻小伙，几年光阴过去了，自己在外面钱挣了就花光，也还没结婚，熬成了大龄青年。他的外出打工并没给他自身带来更进一步的发展，也没给家庭带来经济帮助。

(2) 结婚较晚，新组家庭经济基础薄弱

按照马克思的论述，个体婚姻作为一个男人与女人的经济结盟，能给家庭带来经济上的增值；中国古话也说：先成家后立业。二者都表达了婚姻能给家庭新增人力资源，增加家庭经济发展动力。YJB 在 33 岁时才与妻子结婚，夫妻俩都属于晚婚。在婚后的新组家庭中，由于妻子、母亲患有疾病，自己也处于亚健康，家庭劳动力不足，新组家庭经济基础依然薄弱。

(3) 婚后家庭责任感增强，努力照顾家人

在与 YJB 的通话中，他说着非常流利的普通话，讲话思路比较清晰，他坦言生活压力较大，但是对现在的生活状态也比较满意，他并没有因为妻子和母亲的疾病感到生活无望，而是一直在积极地努力挣钱给自己的亲人治病，可以感受到他的成熟和家庭责任感。

(4) 内发展动力强，对未来充满信心、规划明确

家里住房需要重建，他强调自己现在没有能力建，虽然有政府扶持，但他考虑到自己实在没钱，还是想再苦几年，等自己攒够钱了再回来建房。对政府的政策能积极配合，也能自立自强，让自己和家人健康，过上好日子。

6. **建议**

YJB 因为多年在大城市打工，见多识广，本人初中毕业的文化水平也不算低，平时会用智能机上网、聊微信，在当地算是文化水平相对较好的贫困户，思维清晰理智，自身发展的内动力较足，在平时的联络中也能积极配合政府工作人员，是能快速脱贫的扶贫户。针对这些情况提

出如下建议：

第一，对于 YJB 家来说，在目前当地扶贫政策环境较好的情况下，应该抓住机会，返乡脱贫。目前没有资金建住房，可通过政府的帮助与银行协商贷款建房。回乡以后，妻子就地治疗，医保报销也能高一些，家庭生活成本降下来。同时还可以进一步参加村里的扶贫项目，争取扶持资金，发展养殖业。

第二，对于政府部门来说，精准扶贫更重要的是解决家庭面临的现实困境，帮助发展产业，激活家庭发展后动力。

在安居建房上，政府可以与银行协商为有能力、有想法的贫困家庭申请无息贷款来建房，让更多的贫困家庭改善住房条件，实现安居。

在医疗保障上，政府应加大投入力度，兴建村卫生所，多配备一些医疗人员和医疗资源。扩大对贫困家庭的大病医疗的报销比例，减轻贫困家庭的医疗负担。

案例 2

调研地点：施甸县木老元集镇搬迁点　　时间：2016 年 11 月 16 日
　　　　　　　　　　　　　　　　　　　　下午 15：10
采访对象：DCD（户主）　　　　　　　采访人：姜功伟

表 11-12　DCD 家庭成员简况

家庭成员	出生年月	民族	汉语掌握情况	受教育年限+学历	婚姻状况	健康状况
丈夫	1986 年 3 月	彝族	听说能力以及简单读写能力	初中毕业	已婚	健康
妻子	1988 年 4 月	布朗族	具备基本听说、读写能力	小学毕业	已婚	健康
儿子	2011 年 4 月	彝族	学校说汉语，在家说彝族语言	在读学前班	未婚	健康

1. 家庭基本情况

该农户为种养殖大户和搬迁户。家庭共有 3 人，父亲居住在大哥家。DCD 于 2003~2013 年均在广州务工，工作主要是在家具厂做搬运工，每个月月薪在 1500 元左右，妻子和孩子在家务农，家里由于孩子上学以及人情往来的支出，经济条件往往处于入不敷出的状态。DCD 于 2014 年春节返乡，2015 年响应国家政策，加入种植合作社，大规模种植木耳（上木老元村木耳种植组组长）。由于家里老房子年久失修，家庭经济条件逐渐好转后，加入政府易地扶贫搬迁项目，购置一套 128 平方米的搬迁房。（木老元乡集镇安置点与尖山村安置点于 2017 年春节搬迁户即可入住。）

2. 受访者家庭经济状况

家庭财产情况：该户家庭居住条件一般，房屋是父母的祖房，双层木搭房。共有住房 4 间，2 间牲口棚。共有 36 头生猪（其中 5 头为政府补贴）、200 只鸡（全部为政府补贴），以及拥有农业生产工具 1 台农用车、1 台抽水机和 1 辆摩托车。家庭拥有耐用消费品 1 台电视机、1 台洗衣机、1 台电冰箱以及 2 部手机。自家土地共有 5 亩，其中 3 亩耕地、2 亩林地（种核桃）。

家庭收入：今年收入主要是土地流转获得 3000 元，售卖 4 头生猪和 200 只生态鸡收入 5000 元，种植木耳收入 3000 元（注：2016 年种植木耳 2 万棒，没到成熟季节，暂时没有收益。），以及平时打零工收入几千元，共 2 万元左右。

家庭支出：每年最大的一笔支出是人情送礼，在 5000 元左右。种植玉米、木耳在种子、农药、化肥方面一般花费 4000 元左右。生活上，一个月支出 500 元，通信费在 100 元左右。2009 年结婚时共花费 3 万元，给女方家彩礼花费 5000 元。（结婚欠债 2 万元，至 2016 年欠债基本还清。）

3. 扶贫方面

据受访者口述得知，DCD 本人主要种植木耳以及平时打零工，在家里妻子养殖牲畜和操持一些家务，受访者认为家里劳动力不够用，他和妻子两个人完全忙不过来。如果家里多 1 个劳动力，现在家庭也不至于这么贫困。此外，受访者认为政府的扶贫政策是比较有用的，对自身帮助也很大。主要体现在种养殖方面政府提供了很多技术培训，帮助自己在种植木耳、养殖生猪和生态鸡方面提高了种养殖的效率，使其在脱贫上有了技术保障，自己也更有信心。受访者对政府提供的资金支持也是赞不绝口，2016 年政府提供的 5 头种猪和 200 只种鸡，以及在木耳种植上提供 5 万元无息贷款有效地缓解了他在资金上的困难。当地企业在扶贫工作中也起到很大的帮扶作用，除了给一些农户定点帮扶外，还有对种养殖户的技术培训，以及提供低价的菌棒，有效地激发了农户脱贫的信心。在社会保障及医疗方面，受访者一家3口都入了新兴农村合作医疗，平时看病有了保障。居住在大哥家的老父亲也有养老保险，每个月能够领到80元左右的养老保险金，在一定程度上缓解了家庭的负担。

4. **搬迁方面**

该户属于贫困危房搬迁户，其房屋是祖辈留下来的遗产，使用了近40年，由于是双层木搭房，居住时间过长，房屋各项功能不能正常使用。一到雨季，房屋漏水，多处有坍塌的趋势。一听说政府有易地扶贫搬迁的项目规划，便立即申请主动搬迁。新房购置在木老元集镇搬迁点，购置面积为128平方米两层户型。购房款为22万元左右。其中政府补贴8万元，银行提供5万元贴息贷款，自己需出9万元。据笔者采访了解到，其中农户自己出的9万元，已经准备得差不多了，主要来源于家庭本身的积蓄和向亲戚朋友借款。由于该户老房子距离安置点并不是太远，其自己家里的土地也继续承包下去，老房子不会拆除，但不能居住，用来养殖生猪和生态鸡。搬迁之后，安置点附近规划了一个木耳种植基地，农户可以就近参加产业合作社。受访者也表示，搬入之后会就近发展种植业，并且孩子上学、看病等也方便多了。

5. **总结**

笔者了解到受访者前几年一直在沿海地区务工，接受了一些较为前沿的思想观念，并且性格外向也善于交流，对于家庭的脱贫有自己的想法，具有敢打敢拼不怕输的精神。扶贫需扶智，当下的扶贫工作最重要的工作就是要转变民众的思想观念，要转变一部分民众心中"一亩三分地，吃饱不饿死"的心态，鼓励民众积极参与农业产业化的发展，并且走出大山，看看外面的世界。

案例3

调研地点：施甸县木老元乡上木老元村　　时间：2016年11月16日
下午15：40

采访对象：AXC（户主）　　　　　　　采访人：姜功伟

表 11-13　AXC 家庭成员简况

家庭成员	出生年月	民族	汉语掌握情况	受教育年限+学历	婚姻状况	健康状况
AXC	1984年3月	布朗族	具备基本听说读写能力	小学毕业	已婚	健康
妻子	1988年4月	傈僳族（缅甸籍）	具备基本听说能力	文盲	已婚	健康
儿子	2004年11月	布朗族	学校说汉语，在家说布朗语	在读小学五年级	未婚	健康

注：妻子 4 月怀孕，农历年后分娩（第二胎）。

1. 家庭基本情况

该农户为养殖户和搬迁户，家庭有 3 人，妻子 2016 年 4 月怀孕，农历年后分娩。妻子属于缅甸籍，是 AXC 去缅甸打工时认识，2004 年结婚，现今已基本融入当地的生活，能够进行基本的汉语交流。受访者常年外出务工，主要在新疆从事建筑行业，每个月有 3000 元左右的工资，最近一次返乡是 2015 年 10 月，由于妻子将要分娩，至今未外出。在家参加合作养殖社养林下生态鸡。

2. 家庭经济状况

家庭财产情况：该户家庭居住条件一般，房屋是父母的祖房，双层木搭房。共有住房 2 间，1 间牲口棚。有 5 亩耕地（种植玉米）、40 多亩林地（租借的土地，养殖林下生态鸡）。拥有 1 辆农用摩托车、1 台 25 英寸电视机和 2 部手机。养殖了 16 头生猪（中烟公司补助 5 头）、1000 只生态鸡。

家庭收入：2015 年收入主要是受访者外出务工所得，在 2 万元左右。卖绿壳鸡蛋收入 2000 元左右，养殖生猪和生态鸡暂时没有收入。种植长寿豆获利 7000 元。

家庭支出：和上述两户一样，每年在人情送礼方面花费较多，平均每年在 5000 元左右。在养殖林下生态鸡方面，鸡种、饲料和防疫上要花费 1 万多元。生活方面，一家人每月需要 400 元左右的生活费，2 部手机需要

100 元的通信费。2004 年结婚花费 1 万元左右，大部分钱是跟亲戚朋友借的，婚后几年内已将债务还清。大儿子在读小学五年级，除去国家免除的学费和课本费，每学期需要 500 元左右的杂费。大儿子在校期间，曾获得云南中烟公司的教育补助，共计 1000 元。

3. 扶贫方面

该农户参加了种植合作社和养殖合作社，分别养殖了 1000 只生态鸡以及 3 亩长寿豆，收益较为明显。并且参加了县里组织的养殖培训（10 天），受访者说，培训明显提高了养殖的效率，以前养 100 只鸡只能存活 60 只，通过培训知道了关于鸡的防疫、饲养方面的知识，鸡的死亡率降低了（到目前为止 1000 只死亡不到 50 只），鸡的生长速度也加快了。说到国家政策时，受访者认为政府扶贫政策的出发点是很好的，想让农民过上更好的日子。但其关键还在于我们农户自己要有敢打敢拼的精神，要靠自己双手才能真正过上小康生活。关于明年（2017 年）的打算，如果养殖种植收益好就继续留在家里，否则还是要外出打工。认为现在养殖业处于起步阶段，各项成本太高，养殖风险高、收益低。

4. 搬迁方面

该农户属于地质灾害危房搬迁户，其房屋是祖辈留下来的，使用时间很长，房屋结构是双层木搭房，外表损坏严重，房屋多处已被蚁蚀。并且此处多次发生滑坡事故，引发泥石流。周围居住的几户农户均准备搬迁到木老元集镇安置点。搬迁面积为 137 平方米，购房费用为 23.6 万元，其中政府补贴款 8 万元，银行贴息贷款 5 万元。剩下的房款准备继续向银行贷款（用自家的宅基地作抵押），并且想在 5 年内还清。原住宅并不会拆除，会作为自家的养殖基地，这样既降低了养殖成本又提高了养殖效率。

案例 4

地点：施甸县摆榔乡大中村大中二组　　时间：2016 年 11 月 19 日
　　　　　　　　　　　　　　　　　　　　上午 10∶00 ~ 11∶10
采访对象：YGJ　　　　　　　　　　　采访人：毕忠鹏

1. 受访家庭基本信息

表 11-14 YGJ 家庭成员简况

家庭成员	年龄	民族	汉语状况	学历状况	婚姻状况	健康状况
夫（户主）	69	汉族	流利	小学四年级	已婚	胸膜炎
妻	67	布朗族	流利	文盲	已婚	慢性病
儿子	37	汉族	流利	初中	已婚	健康
儿媳	33	布朗族	流利	小学毕业	已婚	健康
孙子	12	布朗族	流利	六年级在读	未婚	健康
孙女	2	布朗族	流利	未上学	未婚	健康

（1）医疗与养老

该户家庭如表 11-14 所示，家庭由 3 代 6 口人组成，是典型的主干家庭。杨永贵年龄比较大，他儿子加入了合作社，参加了养鸡项目，很多问题也不清楚，所以我们采访的对象就是户主的儿子 YGJ。YGJ 的父母都患有疾病，家庭中的其他人都很健康。平常家人看病主要是在村卫生所，大病去施甸县城医院，全家人都参加了新型农村合作医疗，不清楚报销额度。目前家中有两个人在缴纳 100 元/年档次的养老保险，两位老人每个月都能领到 75 元的养老保险金，除此之外该户不享受低保等社会保障项目，因此这样额度的养老保险金也是难以满足老人的日常开支的，但是可以在一定程度上缓解该户家庭在养老方面的压力。

（2）婚姻状况

YGJ 的父母在我们访谈时，非常热情，两位老人的精神状态都非常好。YGJ 及其妻子两人是在 2004 年结婚的，当时结婚请客的费用大概 2 万元，彩礼费用在 2800 元左右，婚后两人关系非常稳定，家庭关系也很融洽，两人抚养了两个孩子。

（3）住房状况

YGJ 家中一共有 3 间住房，房屋有两层，都是土木结构，房子不是很新，但是非常整洁，东西都归置得很整齐，地面打扫得非常干净。加上院子，整个宅基地的面积大概 150 平方米，这是 YGJ 家的主要住房，2010 年之后没有新建住房，但是 YGJ 家也是搬迁户，是随村民小组集体搬迁的，搬迁房的面积 150 平方米，暂时还没建好。

2. 受访家庭的经济状况

（1）硬件设施

在生产工具方面，有一台切割机，另外也只有一些像锄头、犁这类简单的生产工具，家庭耐用消费品方面主要有摩托车1辆、电视机1台、手机2部。可以看出该户家庭的硬件设施方面非常简单，只能满足一些日常生活需求。

（2）种养殖情况

YGJ家中共有耕地8亩多，主要用来种植玉米，小部分会自家消费，大部分玉米主要是用来喂鸡。家中原有林地16亩，退耕还林6亩多，还剩10亩林地，种植了一点核桃树，主要是供家庭消费。在养殖方面主要养殖了1头牛、4头母猪、500多只鸡。

（3）收支情况

2015年该户家庭主要收入有，养牛补贴4000元、卖猪仔8000元、养鸡4000元，总收入16000元。

2015年该户家庭主要支出有，生产支出包括化肥800元、农药200元、种子200元、种畜2000元、电费320元、饲料8000元，生活类支出包括食（买米）1500元、医疗10000元、教育360元、人情送礼3000元、通信1200元，总支出27580元。从收支情况来看，2015年该户家庭已经是入不敷出了，在访谈的过程中，笔者了解到YGJ是在2015年加入合作社开始养鸡的，一方面由于刚开始养殖，尽管接受了培训，但还是缺乏养殖和管理经验；另一方面当时鸡舍刚刚建好、立马就将小鸡仔放进鸡舍，由于新建鸡舍的一些污染气味，这两方面的原因导致了当时养鸡的死亡率极高，因此在2015年养鸡根本就没有什么效益，导致家庭收入变少，也就出现了买饲料的钱还多于卖鸡的钱的现象，导致2015年家庭出现入不敷出的情况。

3. 政府精准扶贫工作的情况

在访谈的过程中了解到该户对于政府正在开展的扶贫工作主要是通过参加村民小组会议了解的，其次是通过帮扶干部到家宣传了解的，对于这些扶贫项目，通过访谈，感觉该户家庭是比较清楚的，态度也非常积极，对于政府的扶贫项目是充满信心的，对于这些项目和社会保障也很满意，对于脱贫是非常有信心的,也能够看到该户家庭对于生活积极向上的态度。从其对于这些工作的态度及对于我们调研的态度能够感受到该户家庭对未来充满希望。同时在访谈过程中笔者了解到在参加养鸡产业之前,YGJ和其妻是在外面务工的,之前是常年在腾冲的工地上干活,并且YGJ本人除了会养殖技术外还会电焊技术,这也是当时在外务工,在厂子里面学习的,这也就解释了笔者刚进入YGJ的养鸡场时,当时YGJ正在做电焊活,准备加固鸡舍,鸡舍是政府免费提供的。2016年YGJ一共养殖了1000只鸡,大部分是武定土鸡,小部分是绿壳蛋鸡。在2015年养殖经验的基础上,YGJ又参加了两次养殖的技术培训,以便更好地养殖,也为以后扩大规模提供基础。到目前为止,YGJ已经买了380只鸡,毛收入是12000元,成本大概为6000元,净收益6000元,这样来看比2015年的效益要好很多。

4. 评述和建议

在访谈YGJ的过程中,他总是笑着脸,给人一种朴实、勤劳的感觉,我想这也是其养鸡能够获得成功的一个原因吧。YGJ认为参加养鸡项目对他们家庭的改变还是比较大的。之前他和他妻子是在外面务工的,眼界和思想跟待在封闭的大山的人们的思想是不太一样的,这也是为什么在问他问题时他能够理解,还能条理清楚地回答出来。他说到养鸡对他带来的比较大的好处主要是家庭的,他说尽管养鸡目前的收入还没有以前出去务工时挣得多,但是在家里养鸡一方面有政策的支持,另一方面便于在家照顾老人和小孩,这是一个最大的改善,另外这种工作和在外务工比起来更加自由些,这也是他喜欢的一点。但同时他们家也面临一些问题。首先是劳动力的不足,YGJ的父母都有疾病,孩子还比较小,纯劳动力就他和他妻子两个人;其次是其家庭压力会进一步地加大,上面有两个老人要养老,还有两个小孩子要上学、抚养,这都会加重这个家庭的经济负担;他说养鸡的效益不够大,想要扩大规模但是缺乏资金,并且市场的价格比较低,想要跟企业或者酒店定向合作必须引入鸡产品的深加工企业。

该户家庭的很多困难是没法靠外人来解决的,比如养老和小孩子的抚养,外力最多提供一些资助,也只能有缓解的作用,最好的解决办法就是帮助他的家庭增加收入。笔者了解到,这些养殖大户加入合作社,想要扩大规模都是农户自己出资,但是他们难以贷款。贷款一般是合作社贷款,大中村的合作社贷款的资金用在了孵化小鸡的厂房,农户也就难以有资金来源,所以笔者建议对于这些养殖大户适当放宽贷款条件,帮助其渡过难关,扩大规模,有一定的规模之后也更能引入企业。

五 特殊家庭

本节有中年单身汉贫困户,老人和中年人2人家庭,残疾、疾病家庭

案例1

调研地点:施甸县木老元乡水沟脚村　　时间:2016年11月17日
受访者:AFY　　　　　　　　　　　　采访人:韦思琪
中年"单身汉户"帮扶困难重重

1. 简介

保山市施甸县木老元乡的水沟脚村,全村都是布朗族,水沟脚村最大的特点是:全村均位于地质灾害区,村民都要在2016年年底搬到木老元乡的集镇安置点。水沟脚村充分显示了布朗族民居依山而建的建房特点,因为这里的村民都把自家的住房建在陡坡上,进村的路都是只能靠步行的陡直小路,要进入村里的任何一户农家,都只能把交通工具停放在村脚,步行爬坡上去,民居之间的道路依地形而步,较为窄曲,以石板路为主。村里家家户户的住房都是老一辈就地取材,使用土、石、木、竹作为建筑材料而建成,夯土墙、木墙、木顶、木梁、竹夹泥墙为主的建房构造。如今这些住房尤为破旧,有的村民想用砖、水泥、钢筋把自家的房子修建得好一些,但是因为进村交通不便,从外面运材料来建房只能放在村脚,就需要人背马驮上去才行,建房成本非常高;在封山育林、保护生态的政策下,村民们也知道自己不能上山去砍木材回来建房,而且砍木材建的房子在他们看来没有砖混结构的牢固,近十年来,随着生态植被的破坏和当地常年下雨,村里的住房条件变得又差又危险。交通是经济发展和文化传播

的桥梁，交通的发展决定着其他各方面的发展。① 施甸布朗族聚居地区地形复杂、地势陡峻，给水沟村交通建设与发展带来极大挑战。事实亦是如此，因为交通不便，地势险高，经济落后，水沟脚村一直是木老元乡的贫困村。经过当地政府的多次考察和评估，水沟脚村已不适合人类长期居住。乡镇干部到该村进行多次走访，与村民交流沟通，鼓励他们搬迁，最终全村决定搬迁至集镇安置点。

表 11-15 受访户基本信息

家庭成员	出生年份	民族	汉语掌握情况	受教育年限+学历	婚姻状况	健康状况
AFY	1971	布朗族	日常会话 简单读写	小学	未婚	健康

2. AFY 家庭基本情况

AFY 的家就位于水沟脚村，属于村里的贫困户。他家共有兄弟 4 个，均居住在父母盖的老房子里，每家分到一间狭窄的房子。在四兄弟中，他排行老二，至今单身一人，其余三兄弟均已结婚生子，各立户头，经济上相互独立。四兄弟家都是村里评定的贫困户，有两个兄弟全家在外打工，经济条件稍微好一点，AFY 则是四兄弟中最困难的一户。

3. 家庭经济状况

如今 45 岁的 AFY 成了村里的"单身汉户"，以前年轻的时候因为家里经济困难，他本人又没啥好本事，一直娶不到老婆。2014 年，经熟人介绍，他花了 18000 元"买"了一个缅甸媳妇回来，但只住了十多天就跑了，成为村里有名的"穷光棍"，从他的经历可以看出，家庭的经济状况，特别是家庭的住房面积、耕地面积会影响家庭成员（子女）的婚姻状况。土地：家里面一共有耕地 3 亩，全部种植核桃，没有山地、坡地等其他土地类型；家庭耐用消费品：有摩托车 1 辆，电视机 1 台，手机 1 部；2015 年全家全部毛收入为 1 万元，主要收入是在村子周围打零工；政府帮扶给了 2 头猪、100 只鸡，现在寄养在哥哥家的猪圈里。

---

① 蔡红燕、赵兴国、罗思远、阿文兴：《民族地区少数民族传统文化变迁及其地理驱动力分析——基于施甸县两个典型布朗族村落的调查与思考》，《保山学院学报》2011 年第 1 期，第 12~18 页。

4. 家庭住房状况及政府帮扶情况

易地搬迁挪"穷窝"。AFY家现在住的房子是从父母辈留传下来的土木结构的老房子，面积60平方米，已经非常破旧，窗户这些已经破损且常年失修，家中没有独立的厨房和厕所，房间里陈列的耐用消费品只有1台陈旧的电视机和1个煮饭用的电磁炉，没有值钱的家具。

安置点住房情况：AFY在木老元乡集镇安置点的住房占地面积有120平方米，共有7间，钢架结构住房，比老房大多了。现在主体工程已基本完工，木老元集镇安置点在建筑上采用统规代建的形式，AFY的安居房得到政府补贴5万元，剩下的由自己支付，2016年年底工程验收完毕，AFY就能搬入新房居住。AFY的安居房结合当地的民族特色，功能布局满足现代生活需求，客厅、卧室、厨房、阳台一应俱全，安置点家家户户的房子是统一规划，连排建筑，家家门口都留出了平整宽敞的道路，摩托车、轿车、拖拉机都能开到自家门前。与水沟脚的老房子相比，无论是住房条件还是交通环境都得到了极大的改善。

5. 评述与建议

（1）"单身汉户"，无拘无束，放荡自流

一人独居无牵挂，白天黑夜爱干什么就干什么，因而产生了所谓"无后顾之忧"的亡命情绪。在笔者与他的访谈中，能从言语之中发现他的懒惰，脱贫意识弱。比如，他家有多少亩耕地他自己都不清楚，也没有耕种，家里没有养殖牲畜，没有存款，平时就是在村里或乡里打点零工，有人家叫就去做，没有就在家里闲着。当问到他家最主要的困难是什么，他也说不清楚，没有对未来进行打算。

（2）没有长期稳定的收入，脱贫发展缺乏产业支撑

AFY并没有像村里的其他农户种地养猪，没有任何技能，乡政府组织的职业技能培训活动，他也没有参加。平时在本寨本乡打零工，有活就去做，没活就在家闲着，没有参加政府扶持的产业，收入不稳定，脱贫困难。

（3）建议该贫困户改变落后的思想观念，纠正性格方面的缺陷

古人云"穷则思变"，贫困户既然已经落入了贫困的泥沼无法自拔，那么寻求改变就成为贫困户唯一而必然的选择。对于AFY个体而言，"不

上进""懒惰"等性格品德缺陷，是导致其贫困的深层原因。因此，改变落后的思想观念，就是贫困户要抓住国家优惠扶贫和社会扶贫关注的机会，积极接受新思想、新观念，摒弃自身落后、错误的思想观念，并用思想指导实践，在积极努力的劳动中，实现自身脱贫致富的转变。可通过用干部自身所具备的先进思想文化去向贫困户传递自强、上进、先进、发展的思想意识，改变贫困户懒散的生活态度。对于 AFY 这样的独人独户，帮扶干部可以多与贫困户交流沟通，让他树立勤劳致富的思想，鼓励他走出去，通过外出打工来获得更好的经济收益，同时可以增长见识，丰富阅历，这样一来既转变贫困户本人落后的思想和生活观，也可以获得更高的经济收入。

（4）需要政府和社会扶贫力量等外力的帮助和支持

AFY 这户贫困户只有他一个劳动力，他年龄较大，文化水平低，缺乏劳动技能和脱贫能力，扶贫政策应当注重加大人力资本投资力度。第一，利用政府和社会教育培训资源，进行有针对性的就业技能培训，让贫困户进得来，学得会，用得上；第二，根据市场需求设置培训项目，例如提供驾驶、建筑、机械使用、维修等市场需求广、易教易学的培训项目；第三，增大培训力度，对 AFY 进行集中培训，减免或降低他的食宿费用，减少学习成本；最终的目的是让他有一技之长，增加其就业机会。

案例 2

调研地点：施甸县木老元乡哈寨村　　时间：2016 年 11 月 18 日

受访者：YSH　　　　　　　　　　　采访者：韦思琪

表 11-16　YSH 家庭成员简况

家庭成员	出生年份	民族	汉语掌握情况	受教育年限+学历	婚姻状况	健康状况
YSH	1975	布朗族	日常会话简单读写	小学	未婚	腰椎间盘突出
老母亲	1937	布朗族	日常会话	文盲	丧偶	风湿性腰疼

1. 家庭基本状况

住房：住房宅基地面积为 90 平方米，共三间住房，为干栏式竹木结构的二层瓦房，30年前修建，房屋质量较差，至今还未决定搬迁。

生活设施：家中没有厕所，院子里有一间厨房、牛圈和羊圈。家中已接通自来水，平时的生活用水都是饮用自来水，煮饭炒菜主要使用电磁炉。

家庭财产：家里目前有3亩旱地，2亩山林，退耕还林占了7亩；养了2头牛、2只羊；有1辆摩托车、1台电视机、1个电磁炉、1部手机。YSH主要收入是在村子周围打零工，100元一天。2015年全家的收入结余为0元，全家的费用支出为5000元。

家庭成员技能掌握：YSH，除了常规的农活以外，没有其他技术专长。年轻时常年都是在四川的一个矿场里打工。母亲年事已高，连基本的煮饭都无法独立完成了，现在家里基本就是靠YSH打零工和政府补助维持生活。

2. 家庭贫困状况及扶贫帮扶过程

家庭贫困状况：住房因为年代久远，住房质量较差，但无钱修缮或建盖；家庭只有一个劳动力，而且因为身体患病，劳动力素质差；母亲年事已高，养老负担重；缺乏具体致富的务工技术。

政策帮扶情况：YSH属于村里的贫困户，有结对帮户干部对他家进行帮扶，帮扶干部通过多次到他家走访慰问，了解了他家的贫困状况以后"对症下药"，对他家进行了具体的帮扶措施。

（1）生产生活习惯提升教育

清晨8点多，我们才刚到他家，YSH便急忙拿着小板凳放在院子里向阳的地方招呼我们坐下，还去烧水给我们沏茶；老母亲就忙着要准备早饭给我们吃。这些热情周到的待客举动都是帮扶干部对他家帮扶的内容之一，家里的堂屋、厨房收拾得干净整洁。到他家来教会YSH如何待人待客、随时保持家庭清洁卫生，改变以前不健康不卫生的生活习惯等。

（2）以电代柴补助

以前家里炒菜做饭都是用柴火，帮扶干部到他家宣传用电补助政策后，现在基本都是用电磁炉，YSH觉得用电省时又方便，比用柴更划算，自己不用花时间去山上砍柴了；此外，因为YSH属于建档立卡贫困户，他还通过扶贫政策的优先条件成为政府聘用的哈寨村的护林员，一年能获得1万元的收入。

（3）实用技能培训

2016年6月，他参加了乡里组织的厨师培训项目，虽然目前这个技能培训还没有给他带来直接的经济效益，但是他觉得对自己很有用，至少现在做饭比以前好吃。

（4）产业的扶持

目前他家里养着两头牛、两只羊，共得到政府补贴10300元。

（5）社会保障

参加了新农合，平时看病住院都可以报销一部分费用；老母亲现在每个月可以领取60元的养老保险金；从2016年7月YSH开始享受低保，每个月可领140元。

3. 评述与建议

YSH家的贫困主要是因为疾病和缺乏劳动力，目前家里主要还是靠政府的补助资金来维持家庭的运转。他本身不是一个懒惰的人，很想把自己的家搞好，首先在思想意识上容易接受新事物，愿意改变。在行动上，他也能积极实施，只是因为自己的身体状况不好，导致他没法很好地发展。

建议政府在住房上给予更多的帮扶，YSH家目前的住房属于危房，可通过易地搬迁或就地拆除重建的扶贫政策，给予他一定的资金扶持来解决住房问题。

YSH因为身体原因不能干重活，可以去参加一些培训，比如说学习编织竹货或者编制象尾扫帚，做成以后拿去集市卖，这样的轻巧活他在家就能完成还能获得经济收益。

案例3

地点：施甸县木老元乡下木老村　　时间：2016年11月18日
　　　　　　　　　　　　　　　　　　上午9∶30
采访对象：LFT　　　　　　　　　　采访人：张晓倩

由于采访对象不在家中，同时即使我们可能见到他，沟通也极其困难,因此我们到受访户家中拍摄了照片,并通过访问熟悉他家情况的村主任侧面了解到他的情况。还没进到他家中,首先映入眼帘的是他家用铁网做成的简易大门,这让人印象深刻,也反映了作为五保户的 LFT 平时生活的艰难。村上的干部说,村里并没有放弃对 LFT 的帮助,村民总是积极帮助他。并且在村主任的眼里,LFT 是一个很聪明能干的人,说起这一点的时候,村主任眼含笑意,充满敬佩,从这一点可以看出,LFT 身残志坚,在村里很有人缘。

1. 受访家庭基本情况

户主 LFT,性别男,1969 年生,47 岁,布朗族,文盲,聋哑人,现独居(见表 11-17)。

表 11-17　受访家庭基本信息

家庭成员	出生年份	民族	汉语掌握情况	受教育年限+学历	婚姻状况	健康情况
LFT	1969	布朗族	无法会话手语代替	文盲	未婚	残疾,聋哑

2. 受访家庭经济状况

LFT 家中共有耕地 7 亩,将其已经全部承包给"万家欢"公司,每亩每年收益 600 元,每年可收益 4200 元。除此之外,主要是在本村打工,以种烤烟为业,每年种植一次,一次长达半年,这半年每月收入 2400 元,一年可有 1.5 万元左右。每年总收入 2 万元左右。在支出方面,主要是生活支出,一年大概花费 1 万元。

3. 受访家庭的婚姻生活状况

由于自身残疾,LFT 在男性娶妻难的农村结婚更成为问题,尤其是现今他早已超过适婚年龄。

4. 社会保障和社会救助情况

LFT 由于自身情况特殊,因此村里的社会保障和救助项目基本都能够享受到。比如民政局时不时发放的救济粮 50~100 斤,以及救济款 500~1000 元不等,由于家中房屋破旧,政府还给他家提供了拆除重建的补贴 10 万元。除此之外他自己缴纳养老保险,每年 100 元。

5. 评述和建议

（1）评述

尽管残疾，LFT 本身具有较强的脱贫决心和意志力，这一点在农村健全贫困户里已属难得，因此，他的精神可以鼓舞很多农村的贫困户向他学习，主动脱贫。但是在关爱 LFT 这样的残疾人士的时候，也要注意方式方法，在对残疾人帮助的时候秉持新残疾人观所倡导的"平等·参与·共享"[①] 的核心理念。

（2）建议

创新对残障人士的扶贫内容。在以往对于残障人士的扶贫还只停留在温饱方面，即给钱、给粮的社会救助上，其实这样的帮助从根源上是没有平等地对待残疾人，正如像 LFT 这样的聋哑人，除了沟通上存在一些困难，但基本的生活和工作并不受到影响，并且由于先天缺陷，他还比一般人更有吃苦耐劳的精神和毅力。因此除了对他们给予关爱，提供基本的社会救助以外，还应该鼓励他们发挥自身的最大能力，拓宽他们的致富渠道。

开设相应的培训班，提升残障人士的劳动技能。残疾人士受教育程度普遍不高，对于不同的类型的残疾，可以根据他们自身的特点，培训他们增强自身的劳动技能，以点带面，在残障人士的脱贫信心被带动起来的同时，对于农村的贫困户也是很大的激励，因此扶贫系统中对残疾人士的扶贫是很重要的一个内容。

案例 4

地点：施甸县木老元乡下木老村　　时间：2016 年 11 月 18 日
　　　　　　　　　　　　　　　　　　上午 10：20

采访对象：LZC　　　　　　　　　采访人：张晓倩

在村干部的带领下我们来到 LZC 家，黑黢黢的房屋里坐着生病瘫痪的母亲，母亲躺在躺椅上的样子显得并不太开心。LZC 并不多言，LZC 衣着较旧，人显得亲切憨厚，家中显得略微凌乱。

[①] 王倩、赵静：《农村残疾人扶贫进展及前景展望——基于临沂市"整村赶平均"工程的进展》，《残疾人研究》2015 年第 2 期，第 8~13 页。

1. 受访家庭基本情况

户主 LZC，男，1971 年生，45 岁，布朗族，读过小学，但未毕业，身体健康状况良好；其母，1932 年生，84 岁，布朗族，文盲，已全身瘫痪 8 个月。

表 11-18　LZC 家庭基本信息

家庭成员	出生年份	民族	汉语掌握情况	受教育年限+学历	婚姻状况	健康情况
LZC	1971	布朗族	日常会话 简单读写	小学未毕业	未婚	良好
母亲	1932	布朗族	日常会话	文盲	丧偶	全身瘫痪

2. 受访家庭经济状况

LZC 家现有房屋 3 间，占地 200 平方米左右，家里有 8 亩地，其中 6 亩出租，每年可收入 3600 元，还有 2 亩地留作自耕，种植玉米，用来喂猪。牲畜有猪 8 头、鸡 40 只（其中 20 只为政府补贴鸡苗），2015 年养猪净收入 3600 元。耐用消费品有摩托车 1 辆，电视机 1 台，洗衣机 1 台，手机 1 部。家中消费主要是母亲瘫痪买药的支出，母亲瘫痪已达 8 个月，但没有办法把母亲送到大医院看病，现在只是买药治疗，花费达上万元。

3. 受访家庭的婚姻生活状况

LZC 年龄早已错过了结婚年龄，又加上家中贫困，母亲患病，单身至今。

4. 社会保障和社会救助情况

目前母亲享受孤寡老人补助，为每月 160 元；有养老金，为每月 70 元。同时家里还享受了最低生活保障补助。LZC 本人已缴纳养老保险，每年缴纳 100 元。可以看出，这些社会保障和社会救助项目对于改善他们家赤贫的状态有一定的作用。

5. 受访者对扶贫的看法

从言语交谈中可以看出，户主不善言辞，平时的生活圈子也较为狭窄，同时由于他目前把大量的时间投入照顾瘫痪的母亲身上，因此他表示，即使想参加政府众多的产业项目，但也有心无力。

6. 评述和建议

（1）评述

这户家庭最明显的特征在于：家中母亲患病，户主作为独子要担负照顾母亲的责任,无法抽身从事其他劳动。在以往的研究中也已经发现,"农村残疾人尽管有低保、新农合医保和新农保等政策保障,但是居家养老还是存在养老负担过重、缺乏专业性照料、社会福利社会保险没有'特惠'倾向等影响养老生活质量的问题"①,在这个案例中我们可以感受到的是,由于家庭成员的文化程度低,家庭成员数量少,不懂得专业的护理知识和医疗常识,母亲已瘫痪在床 8 个月,从她的表情中可以感受出来她经历的是并不舒适的 8 个月。

(2) 建议

①对重度伤残家庭的老人提供更多的特惠关怀。正如这个案例中我们所看到的一样,伤病和残疾总是更容易发生在贫困家庭中,同时这样的家庭也更没有能力去承担和应对,可以说是弱势群体中的弱势群体。对待这样的家庭,新农合、养老保险、低保只是停留在"普惠"的阶段,而这样的家庭其实需要更多的特惠关怀。

②引入更多的民间社会组织提供帮助。如果单单靠政府的力量来解救这样的家庭显然是不现实的,政府应该更多地借力于 NGO 组织,引入民间资本建设残疾老年人的养老服务中心。

③充分发挥残联职能,提高残疾人居家养老生活质量。一方面可以通过定期走访残疾老人,时刻了解他们的情况,对他们进行心理上的疏通和关怀;另一方面可以建立志愿者组织,对残疾老年人开展生活照料、精神抚慰的工作;还可以对其家庭成员进行培训,传授基本的护理知识。

案例 5

地点:施甸县摆榔乡大中村大中一组　　时间:2016 年 11 月 19 日
　　　　　　　　　　　　　　　　　　　　上午 9:00
采访对象:LKF　　　　　　　　　　　采访人:张晓倩

来到 LKF 家,LKF 年逾七旬的母亲迎接了我们。母亲虽年老,但反应

---

① 孟丽君、刘传宇:《吉林省农村残疾人居家养老存在的问题及对策》,《产业与科技论坛》2015 年第 10 期,第 87~89 页。

较快，与我们交谈也很热情。母亲身着布朗族服装，可以看出是一个非常传统的布朗族女性。

1. 受访家庭基本情况

户主 LKF，1971 年生，45 岁，布朗族，小学毕业，未婚，健康状况良好；其母，1944 年生，72 岁，布朗族，文盲，丧偶，健康状况良好。

表 11-19 受访家庭基本信息

家庭成员	出生年份	民族	汉语掌握情况	受教育年限+学历	婚姻状况	健康情况
LKF	1971	布朗族	日常会话 简单读写	小学毕业	未婚	良好
母亲	1944	布朗族	日常会话	文盲	丧偶	良好

2. 受访家庭经济状况

LKF 家共有木房 3 间，占地 200 平方米左右。耕地有 5 亩，其中 2 亩用来栽种核桃树，3 亩用来种植玉米。主要生产工具为 1 台农耕机，其中政府补贴 800 元，自己购买花费五六千元。牲畜有牛 2 头、猪 2 只，2015 年卖掉 10 只小猪，收入 4000 元。耐用消费品有摩托车 1 台，手机 1 部。家中收入来源为低保金、畜牧业和养老金。去年支出中，化肥支出 1000 元，种子支出 1000 元，因为母亲流鼻血去医院住院两天，花费 1000 元，新农合报销一部分。

3. 受访家庭的婚姻生活状况

户主有一个哥哥，1964 年生，大他 7 岁，32 岁时结婚，现已分家出去。可以看出，他哥哥也是成婚较晚的。说明这个家庭较为贫穷，结婚成本对于他们家还是负担较重的，这也是尽管弟弟身体健康，但至今仍未娶妻的原因。

4. 社会保障和社会救助情况

受访户家母子二人目前都享受最低生活保障，其中母亲每个月还享受最低档次的养老金，户主也已缴纳养老保险，每年缴纳 100 元。除此之外，还有政府的房屋改造补贴资金和农机补贴。

5. 受访者对扶贫的看法

在访问中当问到 LKF 母亲对于扶贫的看法时，她表示："每次看到政府的人过来,又挂牌匾又贴照片,以为要给我们多少钱呢?"言辞中略带不满。其实,政府组织了很多的项目,还有组织参加的一些技能培训,多次也找过 LKF 希望他积极参与,但 LKF 总是不愿意参加。从中也反映出了贫困户普遍的心理状态——"等靠要"的思想。

6. 评述和建议

LKF 家庭结构较为简单,其母亲身体也比较硬朗,并无大病,赡养负担并不重。和村中一些家庭状况较好的人家比起来,LKF 的文化程度也不算很低,但是他不愿意参加政府组织的技能培训,这其中的原因值得深思。一方面,长期的贫困状态使他养成了得过且过的习惯,缺乏对未来生活的规划,丧失了继续学习的想法;另一方面,我们也不应该把这个原因完全放在贫困户身上,作为政府,应该在提供技能培训前尽可能地首先考察贫困户自身的需要,使他们真正有所学,也真正学有所用。

在政府开展技能培训时,切实把握贫困户自身的需要,不仅要培养他们技能,更要培养他们学以致用的能力。

六 脱贫户

案例 1

地点:施甸县木老元乡木老元村　　时间:2017 年 5 月 13 日
　　　　　　　　　　　　　　　　　上午 10:20~11:00
采访对象:DCJ　　　　　　　　　　采访人:毕忠鹏、徐涛

1. 受访家庭基本情况

(1) 受访家庭人口状况

表 11-20　DCJ 家庭成员构成

家庭成员	年龄	民　族	汉语情况	学历状况	婚姻状况	健康状况
户主	33	布朗族	流利	初中毕业	已婚	健康
妻子	30	汉族	流利	初中毕业	已婚	健康
儿子	6	布朗族	流利	小学在读	未婚	健康
母亲	56	布朗族	流利	文盲	已婚	慢性疾病

该户家庭由4口人组成，是典型的主干家庭结构，在表中并没有将其父亲写上，并不是因为其父亲去世了，而是父亲居住在DCJ的大哥家中。家中有老人需要赡养，有未成年的子女上学，需要抚养，只有DCJ和其妻两个劳动力，对于农村地区来说，想发展大规模的产业或者农业种植，该户家庭的劳动力人口并不多。

（2）受访家庭健康状况

该户家庭人口较为健康，平常也没什么较大疾病，看病基本上是在村或者镇卫生室治病，户主的母亲身体不是很好，2014年突发脑梗死，在县城医院住院治疗，当时花费8000多元，通过合作医疗报销3500元，报销额度还是较大的，但是之后户主的母亲难以从事较重的体力活，对于家中来说也是劳力的损失，家中所有的人都参加了农村合作医疗，平常看病的支出不是很大，此外全家人都缴纳了100元/年档次的养老保险。

（3）受访家庭住房状况

该户家庭居住条件一般，房屋是父母的祖房，双层木搭房。共有住房4间，2间牲口棚。由于家里老房子年久失修，家庭经济条件逐渐好转，加入政府易地扶贫搬迁项目，准备购置一套128平方米的搬迁房。

2. 受访家庭经济状况

（1）硬件设施

生产工具：简单的锄头工具之外，还有农用车1台、抽水机1台、摩托车1辆。

家庭耐用消费品：电视机1台、洗衣机1台、电冰箱1台、手机2部，从这些物品上来看，该户家庭的生活设施不错，满足日常的使用是没有问题的。

（2）种养殖状况

种植情况：耕地3亩（自己家中并没有种植，而是承包出去了），林地2亩（种植核桃）、种植木耳2万棒（2016年）。

养殖情况：2016年养殖生猪36头，生态鸡200只，2017年养殖生猪40头，小香猪35头。

（3）收支状况

2016年主要支出：木耳种植成本4.6万元/年（菌棒购入价格2.3元/

棒)、养猪成本2万元/年、家庭生活开支1.7万元/年。

2016年主要收入：木耳种植6万元/年、猪销售收入3万元/年，自家酿酒1万元/年。

2016年家庭净收入：3.2万元/年，已完成脱贫。

3. 受访家庭脱贫评价

通过访谈了解到，之前家中致贫原因是家中老人患病急需治疗，一部分钱是向别人借来的，导致家庭背负债务、贫困。DCJ于2003~2013年在广州务工，主要是在家具厂做搬运工，工资在3000元/月，妻子在家务农，由于家中人情往来、小孩上学、老人需要抚养，经济收入往往处于入不敷出的状况。DCJ于2014年春节返乡，2015年正好赶上国家关于特少民族的扶贫政策，便加入村上的木耳种植合作社，开始种植木耳。通过合作社的种植木耳和养殖生猪的技术培训，经过一年多的发展，DCJ家庭已成功完成脱贫，并且已经成为村上的致富能人，进一步发挥着自己的带头示范作用。据DCJ自述，对于下一步的打算是继续种植木耳和养殖生猪，但是会进一步扩大种养殖的规模，扩展生猪养殖的品种，针对不同的市场进行销售。目前，木老元村的生猪养殖园区还在建设当中，未来DCJ将会将猪放置到养殖园区中进行养殖，同时进一步促成生猪养殖合作社的成立，将当地的散户团结起来，不仅方便统一管理、节省人力、物力、财力，也将进一步增强各散户的实力。

另外，据DCJ述说，目前他面临最大的困难便是缺乏资金，不管是种植木耳还是养殖生猪，都需要自己投入很大的成本，例如木耳种植是2.3元/棒的购入成本，生猪养殖中的种猪也需要自己掏钱进行购买，而之前他本人便是通过贷款开始了自己的产业发展之路，在贷款还没有偿还清之前，是难以继续通过贷款来获得资金的，便也难以扩大自己的规模。DCJ家中之前致贫是家庭成员的疾病以及之前结婚欠下了外债，发展产业也有一定的贷款，这些都导致了他家庭的贫困，据DCJ说，预计2016年年底能够将这些贷款还清，他通过产业的发展帮助自己家庭完成脱贫，他表示非常感谢政府的帮助，没有政府提供的优惠条件和政策，自己参加产业发展也不会这么顺利。除了政府的帮助之外，我们还应该看到DCJ身上吃苦耐劳的品质，在沿海地区务工的几年时间里，DCJ接受了一些开放的思想观念，性格外向的他愿意与他人交流分享经验，对于脱贫具有敢打敢拼、不怕输的精神，这也是能够帮助其家庭摘去贫困户帽子的关键，这样的脱贫也具有持续性，返贫率较低。

案例2

地点：施甸县摆榔乡尖山村安置小区　　时间：2017年5月14日
　　　　　　　　　　　　　　　　　　下午14：00
采访对象：QSW　　　　　　　　　　采访人：张晓倩

下午2点左右，我们来到施甸县摆榔乡尖山村安置小区，这里新盖的一栋栋村居小别墅已经基本完工。小别墅外表精美，内部设施也齐全完备。在参观房屋时，看到一些村民在拿着铲子之类的工具正忙着房屋最后的修建完善的工作。我们找到其中一位村民，他既是此次搬迁修建的工人之一，也是这里即将入住的搬迁户，请他接受我们的访谈。

1. 受访家庭基本情况

户主QSW，男，1971年生，41岁，彝族，小学毕业，身体健康状况良好；其妻，1974年生，38岁，彝族，小学毕业，身体健康状况较好，有小病；大儿子，1997年生，20岁，彝族，在牟定打工，帮忙铺路，身体状况良好；小儿子，2002年生，15岁，初二在读，身体状况良好。

表11-21　QSW家庭基本信息

家庭成员	出生年份	民族	汉语掌握情况	受教育年限+学历	婚姻状况	健康情况
QSW	1971	彝	日常会话，简单读写	小学毕业	初婚有配偶	很好
妻	1974	彝	日常会话，简单读写	小学毕业	初婚有配偶	较好，有小病
大儿子	1997	彝	日常会话，简单读写	高中毕业	未婚	良好
小儿子	2002	彝	日常会话，简单读写	初二在读	未婚	良好

2. 受访家庭经济状况

QSW 是搬迁户之一，其家原住址位于滑坡地带，现在尚待装修的新房是 100 多平方米的小别墅。家中有 7 亩耕地，种植玉米，用于喂牛、喂鸡，养了 6 头牛（政府补助 1 头）、100 多只鸡（政府补助一部分）。之前没有外出打过工，也没有参加过技术培训，但自政府开展"异地搬迁"项目以来，负责帮忙修建房屋打零工，有了一些收入。妻子在家负责农活。大儿子虽然出去打工，但打工的收入只能负担自己的支出。全家每年总计有 2 万多元收入，基本收支相抵。对于孩子的非义务教育，表示只要孩子好好读书，也会尽力支持。

3. 社会保障和社会救助情况

QSW 家目前 4 人都参加了新农合，夫妻二人也缴纳了养老保险（100/年），接受了政府在养殖方面的帮扶。

4. 脱贫原因与对扶贫的看法

QSW 是此次扶贫工作中的脱贫户，脱贫原因有 4 个。一是原先居住的是地质滑坡地带，通过此次异地搬迁项目，QSW 家的居住条件得到很大改善；二是在政府的引导下参与此次异地搬迁项目的房屋修建工作，通过打工获得了一些收入；三是在政府的引导下通过养殖业把之前所养殖的牲畜变为商品，获得一些收入；四是其家庭成员本身无大病，自身底子较好。这 4 个方面的原因使他们家得到迅速脱贫，达到年人均 3150 元的收入。

QSW 也表示，对目前政府在扶贫方面的各项帮助持满意态度，尤其是对于异地搬迁项目，认为大大改善了其自身的生活条件。与此同时，从他的言语和态度中我们也可以看出，他对政府的各项扶贫项目的参与积极性都很高，虽然还没有强烈的自我脱贫意识，但是对政府的各个项目都持很积极的配合态度，他表示，今后会在政府带领下做好农家乐的生态旅游项目。

5. 评述和建议

QSW 家具有很好的脱贫优势，家中无人生大病，自己勤劳能干，有一定的脱贫意识，最大的局限在于自身的文化素质不高，需要政府的引导。从目前看来最大的返贫可能在于农业劳动的收入不高，家中没有固定收入来源，如果异地搬迁项目一旦结束，就意味着家中要失去打工的收入，需要另谋出路了。

对于 QSW 这样的家庭，政府一方面应该积极发展项目，引导他们配合政府的项目从而获得收入来源；另一方面应在可能的技术、管理等方面进行培训，以提升其素质。

本次入户调研距离上一次调研已过去半年之久，进入调研地之后，确实能够看到不管是在基础设施建设还是在人们的精神面貌方面和上一次调研不一样的情况。因此本次调研并不像之前那样对农户的情况做方方面面的了解，而是重点调研脱贫户，重点关注脱贫户的脱贫原因、脱贫过程、存在困难、返贫率等问题，此外也通过入户调研与农户的交谈对于农户的精神状态做一个简单的评价。

案例 3

地点：木老元乡哈寨村黑山羊养殖园区　　时间：2017 年 5 月 13 日
　　　　　　　　　　　　　　　　　　　下午 2∶20

采访对象：AWH　　　　　　　　　　　采访人：徐涛

1. 受访家庭成员状况

表 11-22　AWH 家庭基本信息

家庭成员	年龄（岁）	民族	受教育	婚姻状况	健康状况
AWH	46	布朗族	初中	已婚	健康
妻　子	44	布朗族	小学	已婚	健康
父　亲	72	布朗族	文盲	已婚	患病
母　亲	71	布朗族	文盲	已婚	患病
女　儿	19	布朗族	初中	未婚	健康

受访家庭成员共有 5 人，老母亲患有甲亢及高血压，老父亲患有肠胃炎，双亲 2015 年均由于急性发作住过院，医疗费共花费 12000 元，其中新农合报销了 8400 元。目前父母亲的病得到了控制，但平常需要服用药物来维持。户主 AWH 患有心律失常，有时会服用一些药物，但平时不能过于

劳累，情绪不能过于激动。户主妻子及儿子身体健康状况良好。一家 5 口人都有农村医疗保险。儿子刚刚外出务工不久，在江苏的一家电子厂上班，工资每月在 3000 元左右，由于儿子外出务工还不满一个月，因此还没发工资。

2. 受访家庭经济状况

（1）产业状况

种植业方面：有耕地 4 亩，其中种植草 2 亩，种植中药材 2 亩。

养殖业方面：有黑山羊 160 只（其中项目羊有 3 只）；有牛 6 头（其中项目牛有 2 头）。

（2）收支状况

2016 年家庭主要收入：6.9 万元左右（包括养羊收入 3 万元，养牛收入 15000 元，中药材收入 4000 元，打工收入 20000 元）。

2016 年家庭主要支出：2.7 万元左右（包括养羊成本 8000 元，养牛成本 5000 元，中药材种植成本 2000 元，家庭生活支出 1.2 万元）。

政府补贴：住房原址重建补贴 8 万元。

负债状况：无负债。

3. 脱贫过程及评价

AWH 家是在 2016 年完成脱贫的，先前致贫原因主要是受家庭养殖规模的限制，收入不稳定，加之家庭成员患有疾病，需要家庭主要劳动力对其进行生活照料，无法外出务工。以前在家中养了一些羊，但受制于圈舍的限制只能小规模养殖，如果市场不景气或是山羊患病死亡时，家庭极易陷于困顿状态。现在政府为发展当地的黑山羊及肉牛产业，专门为农户修建了养殖园区。养殖园区由合作社统一管理，园区内建有圈舍及草场，并且政府为羊及牛的防疫提供补贴，牲口患病需要治疗时有专门的兽医负责，治疗费用需要农户自己承担。通过参加养殖合作社，将家中牲口放在养殖园区饲养，AWH 家扩大了养殖规模，以前家中最多只能养二三十只羊，入驻园区后增加到了 160 只，另外还养了 6 头牛，这样一来就使家庭脱贫有了保障。问及 AWH 对当前政府开展的产业扶贫项目有怎样的认识和感受时，AWH 认为，自己对政府的工作非常满意，并认为如果没有政府的养殖园区政策自己的养殖规模便不能扩大，脱贫致富就将面临问题。

现在政府建设了养殖园区,在养殖园区内养殖不受规模限制,草场丰富,极大地改善了以前在家养殖的不利状况。政府不仅为农户修建了养殖园区,而且还针对贫困户开展了种养殖培训,AWH前后参加了两次养殖培训,历时一个月左右,他认为,通过培训自己学到了不少关于养殖的科学知识,有了这些养殖知识做基础,并以养殖园区为依托,AWH打算未来两年内将养殖规模扩大到300只左右。至于目前的养殖业能否让自己家长效、稳定脱贫,AWH信心满满,他对脱贫致富的看法便是一个家庭必须有一项产业作支撑才能保证脱贫,无论是种植业还是养殖业,而当自己在产业发展上积累了一定经验之后要适当扩大生产规模。另外脱贫致富至关重要、不可或缺的一点便是个人的主观努力,农村脱贫最忌讳的是懒惰,只要一个人肯吃苦、勤勤恳恳地工作总会能使家庭摆脱贫穷状态的。当然脱贫致富也离不开政府的适当扶持。

通过与AWH交谈,我们还得知去年他家靠多年的积蓄盖了一栋房子,花费大约50万元,其中政府补贴8万元。AWH之所以能实现脱贫,与政府开展的养殖园区建设及其家庭的主观奋斗是联系在一起的。AWH及妻子精神面貌良好,穿着干净整洁,在与其访谈时他也没有停止手头工作,而是边聊边干。对其长期稳定的脱贫进行评价,笔者认为在不遭受重大变故的情况下,其家庭的稳定脱贫有着坚实保障,其家庭有一项稳定的产业,儿子在外务工基本能保证家庭拥有两项较为稳定的收入。另外,难能可贵的一点是,户主认识到脱贫致富要靠自己努力奋斗的重要性,并对未来有着明确的打算。

案例4

地点:施甸县姚关镇大本事食用菌　　时间:2016年11月18日
　　　生产基地　　　　　　　　　　　晚8:00
受访者:LSZ　　　　　　　　　　　　访问者:刘可可

晚上,我们一行人参观了大本事食用菌生产基地,在生产基地参观的间隙,对在生产基地进行食用菌种植的建档立卡户,进行了访谈。

受访者 LSZ 向我们介绍了家庭的基本情况，他来自木老元乡大地村委会阿林寨一组。半年前，他看到姚关镇有政府引进了种植食用菌的项目，就和妻子一起申请入驻了园区，成为食用菌的首批种植者。

家庭成员构成：受访者家中共有 6 人，其父母、夫妇俩和两个孩子。其父今年 63 岁，小学毕业，身体一般；其母今年 51 岁，初中毕业，身体较好；受访者 36 岁，初中毕业，汉语熟练；其妻 31 岁，小学毕业；大女儿 12 岁，读六年级，小女儿 9 岁，读一年级，都在村小学就读。夫妻二人在园区工作，平时孩子都是由两位老人照顾。

表 11-23 LSZ 家庭基本信息

家庭成员	出生年份	民族	汉语掌握情况	受教育年限+学历	婚姻状况	健康情况
父亲	1953	布朗族	不详	小学	已婚	一般
母亲	1965	布朗族	不详	初中	已婚	健康
受访者	1980	汉族	熟练	初中	已婚	健康
配偶	1985	布朗族	熟练	小学	已婚	健康
大女儿	2004	布朗族	熟练	六年级	未婚	健康
小女儿	2007	布朗族	熟练	一年级	未婚	健康

生活生产状况：受访者家有 6 间房，约 190 平方米砖混结构的房屋。厕所是传统开放式的蹲坑，人畜分开居住，家中用自来水，做饭主要是以柴为主。家中生活设施较为简单，摩托车 1 辆、三轮摩托车 1 辆、电视机 1 台、电磁炉 1 个和 4 部手机。家有 3 亩旱地、0.8 亩水田和 6 亩山林，旱地主要用来种植苞谷。家中养了 6 头牛、1 只猪、12 只羊和 60 只鸡，其中有 1 头牛是政府补助给的，自己又买了 5 头，1 只猪是交了 200 元，政府直接补助的。

收支状况：家庭一年收入大约为 3 万元，主要是在基地种植食用菌的收入。夫妇二人在企业基地一共种植了 2 万棒菌，企业提供了 5 万元贷款，然后收菌时直接交付给企业，企业拿走 80% 用来偿还贷款，种菌收入的 20% 归农户所有，一年收入在 2.3 万元左右。家庭一年的种地支出：化肥

1000 元、种子 100 元、农药 200 元，家庭种 1 亩苞谷的纯收入为 600 元左右。家庭电费一年支出 400 元，水费 100 元。家中生活开支大，衣服花费 1000 元，食品支出 1200 元，燃料费 1000 元，医疗花费 2000 元，小孩上学开销 3000 元，人情送礼 1000 元，通信费 1500 元。开支消费庞杂，占了收入的一半，家庭还能结余一半。

兼业状况：夫妇二人来基地工作有半年了，感觉还挺好，收入也不少。以前，二人在外打工，去过山东、安徽、广州等地，一年外出打工收入也在 3 万元左右。常年在外，造成孩子成为留守儿童，现在和自己相处，不那么亲切。2016 年年初，看到政府在姚关搞这个食用菌扶贫项目，夫妻俩就申请了，成为第一批入驻园区的附近农民。种了大半年，感觉还不错，收入也不少，离家也近，以后就考虑搞食用菌种植了。

教育、社保状况：家中两个小孩在村小学就读，受访者表示非常愿意支持小孩上学。家人都参加了新型农村医疗保险和新型农村养老保险，家中的父亲每年能领到 800～900 元的养老金。平时看病，一般都在村卫生室，大病才去县城。自己在基地种植食用菌，也主动参加了相关的培训，学到了一些种植技术，对自己帮助挺大的。

感悟及建议：和受访者在交谈中，明显感到他还是有见识和视野的，这或许和他常年外出打工经历有关。他会用网络了解一些扶贫项目措施和政策性文件，他表示中央的政策，在扶贫上确实对他们有很大帮助，但在基层实施过程中，并未做到公平公正，一般和村领导关系比较好的，在扶贫中会分到更多的好处，对此他颇有微词，希望公平对待。

在企业种植基地，他确实学到了技术，也能通过这种方式挣钱，希望和企业的这种关系一直合作下去。自己刚学会了种植技术，如果新的一批人进来，他们就要离开，那么他们积累的经验和技术就无用武之地了。他也考虑过回村自己种植，但是考虑到缺少资金支持、路途太远、气候因素和市场等原因，感到还是在公司基地比较合适，希望一直待下去，长期和企业保持合作关系。

在精准扶贫背景下，应该考虑家庭实际情况，开展准确的扶贫帮扶工作。首先，受访者有了自己的种植技术，和企业沟通，能否长期驻扎在企业，成为一名产业农民。其次，如果不能长期驻扎，考虑能否通过贷款、资金支持等方式，支持受访者自己搞种植，政府给予一定的政策优惠，企业可以给予一定的市场帮助，调动各方力量，来帮助农户种植。最后，在中央政策实施过程中，基层官员要规范自己的行为，合法合理，公平公正地对待每一位村民，把党的扶贫惠农政策，切实落到实处，让百姓知党恩，感党心，相信群众，依靠群众，才能做好基层工作，相信贫困农民在政策的支持和帮助下，通过自己的辛勤劳动，一定能实现致富梦！

参考文献

陈全功等：《农村长期贫困与教育改革》，《贵州财经学院学报》2006年第1期。

丁忠兰：《云南民族地区扶贫模式研究》，中国农业科学技术出版社，2012。

董兴：《云南农村养老保险制度探析》，《云南民族大学学报》（哲学社会科学版）2007年第4期。

杜海波：《新加坡社会保障体系的特点》，《劳动保障世界》（理论版）2013年第3期。

段淇斌、赵冬青：《西部贫困地区产业扶贫模式创新研究——以临夏州和政县啤特果产业为例》，《开发研究》2015年第6期。

高和荣：《社会转型与健全中国农村社会保障制度研究》，《人口与经济》2003年第5期。

顾宝昌：《从历史的透镜认识中国人口——读〈人类的四分之一：马尔萨斯的神话与中国的现实（1700—2000）〉》，《人口研究》2001年第3期。

韩秀记：《通往成功之路——非自愿性移民（水库移民）社会学研究理论回顾》，《社会科学战线》2012年第8期。

贺东航、牛宗岭：《精准扶贫成效的区域比较研究》，《中共福建省委党校学报》2015年第11期。

黄承伟、刘欣：《"十二五"时期我国反贫困理论研究述评》，《云南民族大学学报》（哲学社会科学版）2016年第2期。

黄文平、卢新波：《贫困问题的经济学解释》，《上海经济研究》2002年第8期。

纪丽娟、裴蓓：《参与式治理视角下的产业扶贫模式创新——基于陕西 LT 县的扶贫调研》，《陕西行政学院学报》2015 年第 3 期。

李守身、黄永强：《贝克尔人力资本理论及其现实意义》，《江淮论坛》2001 年第 5 期。

李文祥：《少数民族农村社会保障模式重构研究》，《社会科学战线》2011 年第 11 期。

李怡、宋军：《对西方和马克思社会保障理论的现代诠释》，《马克思主义研究》2009 年第 12 期。

吕娜：《健康人力资本与经济增长研究文献综述》，《经济评论》2009 年第 6 期。

沈红：《中国扶贫研究的社会学述评》，《社会学研究》2000 年第 2 期。

沈红：《中国历史上少数民族人口的边缘化：少数民族贫困的历史透视》，《西北民族学院学报》1995 年第 2 期。

沈红、周黎安：《边缘地带的小农——中国贫困的微观理解》，人民出版社，1992。

施国庆、郑瑞强：《扶贫移民：一种扶贫工作新思路》，《甘肃行政学院学报》2010 年第 4 期。

宿盟、李志红：《农村资产收益扶贫实践探讨——以光伏产业扶贫为例》，《中国高新技术企业》2016 年第 23 期。

孙建北：《贫困与扶贫》，中共中央党校出版社，2004。

孙秀云、浦华：《畜牧产业联动扶贫模式分析》，《中国畜牧杂志》2014 年第 22 期。

汪三贵、郭子豪：《论中国的精准扶贫》，《贵州社会科学》2015 年第 5 期。

王国勇、邢溦：《我国精准扶贫工作机制问题探析》，《农村经济》2017 年第 9 期。

魏珊、余江：《非自愿性移民的可持续安置——基于移民安置控制权分配的规范分析》，《中国人口·资源与环境》2009 年第 3 期。

谢君君：《教育扶贫研究述评》，《复旦教育论坛》2012 年第 10 期。

徐江、欧阳自远等：《论环境移民》，《中国人口·资源与环境》1996年第1期。徐忠祥编《云南民族教育》，云南民族出版社，2011。

严万跃：《论现代教育的扶贫功能》，《深圳职业技术学院学报》2006年第4期。

杨能良、黄鹏：《教育扶贫——我国扶贫的财政学思考》，《福建财会管理干部学院学报》2002年第1期。

赵武、王姣玥：《新常态下"精准扶贫"的包容性创新机制研究》，《中国人口·资源与环境》2015年第S2期。

朱勇：《罗默的新增长理论述评》，《中国人民大学学报》1997年第5期。

后 记

本书是"云南省人口较少民族扶贫研究"课题的结项成果，此课题研究持续了三年时间。通过对云南省保山市施甸县的两个布朗族彝族乡的全面、细致的调研，以及对所辖各村寨入户调研和各相关乡村、扶贫产业单位的座谈，获得宝贵的第一手资料，在案例分析和资料分析研究基础上，分析各户贫困的原因、扶贫的措施，并通过座谈会、研讨会和经验交流会全面了解了各涉及扶贫的相关职能部门的工作经验、措施差异和实施困难，进行了具有现实意义的解读并提出有实践价值的建议。研究内容部分已经发表在《云南民族大学学报》上，题为《人口较少民族整乡脱贫的生态模式解读》。本书研究的是云南省施甸县两个特困少数民族乡的扶贫攻坚过程、措施和成效，对全国各地区、各民族脱贫攻坚的实践均有参考借鉴价值，各地各民族的贫困和扶贫情况皆有相同和不同之处。扶贫工作是当前各级政府面临的一个很艰巨的现实问题，笔者期待布朗族彝族同胞早日真脱贫，过上小康生活。

在此要特别感谢保山市扶贫办公室的大力支持和帮助，感谢保山市委书记赵德光、扶贫办主任张仲林、扶贫办副主任杨廷辉和杨春森、施甸县委副书记杨箫宾、副书记王征、木老元乡书记王冰凌和乡长蒋军礼、摆榔乡书记段从坤和乡长蒋紫剑、施甸县扶贫办干部们的支持和协助调研以及陪同调研，本研究的调研工作才得以顺利完成。调研得到保山市扶贫办、施甸县扶贫办、木老元乡和摆榔乡各相关部门领导及干部、两乡各村的村主任及支部书记及其具体调研点各村寨村干部们的大力协助，对他们的支持和工作表示衷心感谢！

本书是作者和作者所指导的研究生共同努力的成果集成，研究生们参与了入户调研、座谈会、讨论会等，参与了个案调查报告、数据查询、数据整理、资料收集、分析和各章节文字撰写。他们是徐涛、孙佩雯、韦思琪、姜功伟、毕忠鹏、刘可可、张晓倩、井奕杰。在此，对他们的辛苦工作表示感谢。

本书的出版得到云南省社科联的资助，在此表示感谢。

2018 年 3 月

于云南大学科学馆

图书在版编目(CIP)数据

精准扶贫的理论与实践:基于木老元乡和摆榔乡的调研/戴波著. -- 北京:社会科学文献出版社,2019.5

(云南省哲学社会科学创新团队成果文库)

ISBN 978-7-5201-4110-9

Ⅰ.①精… Ⅱ.①戴… Ⅲ.①农村-扶贫-调查报告-施甸县 Ⅳ.①F323.8

中国版本图书馆 CIP 数据核字(2018)第 298043 号

·云南省哲学社会科学创新团队成果文库·

精准扶贫的理论与实践

—— 基于木老元乡和摆榔乡的调研

著　　者 / 戴　波
出 版 人 / 谢寿光
责任编辑 / 孙以年
出　　版 / 社会科学文献出版社·人文分社 (010) 59367215 地址:北京市北三环中路甲29号院华龙大厦　邮编:100029 网址:www.ssap.com.cn
发　　行 / 市场营销中心 (010) 59367081　59367083
印　　装 / 三河市东方印刷有限公司
规　　格 / 开　本:787mm×1092mm　1/16 印　张:20　字　数:315千字
版　　次 / 2019年5月第1版　2019年5月第1次印刷
书　　号 / ISBN 978-7-5201-4110-9
定　　价 / 128.00元

本书如有印装质量问题,请与读者服务中心(010-59367028)联系

▲ 版权所有 翻印必究